图书在版编目（CIP）数据

批评的体温：赵霞评论选 / 赵霞著 . -- 沈阳 : 辽宁少年儿童出版社，2020.11
ISBN 978-7-5315-8320-2

Ⅰ . ①批… Ⅱ . ①赵… Ⅲ . ①儿童文学－文学评论－中国－当代－文集 Ⅳ . ① I207.8-53

中国版本图书馆 CIP 数据核字（2020）第 041511 号

出版发行：北方联合出版传媒（集团）股份有限公司
辽宁少年儿童出版社
出 版 人：胡运江
地　　址：沈阳市和平区十一纬路 25 号
邮　　编：110003
发行部电话：024-23284265　23284261
总编室电话：024-23284269
E-mail:lnsecbs@163.com
http://www.lnse.com
承 印 厂：辽宁新华印务有限公司

责任编辑：纪兵兵
责任校对：李　爽　李　婉　段胜雪　李艾霖
封面设计：陈泽新
版式设计：陈泽新　鼎籍文化创意
责任印制：吕国刚

幅面尺寸：170mm × 230mm
印　　张：20　　　字数：308 千字
插　　页：6
出版时间：2020 年 11 月第 1 版
印刷时间：2020 年 11 月第 1 次印刷
标 准 书 号：ISBN 978-7-5315-8320-2
定　　价：80.00 元

赵 霞著

Piping de Tiwen
Zhao Xia Pinglunxuan

批评的体温

赵霞评论选

北方联合出版传媒（集团）股份有限公司
辽宁少年儿童出版社

作 者 简 介
Introduction to the Author

赵霞，出生于1981年，浙江上虞人，文学博士，浙江师范大学文化创意与传播学院副教授，中国作家协会会员，浙江省作家协会儿童文学委员会主任；曾先后赴德国慕尼黑国际青少年图书馆研修、英国剑桥大学访学。出版个人学术著作和论文集《童年精神与文化救赎——当代童年文化消费现象的审美研究》《思想的旅程——当代英语儿童文学理论观察与研究》《幼年的诗学》《2009—2019：儿童文学观察》《童年的文化影像》《童年的秘密与书写》，散文集《我的湖》《每个人都是挖呀挖的孩子》，译著《安徒生童话》《作为神话的童话/作为童话的神话》等。

2020 年 9 月 9 日摄于剑桥 →

目 录

第一辑 传统与未来

第二辑 阅读与怀念

第三辑 图画书欣赏与研究

第四辑 作家与作品

第五辑　外国文学论略

第六辑　我的批评与创作

第一辑

传统与未来

“童心说”与浪漫主义童年美学的中国传统

现代意义上的中国童年美学长期以来背负着一个沉重的文化包袱。由于客观上缺乏来自本土童年观思想的直接精神养分，在其近一个世纪的发展进程中，它的文化脐带始终或隐或显地吸附在欧洲现代童年观的胎盘上。尤其是自卢梭以降的西方浪漫主义童年观及其诗学传统对于中国现代童年美学所产生的深远影响，借助大量西方经典儿童文学作品的流播，几乎已经溶解在了我们的文化血液中。其结果是，在谈论作为现代童年美学主流的浪漫主义童年美学传统时，我们的舌尖总是为诸多来自异域的名词和术语所缠绕，以至于在勉力消化外来传统的同时，我们也在不知不觉地遗忘来自自我文化肌体内部的某些遗传密码。

我在这里指的是明代思想家李贽的“童心说”，这个曾在中国童年美学的溯源中被一再郑重地提起，却也被一再轻易放过的学说。该学说早于卢梭近两百年提出了以“童心”挽救为陈腐的理性所累的俗世的观点，其立论所及的童年意象令人惊诧地透着卢梭式浪漫主义童年的美学色彩。然而，由于它远未像卢梭笔下的“爱弥儿”那样牵扯出一场童年观的巨大变革，又由于它是在远远越出童年自身范围的意义上使用“童心”一词的，其独特而丰富的童年美学内涵并未得到充分的发掘。事实上，对于李贽“童心说”的童年美学分析将为我们揭示在特定的历史文化背景下，这一学说不但构成了中国浪漫主义童年美学传统的重要部分，其存在形态也揭示了本土童年美学发生的某种特殊取径。而对这一相隔遥远的断代传统的重新梳理和领取，则可能使我们对当代童年美学内涵与意义边界的认知获得一次新的拓展。

一

收入《焚书》第三卷“杂述”的《童心说》，全文不过九百余字，却是我们今天谈论李贽不能绕开的一篇文字。专事中国近现代思想史研究的日本学者沟口雄三认为，《童心说》一文“据有李卓吾思想的核心地位”[①]，而该学说在李贽哲学、文学和美学思想以及整个明代思想史上的重要意义，多年来也在国内学界得到了广泛的探讨。

童年文化界自然从未忽略过这个中国近世思想史上极为罕见的以“童心”为中心意象且发散深远的学说。我们看到，在现代以降为数不多的一批涉及本土童年观、童年诗学或童年美学的研究成果中，“童心说”所涉及的童年意象被高调地提取出来，置入以老子的“婴儿”“赤子”、庄子的“天真”、孟子的“赤子之心”等为中心意象的古代童年哲学与美学的乌托邦传统中。这一传统的基本特

① 沟口雄三：《中国前近代思想的演变》，索介然，龚颖译，中华书局，1997，第171页。

征在于，尽管其各个构成概念的学统来源不尽相同，也全然无涉各自时代儿童的现实生存状况，但因其对于孩童形象的某种乌托邦式的想象，为中国古代童年美学提供了一个特殊的、弥足珍贵的思想传统。

然而，也正是在“童心说”所包含的童年美学蕴含被顺理成章地同化入这一思想传统的同时，这一学说所带来的某种具有开拓性意义的童年美学建构的潜能，被极大地遮蔽了。我们知道，老子谈“常德不离，复归于婴儿”（《道德经》第二十八章），谈“含德之厚，比于赤子”（《道德经》第五十五章），其论说中以“婴儿”“赤子”名之的孩童意象均是用于譬喻、解说其哲学思想的具象。尽管通过这样的譬类取象，处于生命起始处的“婴孩”连同它所指向的那个混沌未分的存在时刻被赋予了某种深刻的美学意义，但这一被天然地取消了任何时间延展可能和日常生活内容的“婴孩”意象也因此始终难以从它的形而上玄思中降落下来，以有所助益于现实童年的美学建构。事实上，《道德经》在取用上述婴孩意象时，所强调的恰恰是“婴儿之未孩”（《道德经》第二十章）的状态，确切地说，它是拒斥我们今天所说的“童年”概念的时间维度的。这也注定了来自道家学说的“婴孩”概念除了作为一种形而上的哲学符号之外，不可能为后世童年美学的展开提供更多可以凭借的内容。

相比之下，来自儒家传统的“赤子”一说在提出一个儒学意义上的乌托邦式婴孩意象的同时，更多地认可了这一意象朝向现实生活的开放性，它虽然也不指向任何真实的儿童生命个体，却意味着一种与现实生活并不必然相悖的仿若初生孩童般的“赤心”。当然，孟子首先是从性善论的立场提出“赤子之心”说的，这一命名中的“赤子”因此带有强烈的形而上的至善意味。尽管到了晚明时期，这一几经发挥的“赤子之心”思想更进一步显示出朝向真实的日常生活移近的倾向，例如深受李贽敬重的晚明思想家罗近溪便曾就儒家传统中的“赤子之心”提出“赤子之保、孩提之爱，倒反是仁义之实而修齐治平之本也”的观点，从而肯定了“村闾匹夫匹妇的平常卑近的生活感情就是现成的赤子之心”，[①]但它以“赤子”之名所指向的思想对象与一般意义上的童年仍然相距遥远。

而这正是李贽“童心说”论及的童年意象区别于来自道学、儒学传统的“婴儿”“赤子”等意象的根本所在。《童心说》开篇言“夫童心者，真心也”，“绝假纯真，最初一念之本心也”[②]，其作者又曾以“童心”“赤子之心”以及“真心”三个范畴进行互释[③]，可见，他的“童心”是一个同时摄取了来自道学、儒学、释学及宋明理学传统中的“赤子”“赤子之心”“真心”“本心”等多重范畴内涵的概念。然而在“童心”与所有这些来自传统的范畴之间，又确乎存在着一条分明的界限。与这些邻近范畴相比，“童心”一词的独特处在于，在晚明及以前的文化典籍中，它从来不是一个属于形而上领域的词汇，更很少被当作一个褒义词来使用。这一点从古汉语“童”字的用法中即可看出。与道学、儒学传统中的“婴”“孩”等字不同，古汉语中用以指称未成年人的“童”字，从“辛”部，最初有奴仆之义。东汉许慎《说文解字》引通人说释“童”字义：“男有罪曰奴。奴曰童。”[④]沟口雄三对于晚明时期乃至更早的文献典籍中“童心”一词用法的考察也显示，与“赤子之心”“真心”等不同，这一与俗语用以指称孩童的“童子”一词直接相关的“童心”，通常是一个含有不完满或贬损意义的用词。该词的本义是指未臻成熟、不事正务而喜好嬉游戏耍的童稚之心，

① 沟口雄三：《中国前近代思想的演变》，索介然，龚颖译，中华书局，1997，第 176 页。

② 李贽：《焚书 续焚书》，中华书局，1975，第 98 页。

③ 李贽曾在《说书》中以“童心”“真心”来解说《孟子》“大人不失其赤子之心”中的“赤子之心”。

④ 许慎撰《说文解字注》，段玉裁注，浙江古籍出版社，1998，第 102 页。

如明代士人徐如珂自谓“余自幼有童心，日与里中儿游戏相征逐，视诗书如蔑也”，指的便是这个意思。这一颇指向儿童游戏本性的日常用语一经引申到成人身上，其责备意味异常鲜明。如《史记·鲁周公世家》有“昭公年十九，犹有童心”句，东汉经学家服虔对其中“童心”一词的注解为“言无成人之志，而有童子之心”，其用意贬褒十分明显；明代吕坤《呻吟语》中更是直言“童心最是作人一大病，只脱了童心，便是大人君子”，其“童心”一词与孟子“大人者，不失其赤子之心也”句中的“赤子之心”在针对近似意象的价值判断方面完全背道而驰。[①]李贽《童心说》开篇言“龙洞山农叙西厢末语云：‘知者勿谓我尚有童心可也’”[②]，引语中的“童心”一词也属贬义用法，这才被李贽拿来驳斥，起兴发挥。类似的用词法，间接证明了直至晚明时期人们对于日常儿童心性的某种不无否定性的价值判断，而这种判断也得到了晚明留存下来的一些童蒙资料的证明。明代思想家、教育家王阳明在《训蒙大意示教读刘伯颂等》一文中虽认可“大抵童子之情，乐嬉游而惮拘检”，并倡导教育应顺应儿童心性而行，但其目的乃是为了“顺导其志意，调理其性情，潜消其鄙吝，默化其粗顽”[③]，“去童心”的意图十分明确。

显然，李贽在取“童心”成一家之说时，不可能不熟知该词的惯常意义与用法。毋宁说，他之所以选取“童心”一词，是有意要以这个指向寻常儿童生命，从而“含有生机活泼的生活的特殊微妙之意”[④]的名词来截断此前“赤子之

① 参见沟口雄三：《中国前近代思想的演变》，索介然，龚颖译，中华书局，1997，第196-198页。

② 李贽：《焚书　续焚书》，中华书局，1975，第98页。

③ 《王阳明先生传习录集评（卷四）》，上海新学会社，1914。

④ 沟口雄三：《中国前近代思想的演变》，索介然，龚颖译，中华书局，1997，第181页。

心”“真心”等范畴所具有的断绝人间烟火的形而上意味。别取“童心”一词是一个重要的立论策略，因为这个从坊间生活中捡拾出来的浅陋之词无比贴切地传达了李贽美学思想中最为重要的“重人欲”“重真情”的内容。如果说李贽的“童心说”所在意的终非真实的儿童，那么通过在思想借喻的层面上毫不避讳地将为时人所轻视的真实儿童的生命形态作为一种高级的存在状态予以肯定和褒扬，“童心说”也在无意中完成了对于中国古代童年观的一次翻转。“童子者，人之初也；童心者，心之初也。”[①]既然“‘心之初’的‘童心’值得珍惜”，那么“代表‘人之初’的‘童子’依理亦应同般可贵”。[②]在这样的互文式对举中，作为一般儿童个体称谓的“童子”一词与“童心”一起，被提升到了一个具有19世纪欧洲浪漫主义童年崇拜意味的价值层面上，而在此之前，中国儿童个体的真实生命从未被置于如此高的美学地位。同时，与相近时期的童蒙材料大多主张以后天教育感化儿童心性相反，李贽在《童心说》中也断然否定了一般教育相对于“童心”的高级地位与积极意义。正是在这个意义上，我们可以说“童心说”中包含了浪漫主义童年美学思想的某种萌芽。

二

“童心说”所不经意间透露出的对于现实童年生命形态和价值的肯定，最早改变了这样一个事实，即在中国古代和近代童年文化史上，当孩童的意象从哲学层面下降到日常生活的真实情境中时，其存在价值从未被视作高于成人。然而，

① 《王阳明先生传习录集评（卷四）》，上海新学会社，1914，第98页。

② 熊秉真：《童年忆往》，广西师范大学出版社，2008，第205页。

关于“童心说”的另一个同样不可否认的事实在于，该学说演绎“童心”的旨归根本不在于现实儿童的命运关怀，而是借“童心”之名来实现对于晚明时期以名教堵塞性情、以天理压抑人性的时政、文艺、文化现象等的激烈批判。以“童心说”为核心的李贽思想之所以被视为“异端”，并在李贽生年遭到来自晚明政治与学术权威集团的诸多打压，正是因为他的学说在某种程度上撼动了晚明理学道统和秩序的根基，而在此过程中，“童心”仅仅是他借以发挥思想的一个重要的意象介质。这是不是意味着，尽管“童心说”以颇为“浪漫主义”的方式肯定了童年生命状态在个体生命时间序列中的高级意义，但由于缺乏具体内涵的展开，它最终并未促成一种可以被称为浪漫主义童年美学的观念物的正式发生?

关于这个话题的解答涉及我们如何理解浪漫主义标签下的童年美学的问题。众所周知，我们今天所说的浪漫主义童年是一个来自现代欧洲的童年观范畴。在现代西方，这是一个主要由卢梭开启，并在其后由威廉·布莱克、华兹华斯、王尔德、霍夫曼等作家在其作品中加以生发的童年观念。与此对应的浪漫主义童年美学主要包含两个方面的基本内涵：一是对于以“天真”为基本特质的童年形象的浪漫主义阐说，这也是迄今为止在西方和中国影响最为深远的一个童年美学分支。二是借助于对上述浪漫主义童年形象的颂赞所展开的对既有文明和社会现状的批判。尽管这一责任深重的社会批判显然超出了童年自身的范围，因而在一些专注于儿童生命关怀的童年研究中并未得到太多的论述关注，但它却是西方浪漫主义童年观在其源起时就已经包含了的意旨，甚至可以说在某种程度上促生了这一童年观的发生。众所周知，卢梭创造“爱弥儿”的初衷，恰恰是试图从童年出发，来为腐坏了的文明寻找到一条新的出路。

从这一视角回过头来看“童心说”，我们会发现，那些在《童心说》篇内篇外由“童心”生发而来的与童年本身并无关联的文化深意，恰恰为我们读解“童心”所蕴含的浪漫主义童年美学内涵提供了另一个重要的内容支点。不难发现，在李贽借“童心”所展开的文化批判与卢梭借爱弥儿所寄托的文明忧思之间，存在着某些极为相似的地方。它突出表现在李贽关于“童心胡然而遽失”的论说上。在《童心说》一文起始处，作者叙说了“闻见道理”致使“童心”障蔽的过程，从而激进地否定了作为传统文明基本承载途径的“读书识义理”的价值：“盖方其始也，有闻见从耳目而入，而以为主于其内而童心失。其长也，有道理从闻见而入，而以为主于其内而童心失。其久也，道理闻见日以益多，则所知所觉日以益广，于是焉又知美名之可好也，而务欲以扬之而童心失。知不美之名之可丑也，而务欲以掩之而童心失。”[①]这与约一个半世纪之后卢梭在《爱弥儿》一书中对于由人类知识所造就的既有文明的激进批判有着十分相近的基本精神。[②]但我更关心的并非这一批判内容本身，而是它与童年意象之间存在的特殊勾连。为什么在诸多相近的词汇之间，李贽选择了与现实童年最相接近的“童心”一词来寄寓他的疾风暴雨般猛烈的文明批判，又为什么在中西文明的进程中，对于文明的充满浪漫色彩的激进批判会一次又一次地选择与童年相关的某类意象来寄托它对文明深深的失望与期望？

这样的思考使得“童心说”借“童心”符号来施行文化批判的方法，反而成为童年意象可能具有的更广阔的美学容纳力的证明。很多时候，我们对于童年美

---

① 李贽：《焚书　续焚书》，中华书局，1975，第 98 页。

② 《爱弥儿》开篇即言：“出自造物之手的东西，都是好的，而一到了人的手里，就全变坏了……偏见、权威、需要、先例以及压在我们身上的一切社会制度都将扼杀他的天性，而不会给他添加什么东西。他的天性像一株偶然生长在大路上的树苗，让行人碰来撞去，东弯西扭，不久就弄死了。”见卢梭《爱弥儿》，李平沤译，商务印书馆 1978 年版，第 5 页。值得强调的是，在卢梭的思想中，童年的意象同样成为传达其激进文明批判的一个核心符号。相关论说可参见赵霞《卢梭：作为一种乌托邦的童年》，载《山东社会科学》2014 年第 2 期。

学的理解往往局限于儿童群体的亚文学、亚文化等层面，而很少关注童年意象在整个社会生活中所承载的另一种丰富、深刻的美学内涵。事实上，童年从来不是一个仅仅属于儿童期的词汇，这个名词以及与之相关的所有精神对象物的存在，构成了阔大的人类文明场域中一个特殊而又珍贵的精神印记。由此，与童年相关的这另一部分言说，虽然不一定直接关照到儿童自身的物质或精神福利，也应该被纳入童年美学的研究范畴。

在这个层面上，李贽的“童心”并不是对于老庄传统中被寄寓了极端化的文明批判意味的“婴孩”形象的复归。尽管李贽关于“童心”的解说有其内在的矛盾之处，例如“童心”作为“真心”“本心”“初心”，似乎指向道家无欲无为的虚白状态，又似乎指向佛教无善无恶的空明心境，同时还包含了儒家传统中的某种至善秉性，但从其论证的展开来看，它所强调的重点乃是自然真情。故而有研究者认为，李贽在《童心说》一文“起首时释童心无疑兼有初心之空与真情之自然两种内涵。后来在行文中却主要强调的是自然表现，其所言‘童心’亦为自然之性，亦即人世间五颜六色的自然人性”。[①]这也是为许多“童心说”研究者所认可的一点。

这种孩童之心与自然人性之间的关联，在与儿童形象有关的那部分古代审美传统中能够得到进一步的印证。尽管在古代社会，人们对于儿童的自然性情普遍持有否定或至少并不肯定的态度，整个社会的文化氛围也致力于压制儿童的自然性情，并力图将其导向一种符合成人社会期待的成熟状态，但与此同时，人们也似乎从对于童年状态的观赏中，获得了一种生命美感的体认。例如，中世纪的一些西方艺术家从儿童游戏的场景中见出了一种快乐、自由而又充沛的生命美

① 左东岭：《李贽与晚明文学思想》，天津人民出版社，1997，第 162 页。

感。[①]自宋代以降，儿童的形象在中国世俗文化中也占据着一定的位置，尤其是在民间工艺、装饰文化中，常会通过表现儿童的形象及其生活的场景来增添艺品的情趣。当然，很长时间里，“这一文化对于儿童的关注几乎从不落在儿童自己身上，真正有价值的是儿童将来作为父母老之所依和作为家族血脉继承者的角色”[②]。但除此之外，从儿童的游戏、生活场景中所散发出来的形象和生活的美感，也的确在成人心中激发起一种审美的情感。有研究者甚至认为，古代中国水墨画中出现的情味盎然的童年游戏景象，可能是对颇显枯乏的现实童年生活的一种补偿。“情况似乎是这样：对于受教育阶层的男性而言，真实的童年牺牲给了经典的学习，他们期望自己的后代也能做出这一牺牲。但是，成人却可以自由地想象理想的童年。正如忙碌的求仕者们有时通过寄情山水画和园林来替代真山实水的行游，在水墨画的游戏中想象童稚的自由，或许也是对于真实儿童体验的一种补偿。”[③]这一断续贯穿古代艺术史的现象或许意味着，尽管古代社会的童年在整个人生阶段所处的位置十分低微，但从童年生命状态和生活内容中透出的某种生动、自然、游戏、活泼的美感，却向我们揭示着关于我们自身的某些被压抑的本质属性。

作为明代“浪漫思潮的中心人物”[④]，李贽在对于个性解放、情感自由的鼓吹倡导和身体力行方面是不遗余力的，他的思想也影响了包括公安三袁、汤显

① 相关的诗歌和绘画作品的例子可参见 Hugh Cunningham. *The Invention of Childhood*. London：BBC Books，2006，pp.43-44.

② Ann Barrott Wicks（ed.），*Children in Chinese Art*（Honolulu：University of Hawaii Press，2002），P.2.

③ Ann Barrott Wicks（ed.），*Children in Chinese Art*（Honolulu：University of Hawaii Press，2002），P.24.

④ 李泽厚：《美的历程》，天津社会科学院出版社，2001，第 318 页。

祖、冯梦龙等在内的晚明作家以真情抒写、趣味抒写为旨归的“性灵”“情至”写作，并在总体上引导了晚明时期一股具有近代浪漫主义性质的文艺思潮。而在李贽的思想体系中，这一重自然真情与自然趣味的思想最为鲜明集中和引人注目地体现在他所提出的“童心”范畴上。可以说，李贽是借来自现实生活的“童心”所具有的“生机活泼”的自然意趣，引燃了明代浪漫主义思潮的其中一支最为重要的火把。这一点使李贽从“童心”出发对社会现状展开的激烈批判在本质上有别于老庄思想中的“婴儿”意象所承载的“弃圣绝智”的极端批判。在李贽这里，把从生活中取来的“童心”一词上升到文明批判的高度，其最终目的恰恰是为了回到生活本身。换句话说，来自童年生命的活泼生气在被挪用作特定思想传达的意象中介之后，并没有被随即捐弃，而是沉默地运行在思想的深处，并为其持续提供着精神上的驱动。因此，尽管“童心说”并未在触及真实儿童的童年观层面做出更多理论上的贡献，但它却将童年生命所具有的某种浪漫气质直接导引到了童年之外的人的生命存在以及文明进程的批判和反思中，从而以其特殊的方式赋予了童年意象以一种典型的浪漫主义的情怀与厚度。从对于童年生命的浪漫主义理解到这一意象在文化批判领域的浪漫主义演绎，“童心说”正是以这样的方式推进了中国浪漫主义童年美学本土传统的建构。

三

当我们开始谈论“童心说”与中国浪漫主义童年美学本土传统的问题时，我们的运思中自然而然地包含了对这样一个潜在命题的认可，即我们是以西方现代浪漫主义童年美学的基本特征为参照，来反观事实上更早出现的本土童年美学现象的。然而，“童心说”所蕴含的童年美学思想在暗合西方传统中浪漫主义童年美学的某些基本特征的同时，也显示了有别于后者的某种童年内在精神的旨趣。西方浪漫主义童年美学在19世纪发展至顶峰，其最为典型的两种童年形象原型，一是出现在19世纪一部分浪漫主义作家笔下的带有宗教圣洁感的天真儿童形象，二是19世纪大量儿童文学作品中塑造的纯真自由的游戏儿童形象。这两类形象均重在表现童年的“纯真”意趣，其代表性的儿童主角往往带有浓郁的理想化色彩，远离俗世与尘嚣。即便是在一些现实主义风格的作品中（如狄更斯的一部分小说），被放置在现实生活环境中的儿童形象仍然带有强烈的出世感。在这些童年形象身上，一些传统上被认为属于人性“恶”的特质，诸如自私、狡黠、算计等，往往都被剔除得一干二净。事实上，愈到后来，浪漫主义童年愈益成为一个与烟火生活相对的美学意象，或者说它在成为现实生活与现代文明批判之象征的同时，也远远地离开了生活本身。这种从童年形象中生发而来的遗世美学，就其源头来说，恰恰可以一直追溯到西方现代浪漫主义童年观的发生阶段——作为这一童年观所催生的第一位重要的文学儿童角色，卢梭笔下的爱弥儿形象至为充分传达了这种不与俗世相沆瀣的美学格调。

与卢梭写作《爱弥儿》时的初衷相近，李贽的“童心说”也明确包含了以真诚丰沛的情感反抗僵化教条的义理、以清新活泼的生活挽救虚伪腐朽的文化的浪漫主义情怀，然而他向“童心”所借取的并不是其朝向天堂的圣洁意味，而是其贴近地面的盎然生趣，其中除了真实的日常生活体验外，更容纳了人心中自然存有的各种私欲。也就是说，李贽是在充分认可“童心”所包含的传统意义上的人性之“恶”的前提下肯定“童心”的价值的。在李贽这里，从童年个体身上自然展现出来的人的天性，本身就是生命的一种道德内容。从这个意义上说，李贽的“童心”所指向的生命主体更像是尼采笔下具有“美好、健康的私欲”的查拉图斯特拉[1]，而非布莱克笔下站在云端上的孩子（《天真之歌》）或华兹华斯笔下被称为“成人之父”的儿童（《彩虹》）。这样，“童心说”虽然暗示了童年天性（也即人的天性）的高级状态，但它所潜藏的浪漫主义童年美学最终并没有向上飞升起来，而是紧紧依附着现实生活的坚实土地。正因为这样，在发挥“童心”谈论文学问题时，《童心说》非但没有落入某种西方浪漫主义式的怀旧情绪之中，反而充分肯定了不失“童心”的近世文学的价值。如果说在19世纪浪漫主义诗人的笔下，那生机无限的童年形象代表了浪漫主义思想所追寻的某种永恒运动着的、神秘而又充满魅惑的世界精神，那么从中国浪漫主义童年美学思想的发端处，我们所看到的则是对于童年的一种更为生活化的素朴理解。

与此同时，对于“童心说”的童年美学分析也让我们看到，在缺乏一种系统童年观支撑的前提下，有关童年的美学是如何在我们自己的文化传统中寻找到一条特殊的路径，并由此开始其自发的建构过程的。在西方，现代童年美学是伴随着现代童年观的逐渐形成、变迁而相应地被建构起来的，而在西方现代童年观传入中国之前，我们既缺乏专为童年而造的各类文学艺术作品，也缺乏一种可以承载特定美学寄托的确定的童年观。这导致了我们在从事当代童年美学研究时，很少试着到自己的文化脉络里去搜寻有关童年美学的确定讯息。然而，我们对于先有童年观、后有童年美学的因果关系认定或许遮蔽了这样一个重要的童年美学现象，即在缺乏特定童年观支撑的前提下，一种童年美学有可能绕道而行，首先在童年生活世界的外部开始其内容和意义的建构。在孕育了“童心说”的晚明社会，尽管缺乏相应的浪漫主义童年观——事实上，“童心说”本身也远未开启这

① 尼采：《查拉图斯特拉如是说》，钱春绮译，生活·读书·新知三联书店，2007，第221页。

样一种童年观的文化依托，却仍然诞生了一种具有鲜明浪漫主义色彩的童年美学的雏形。它从一个来自现实童年的符号出发，完成了对于整个时代的一次浪漫主义式的美学批判，并在此批判中间接地肯定了“童心”所指向的童年生命的意义。

这是中国浪漫主义童年美学发生的特殊路径，它与中国传统中积淀深厚的“贵生”意识与“实用理性”的精神有着至为深切的因果关联。有趣的是，对于西方现代浪漫主义童年美学来说，是在离弃尘世许多年之后，它们才开始向卑微的生活世界低下它高昂的头颅；而在中国，则一直要到20世纪，随着西方浪漫主义童年观的传入，向来紧邻生活的童年范畴才发展出了某种带有宗教性的审美内涵。这是否从另一个侧面证明了中国浪漫主义童年美学自有其特殊的路径？尽管“童心说”并未像西方现代童年美学在其浪漫主义发展阶段那样引发一场蔚为壮观的现实童年观的变革，但它却以自己的方式拨动了中国童年美学浪漫主义进程的阀门。当然，在封建体制与礼教文化的总体背景下，这一进程的展开仍被牢牢压抑着，一直要到19世纪末20世纪初，在民族生存与文明革新的双重危机下，它才爆发成为一场巨大的现代童年美学的浪漫主义潮流。

结 语

从童年美学角度对“童心说”的上述读解是这样一个研究尝试的一部分：即在承认西方近世童年观与童年美学对于现代中国的强势影响以及中国古代缺乏系统童年观与童年文艺的基本事实的前提下，对于一种本土童年美学传统的发掘和追溯是否仍然可能？本文的论述试图证明，这样的尝试是有可能的，也是有价值的。

首先，中国有没有本土意义上的浪漫主义童年美学传统的流脉？当我们这样发问的时候，我们所指的不是先秦儒道文化中便已出现的那种其实无涉真实儿童的婴孩崇拜思想，而是一种以现实童年生命体为对象的审美思想和审美传统。关于“童心说”的辨析让我们看到，在这一学说通常被归入其中的那个中国古代童年乌托邦思想的传统中，作为其核心范畴的“童心”，在儿童意象的撷取和运用方面已经发生了一个重大的变化。这一变化使得一种以儿童为对象的乌托邦想象从玄想的孩童转向了现实的童年，也即将童年肉身性的时空存在纳入了审美欣赏的视野中。尽管“童心说”以“童子”和“童心”为起点，终点却并非儿童，但它在自然童年与健康的人性之间建立起的某种审美关联，以及它所表达的从“童心”开始救赎文化的雄心，却带出了一种与现代西方浪漫主义童年美学相近的审美旨趣。也就是说，在现代意义上的西方浪漫主义童年美学传入现代中国之前，我们的文化中已经包含了这一童年美学思想的某种萌芽。这是否也提醒我们，童年美学的本土历史本身还有待更细致地回溯与梳理？

其次，“童心说”中那个披有浪漫光环的童年意象不是近代童年观变革或发展的产物，而是晚明时期浪漫文化思潮中的一个象征符号；与此相应，在它的思考和辩说体系中，它并不真正关心儿童自身的特质或福利，而是全然借童年的符号在演绎其文化的意图。这是不是意味着，由于缺乏相应童年观的支撑，它无意中传递出的浪漫童年想象最终也并未抵达相应的童年美学精神层面？笔者认为，这恰恰反映了本土文化语境下童年美学发生的特殊性，同时也凸显了现代童年美学发展的另一种基本路径。我们看到，一种童年的美学既可以与相应的儿童观并行发生、交互振荡，也可以绕过儿童观，从更开阔的大文化层面开始它的自我建构；后者或许更为突出地揭示了人类文明史上的童年范畴作为一个文化（而不仅是亚文化）符号的独特意义与重大价值。从这个角度看，对于“童心说”的童年美学解读一方面将带我们折回自我传统的深处，去发现和掘取那里埋藏的特殊资源；另一方面，这样的重读也将反过来丰富和促进我们对于当代童年美学现实与精神的理解。

（原载《浙江师范大学学报》2017年第1期）

“消逝”的童年

1982年，美国传媒文化学者尼尔·波兹曼在其《童年的消逝》一书中提出了著名的“童年消逝”命题。时隔三十多年，我们发现，这个命题或许包含了某种与奥威尔笔下的“一九八四”、赫胥黎笔下的“美丽新世界”相近的社会预言性质。波兹曼认为，在一个视像主导、娱乐至上的时代，现代社会以降建立起来的儿童与成人之间的文化界限正在不断消失——从包含儿童形象的电视、电影到提供给儿童的文学作品、日常用物等，都显示了儿童朝着波兹曼所说的“伪成人”演变的趋势；在这里，“伪成人”的意思是儿童的身心并未真正成熟，却已经表现出十足的“小大人”的样子。

只需略为关注一下今天的影视屏幕，我们一定会发现，类似的“小大人”已经成为一个十分普遍的现象。屏幕上的许多孩子不但常被打扮作成人的样子，其言行举止也在刻意模仿成人。典型的例子如，在2012年某综艺频道热门选秀节目年度决赛中，一位11岁男孩便成功击败了其他成人选手夺冠。从这位小选手的

童年的消逝
[美] 尼尔·波兹曼 著
吴燕莛 译
THE DISAPPEARANCE OF CHILDHOOD
广西师范大学出版社

《童年的消逝》书影

表演来看，其扮相、造型、嗓音、歌风、姿势、表情等，无不使他看上去具备了一位成年表演者的一切特点。类似的成人化儿童成了近年来视像屏幕热衷于展示的一道特殊景观，其影响正不断波及儿童的日常生活。这让我们想起波兹曼的叹息：“不得不眼睁睁地看着儿童的天真无邪、可塑性和好奇心逐渐退化，然后扭曲成为伪成人的劣等面目，这是令人痛心和尴尬的。”毫无疑问，以波兹曼的阐说为代表的童年消逝理论，揭示了当代社会儿童生存环境的某种危机。

然而，我们还应该看到，童年消逝说不只是一种有关童年亚文化的批判理论，在它的童年视角背后，还包含了关于电子媒介和娱乐消费时代整个大文化命运的深刻反思。也就是说，对于那“消逝”中的童年的关注，不只是相对狭小的儿童研究领域内的事情，而是一个意义重大的当代文化课题。

首先，儿童与成人之间文化界限的消失，预示着一种有深度的理性文化的退化危机。现代童年的概念内含了一种与个体深度有关的现代发展观，亦即个体的成长是他在持续的文化学习、理解和思考中使自我理性不断臻于完善的过程，这一过程进而构成了文化自身的深度。由此，儿童的成长除了身体的长大之外，更意味着他需要一定长度的时间来逐渐习得成人的文化，进而获得成熟的理性。现代文明拉开了儿童与成人之间的距离，其根本缘起即是由于发展的文化向人提出了更高的理性要求。“随着成人所践行的自我控制程度增加，孩子也不得不学习更多的东西，才能发展出文明化的身体，成为完整的、可被接受的社会成员。”（克里斯·希林）在这里，“文明化”一词不应被理解为一种简单的文化规训。相反，它在最基本的意义上乃是指文化对人的要求，正是这些要求诠释着文化存在的意义与价值。

然而，这一以有深度的理性为目标的“文明化”进程，在当代童年生活中却变得越来越不重要了。随着视像媒介的语法全面占领了我们的社会生活，在现代文明进程中逐渐形成的儿童与成人之间的文化距离被日渐取消。在这里，简单的观看取代深度的学习，成为儿童成长过程中的基本信息渠道；与此相应，儿童只需要在形象上尽量靠拢成人，便完成了其成年仪式的基本方面。这样，童年时代的文化要务不再是步入一种文明的深处，而是与成人一道飘浮、嬉游在文化的各种表象之上，那个曾经需要孩子花费时间和精力去学习、琢磨的有深度的文化，则被远远地抛在了视像时代的身后。在视像文化的催化下，今天的许多儿童正在变得像成人一样“见多识广”和“老于世故”，但如此轻易养成的“见识”和“世故”，恰恰折射出了现代个体和文化的某种浅薄化倾向。正是在这个意义上，童年的消逝意味着一种具有深度的文化精神的消逝。

其次，儿童与成人之间讯息区隔的消失，还代表了一种文化羞耻感的退化危机。当代童年的消逝在很大程度上源于电子媒介时代把一个没有秘密的世界开放给了儿童，由此造成了儿童与成人传统生活边界的消失。在这里，童年的“秘密”是指被现代社会认定为暂时不适宜于童年接触的文化讯息，比如色情、暴力等内容。在童年的生活中注意屏蔽这些讯息的行为，代表了现代文化在面对儿童群体时的一种伦理自觉。然而，视像文化却敢于以大众文化的名义当着童年展示一切，实际上，这种展示也成了它借以吸引观众的一个重要噱头，在这样的景观性展示中，对于童年的文化保护责任被丢弃了。

对于童年的现代伦理关切，牵连着我们的社会、历史、文化以及人性的某个核心范畴，亦即德国社会学家埃利亚斯提出的“羞耻感”问题。这一“羞耻感”是指随着文明的发展，相应的社会和文化在某些特定的事务上形成的“羞耻”意识，这种意识构成了对于社会机制、文化惯例以及个体行为的一些不可打破的“禁忌”，并逐渐内化为特定文化自身的一种要求。人类羞耻感的发展促成了人的“心灵结构的演变”，这一演变也正是文明自身的进程。

值得强调的是，现代童年的观念正代表了现代文化羞耻感的某种门槛和底线。然而，这一在现代文明中逐渐发展起来的对待童年的文化羞耻感，却随着童年的消逝而迅速瓦解和崩塌。当代媒介和娱乐文化向成人，也向儿童袒露一切，这其中包括各种理应被我们引以为耻的事情，而我们远未能寻找到一种为童年维护文化羞耻感的有效途径。如果说现代以降的几个世纪里，人们越来越意识到，不论是出于自我控制还是社会的强制，在文明化的社会里，有些事情是我们不应该当着孩子的面随便施行的，也是不应该在孩子的生活中被随便对待的，那么今天的文化似乎已经不屑于当着孩子的面有所忌讳。文化羞耻感的童年底线的失守，或许意味着我们的文化将不再有任何它可以为之再感到羞耻的事情。这是一个引人警醒的征兆。我们要问的是，在现代童年所指向的文化和人性的羞耻感消失之后，“能取代孩子而成为人类社会道义资源的将是什么？换句话说，有什么是可以让人类社会有所顾忌、自设底线的？当‘孩子’真的消失的时候，成年人既不必承担什么天然职责，也不必为什么‘未来’担忧，那么还有什么是人们必得承担的？有什么是人们无法承受的？”（陈映芳）

在以自由化的快感生产为重要特征的当代新媒介生活中，这样的提问和反思大概显得不合时宜，但它代表了技术时代一种正在失落的文化责任感、判断力以及对文化何所作为的信仰。事实上，童年并未真正消失，儿童作为一个特殊的群体，仍然以其明确的身份标识活跃于我们的社会生活中；但随着童年的“发明”而得到传递和建构的现代文化精神，却在今天的童年文化中不断流逝。这才是童年消逝现象带来的最重大的文化警示，也是它应该引起我们警惕的最重要的原因。

（原载2015年2月4日《大众日报·理论版》）

新媒介视域下的儿童与文化

一、一个问题，两种视角

如何理解和应对新媒介作用于儿童的复杂影响，是长期以来困扰儿童蒙养、教育和研究诸领域的一大难题。而围绕着这一话题展开的争论，也从未停息。至20世纪后期，这一争论在西方学界分化出两种对立的视角。一种对新媒介文化持鲜明的批判态度，其典型的代表是20世纪80年代初在美国出版的两本与童年有关的传媒文化批判力作：尼尔·波兹曼的《童年的消逝》和玛丽亚·温恩的《没有童年的儿童》。这两本批判著作把人们的目光引向了一个严峻的现代文化问题：由新媒介带来的讯息自由化浪潮，正不断吞噬着当代孩子的童年。这其中，《童年的消逝》一书的影响跨越了童年研究的单一领域，对整个当代文化界产生了巨大冲击。

另一种视角恰好相反。20世纪60年代，马歇尔·麦克卢汉在《理解媒介》一书中预言了新媒介革命将给我们的世界和生活带来的全面变革。很少有读者注意到，该书第一部分出现过一个涉及儿童的微小细节。在这里，麦克卢汉暗示了正在发生的媒介革命可能带给包括儿童在内的弱势群体的文化福音。在他看来，新媒介技术的普及有可能使这些弱势者从“不公平待遇的受害者”转变为“能够开辟自己的天地”的自由角色（其后的“电视”一节还有对这个问题的更细致的解释）。在新媒介和儿童的关系问题上，麦克卢汉的观点开启了一种早期的技术乐观主义态度。当然，在他的论说中，儿童的问题只是一个辅助性的小议题，一直要到20世纪末期，这一看待新媒介环境下儿童发展的乐观立场，才在一些儿童媒介研究中得到进一步继承和发扬。

一个注目于新媒介文化对儿童造成的身心戕害，另一个则乐于展望新媒介文化带给儿童的可观未来，这是两种儿童观的争论，也是两种文化观的争论。这两种态度，构建了当代人看待儿童与新媒介关系的两个基本视角，并在后来的儿童媒介研究中得到反复援引和发挥。

二、新媒介文化中的儿童

新世纪以来的西方童年研究者们试图调和上述视角的对立。他们一方面承认新媒介对儿童可能产生的消极影响，同时又想要从积极的路径来处理和应对这些影响。例如，在《童年之死——在电子媒体时代成长的儿童》一书中，英国儿童研究者大卫·帕金翰提出一种形式上的折中路线来调和双方的对立。帕金翰认为，通过对儿童实施媒介教育的途径，可以帮助儿童有效地应对新媒介的冲击和影响，进而成为新媒介文化的受益者和积极创造者。

然而，这样的调和仅仅看到了两种理论在儿童观方面的显在矛盾，却没有看到它们在文化观方面的内在不同。调和者们认为，在新媒介的问题上，只要解决了作为接受者的儿童的问题，一切也就迎刃而解了；而批判者们所揭示的新媒介自身的文化价值和伦理问题，则并未进入他们的视野。如果说对待新媒介文化的乐观视角强调了儿童在新媒介环境下积极创造和主动选择的能力与权益，从而在儿童观方面为我们提供了有别于过去的崭新视角，那么它的以新技术为尊的文化观恰恰问题重重。今天看来，麦克卢汉显然高估了新媒介技术的公平价值和自由潜能，而波兹曼提出的“童年消逝”的警言，则日益成为当代文化发展的一个令人不安的现实。相应的批判理论最核心的意义，正体现在它对新媒介文化的反思上：通过从儿童的视角揭示新媒介文化的内在价值问题，它为我们提供了观察和反思这一文化的深刻视点。

因此，理解新媒介文化下的儿童生存及其命运，我们需要同时从儿童和文化的层面对其展开深入思考，进而将这一思考的成果运用于新媒介时代的儿童发展实践。

三、从“怎么看”到“怎么办”

从儿童和文化的双重维度来看，新媒介时代的儿童发展面临着三个彼此关联的任务。

第一是如何为儿童监管和重塑新媒介的文化环境。

我们知道，新媒介时代一个重要文化表征即是讯息的自由化。如果说对成人来说，这一自由化的利弊还是一个可以争辩的话题，那么在儿童的发展需求与新媒介的这一技术性质之间，则存在着一种天然的矛盾：对儿童来说，新媒介的讯息自由化恰恰包含了对这一群体的最具剥夺性的媒介压迫，大量对儿童具有伤害性的讯息以自由化的名义压迫儿童的身心，他们在这一自由化潮流中所受之害，要远大于他们从中获得的利益。随着新媒介技术无所不在的疾速铺展，这种伤害的层级还在不断加重。因此，在儿童的问题上，信息的控制是一个绝不应该被社会轻易抛弃的责任。一个社会的信息自由化程度越高，对儿童的信息监管要求也相应地越高，监管的边界可以是移动的，但监管本身无疑是不可或缺的。

新媒介时代在这方面恰恰做得太少。同时，我们对于儿童媒介讯息的敏感，也完全跟不上新媒介时代的讯息开放态势。例如，除了传统观念中不宜于儿童接受的暴力、色情等内容外，有谁意识到当前遍布荧屏的各类儿童娱乐选秀节目正在对儿童造成什么样的伤害?

第二是如何加强对儿童的新媒介教育。

媒介教育是近年儿童媒介研究中颇受关注的话题，也是在监管之后用来拦截媒介文化对儿童的负面压迫的重要途径。新近的研究认为，同样面对负面媒介内容，那些受过恰当媒介教育的孩子具有更好地应对和处理这类讯息的能力。

值得一提的是，媒介教育不仅包括教给儿童辨识媒介内容的能力，还包括成人在与儿童的相处中言传身教的影响。有研究者指出，父母把电脑放在家中的私密空间还是共享空间，以及是以关起门来还是彼此共享的方式使用电脑，此类生活细节都有可能决定孩子将来对待电脑技术的态度及其社会性发展。真正的儿童媒介教育不仅是知识教育，更是行为教育。今天，有关儿童媒介的认知教育正在加紧推行，而相应的行为教育则尚未引起足够关注。现实生活中，担当着教育者职责的许多成人甚至以极为孩子气的方式沉浸于新媒介的讯息轰炸。在这样的现实下，显然很难指望未来的孩子胜任新媒介技术的理性驾驭人角色。

这样，我们就很自然地抵达了第三个话题——如何培育新媒介时代成人的媒介素养。

上面两个问题都与这第三个问题密切相关，甚至在很大程度上取决于这一问题的解决。在不断变幻的新媒介时代，成人成为与孩子一样的学习者，然而，要使自己顺利承担起孩子的文化守门人和媒介教育者角色，他必须比孩子更快地学会识别、判断和处理新媒介时代的讯息潮流，进而从文化一词应有的关怀之意来引导和塑造新媒介文化。如果成人自己达不到新媒介时代的文化要求，我们就无从寄望于孩子的改变；孩子不改变，未来的成人也就无从改变。这是一个循环的怪圈，要打破它，唯有先从当代成人的自觉做起。在一个充斥着新媒介快感的“美丽新时代”，这很可能是一场充满痛苦的自我搏斗的另类“战争”，但它也会是当代文明为孩子发动的一场了不起的“战争”。

（原载2016年3月14日《中国社会科学报》）

《中国儿童文学大系·童话卷》导言（二）

上篇　近二十年来的童话创作

1988—2008年的二十年间，对于中国当代童话的创作和发展来说，是至为重要的一个时期。从1909年孙毓修创办的《童话》杂志首次在中国提出“童话”一说开始到今天，中国童话已经走过将近百年的自觉发展历史。其间，不但童话作为一个文类的总体面貌发生了许多移易，童话概念的内涵与外延也始终处在不断的重新认识中。与20世纪初现代童话在发展初期所呈现出的那种相对亢奋的历史激情和民族使命感相比，近二十年来的中国童话几乎是在一种沉默、恬淡而又固执的坚守和探索中，勾画着它自己的当代轮廓。叶圣陶创作《稻草人》的那个时代已经成为过去，对当代童话而言，它所仰仗的发展力量更多地来自一个并不那么集群化的创作群体。与此同时，二十年来大量国外儿童文学作品的译介和出

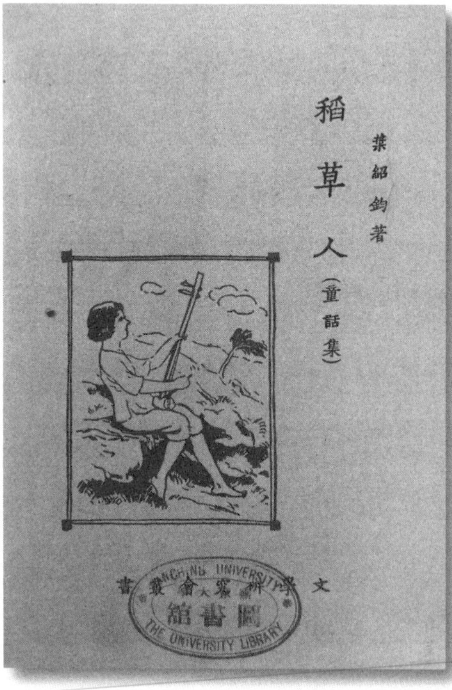

《稻草人》初版封面

版，人们对于儿童文学美学、艺术特征认识的不断丰富，国内童书出版与阅读推广事业的发展，新的媒介方式介入儿童文学的创作、出版和接受环节，以及社会儿童文化产业意识的提升，也不可避免地会影响到童话的创作发展。所有这些，使得这一时期的原创童话呈现出迄今为止最为丰富和复杂的发展面貌。

也是在这一发展过程中，中国童话逐渐塑造着自己的当代身份。与20世纪80年代初承续下来的童话美学相比，近二十年的发展并不构成美学史层面的某种断裂，但它却以一种也许并非自觉意识到的姿态，书写着独属于中国当代童话的一种新的美学风貌。在某种程度上，它的这一默默的努力，或许正在给中国童话带来一次质的变革。

一、童话想象里的诗意栖居

作为一个虚构性质的文学门类，童话很少直接指涉现实，但它又往往包含着对于某种当下或永恒现实的隐喻。20世纪前期和中期，由于特定的历史和社会原因，许多童话不得不在虚构的形式下承载起过多的道德和政治教化内容。20世纪后期的童话日益寻找着一条回归文学的道路，在这个过程中，童话的精神旨归也变得愈来愈脱离特定时空的约束，开始更多地把目光投向一种开阔、高远、恒久、普世的人文关怀。

我们可以用当下文学批评领域出现的关键词之一“生态”来考察二十年来童话创作在精神旨归上的这一变化。将“生态”理论引入文学批评的尝试始于20世纪70年代的美国；20世纪90年代中期，生态批评作为一种文学批评思潮正式在美国得到确立，并迅速影响到世界各地的文学评论界。在基本的意义上，生态批评针对的主要是涉及表现人与自然关系的那部分文学作品，亦即自然生态问题；但在引申的意义上，它同时也包括对于社会生态和人类精神生态的关注。从生态的角度切入文学研究，首先意味着将人类与自然之间的生态互动与生命和谐观引入到文学创作、接受和批评的范畴中，而在更为广阔的意义上，它还指向对于人类社会的生态和谐以及人类群体与个体精神生态的关怀。

我以为，近二十年来的大量短篇童话创作在很大程度上代表了中国当代童话所达到的相当的艺术高度。而在这些童话中，出现了一部分数量可观的直接或间接抒写人与自然关系的作品。童话文类本身固有的与万物相亲近的气质，或许再加上20世纪80年代复兴于中国文学中的自然崇拜精神的影响与烘托，使这部分童话构成了一个十分独特的生态文学群落。这类作品在一段时期内的大量涌现，标示着一种新的童话美学价值取向的产生。

这类呈现出当代生态意识的童话又可以概括为两种类型。一类是直接以自然生命、现象为抒写对象，而将与人有关的讯息完全隐藏在文本背后的作品。它们往往以童话特有的拟人来呈现自然界的诗意和趣味，想象自然生命的温情与追求。童话的这种拟人手法本身并不新奇，具有特殊意义的是，这一时期的童话已经基本摆脱了20世纪30年代至70年代弥漫于整个童话创作界的将现实象征直接投射到借助于其他生命展开的故事上的创作模式，而是在尊重自然生命独立的特征与价值的前提下，展开作家本人关于自然、生命、宇宙存在的感悟与思索。如果说童话无论如何都难以摆脱它的隐喻功能，那么在近二十年来自然生命题材的童话作品中，这种隐喻不再停留在简单的“自然—社会”“动物—人”的对应比拟关系上，而是被拓展到了宽阔的生命关怀的层面上。在这里，他者生命的故事带给我们的不是关于自身处境的直接想象，而首先是对于世界、生命存在之美的肯定和欣赏。《头戴水珠的杉苗儿》（金吉泰）、《月光下的长廊》（王晓明）、《长眼睛的小树》（张秋生）、《蝴蝶信》（张绍军）、《为蜣螂奏乐》（李丽萍）、《找回来的歌》（郑春华）、《穿红裙子的小蚱蜢》（徐光梅）等作品，传达的是自然界和宇宙中活泼真切的生命诗情；《一闪一闪的猫妈妈》（陆弘）、《木桩上的小灯笼》（黄云生）、《穿绿衣的蛇郎》（赵燕翼）、《铁夹子里的大萝卜》（普飞）、《种围墙》（王玲）、《奔跑的灰点》（萧萍）、《若伯特的“孩子”》（范先慧）等作品，是对于自然世界生命温情的一种充满奇趣又令人颇为着迷的想象；而《驮月光》（康复昆）、《波波和果果的魔法草莓》（保冬妮）等作品，则是将自然环境中生命的幻想追寻与人间生活的哲理贴切地融合在了一起。

除了纯粹以拟人化的自然生命为题材对象的童话外，另一类童话将人与自然的交流、对话纳入主要的故事题材和表现题旨中，其生态意识表现得更为浓郁和鲜明。

应该说，童话自其诞生伊始，其情节动力之一就是人与自然的交互作用。然而在流传下来的许多民间童话里，自然或者被呈现为人需要克服的某种阻力的象征，或者是主人公达成某一目的的中介，而很少是一种具有独立价值的存在。这种人类中心思维也在创作童话中得到了长期的延续。近二十年来的许多童话创作开始强烈地意识到自然存在的独立尊严，并致力于在双方关系的阐释中表现这种尊严。

同时发表于1988年的周锐的童话《森林手记》和冰波的童话《蓝鲸的眼睛》，是十分典型的两个例子。这两则风格迥异的童话都借助想象的境界，展示了人与自然生命的一种交互，并提供了对于双方关系的一种反思。前者借“人”与“动物”之间幽默的换位想象，后者则以发生在自然力量与恶美并存的人类世界之间的一场恩怨，就人与动物、自然的关系提出了值得思考的话题。尤为难得的是，上述文学呈现已经不是一种单纯的批判，而是同时触及了生态道德判断或实践的两难。当然，两部作品最后仍然为人类与动物（自然）之间良性关系的建立可能提供了美好的希冀，表达了对于人与自然谐和相融的一种积极的期待。

这种对于自然与人的关系之人类中心意识的批判以及人与自然谐和关系的体认，同时表现在以不同年龄段儿童为接受对象的童话创作中。对于以较高年龄层次的儿童读者为接受对象的童话而言，它常常并不回避表现消极的人—自然关系，以借此表达严肃的现实批判内容。如班马的《老木舅舅迷踪记》、邱勋的《绿蚂蚁公园》、李志伟的《闪电摩托》、姜宝凤的《城市里的狼》等短篇作品就包含了对人性的贪婪、自私、冷漠以及由此所造成的对于自然生态和他者生命的难以估量的伤害的深入批判。《老木舅舅迷踪记》中为了保存正在毁坏中的地球生态面貌而被迫“冻结”各种生物的枪手老丹，他所带给我们的，是关于现代文明下地球生态现状的一种令人颇为震撼的反思。近些年出现的另一批中高年龄段童话则显示出中国古典美学与一部分日本现当代儿童文学作品的影响，如《月亮花园》（韦伶）、《医生的一夜》（张留留）、《野草莓》（秦萤亮）等。这些童话将人类个体放置在带有神秘意味的自然或宇宙的背景上，以此来表现一种回归自然的朴素诗意；自然界的各种意象在这里被赋予了特定的心灵疗救和补偿的意义。

在以低幼儿童为阅读对象的童话故事中，作家往往更倾向于强调自然与人之间关系的积极面。借助于童年特有的天真和稚趣，这种积极的关系能够得到富于童年意趣的展示。一方面，它常常呈现为一种人类童年时代尚未与自然割断天然关联的融洽境界。张秋生的许多小巴掌童话都致力于营造这样的境界。金波的不少小童话也展示了童年生命与自然相融合的美。此外如《幸福的爬山虎》（宋雪蕾）、《化装舞会》（蔺力）、《小狐狸看花灯》（延玲玉）、《我和东东》（张春玲）、《谢谢您，施耐尔太太》（刘兴诗）、《我变成了一棵树》（顾鹰）、《天空飞过一群鱼》（赵益花）等短篇童话，将人与动物、植物的彼此相遇与认同，描绘得有如童年生活中一种真实的存在，也使不同生命间的这份交流、关怀显得格外自然。另一方面，低幼童话也不回避人与自然之间的矛盾，但在具体的文学设计中，它往往仍然选择把这种矛盾处理为积极关系的一种铺垫。《鸟树》（裴慎勤）、《小儿郎 小儿狼》（黄一辉）、《独弦琴》（四平）等童话，从人类个体与自然生物的分裂状态（表现为捕捉、打猎等人类行动）写起，最后仍然落笔在这种分裂关系的修复以及人与自然的谐和相处上。

童话表现自然生态意识的优势在于，它的泛灵思维特征使作家的叙述得以自然地走入他者生命的意识和立场上，从而较为自如地完成相应的艺术表现。从总体上看，动物、植物等自然意象大量地出现在近二十年的童话作品中，很多时候，这些意象不再仅仅被赋予完全拟人的情感、动机和行为方式，而是同时作为自然生命的代言者，在我们心里唤起对于那几乎被忘却了的人与自然相对话、相交融的遥远年代的回忆和眷念。

对于自然生态的尊严的意识，归根结底与当代人的精神和心灵生态联系在一起。近二十年来的童话创作，在对于工业时代和消费文化中人类生存的精神关怀方面，达到了一个新的高度。它在童话创作中表现为作家对存在于生命之间的“爱”“尊重”“理解”“关怀”等价值观念的倡导。这一时期的童话在其发展过程中，不断走出狭隘的教育目的和政治内容的规约，并越来越倾向于把作品的精神旨归放到全部人类文明的大背景上。如果说在20世纪初的新文化运动时期，童话创作的这种精神走向也一度被少数作家肯定和实践过，那么近二十年来，这种精神向度的追寻已经成为当代童话创作的一个主流趋势，而且正在变得愈益纯粹和开阔。

从低幼童话来看，物的形象及其故事摆脱了具体、现实的教育目的的束缚，而开始更多地强调通过文学之美自然而然地传达对于生命和存在的精神关怀。童话的构思很少再针对儿童特定的生活问题和缺憾提出疗救的方法，相反，一些时候，这些问题和缺憾经过作家文学化的处理，倒成了作品借以表现童年生命形态和生命美学的一个途径。与此同时，在道德教育的层面上，这些作品也淡化了道德观念的阐释与说教意味，而开始从道德关怀作为一种自然人性内容的角度，发掘和呈现这种生命关怀的温暖。孙幼军的系列童话《小猪稀里呼噜》、汤素兰的系列童话《笨狼的故事》等是其中最有代表性的一批作品。从现实的角度来看，小猪稀里呼噜和笨狼是两个生活缺憾十分明显的童话形象，然而故事里的他们不但没有被这些缺憾所困扰，反而以他们本身的纯真、善良和乐观，让这些缺憾也变得可爱起来。在更深的意义层面上，这样的艺术形象也反映出当代童话对于最普通的生命个体的关注与关怀。同时，对于特殊生命的关怀也开始进入童话创作的视野中。包括刘兴诗的短篇童话《风的握手》在内的一部分童话，以较为圆熟的艺术手法，表达了作家们对于个体生命不幸的关切。阅读这些童话，我们所体味到的是一种故事智慧与生命关怀的圆满融合。

与此同时，当代童话也在社会现实与人性之复杂内涵的接受、呈现和反思方面展开了新的尝试。这一尝试与20世纪前、中期形成的或者摒弃丑恶，或者将这种丑恶予以政治化的童话美学框架殊不相同。它是站在生命发展的立场上，对生命本身展开的批判。例如1989年谢华的短篇童话《岩石上的小蝌蚪》所引发的一些讨论，在一定程度上正是因为这篇作品以一种批评的姿态，提醒读者注意到那深埋于童年和成年个体心性中的自我中心感所造成的对于他者生命的淡漠。其后出现的一部分童话，对于社会、人性和童年的批判与审思甚至达到了相当的深度。例如谢华发表于1999年的短篇童话《木偶徐正兴的故事》，以一种更为成熟的故事设计，延续了童年审思的主题。此外如似田的《老虎捕人》、刘第红的

《蛙琴》、小河的《河的那一边》、陈晖的《男孩，女孩，地摊上的小狗》等作品，也对现代文明、人性以及童年的消极面提出了较为深刻的批判和反思。随着读者年龄段的增高，这类作品的数量略有增加，但总体上来看，它在当代童话中所占的比例仍然较小。

当代童话在精神生态维度上的美学拓展，还表现在对于现代工业文明下生命精神所受到的压抑和污染的警醒与批判上。这是与当代的经济、社会和文化变迁密切相连的一种文学精神形态，也是这二十年童话创作领域受到特别关注的内容之一。鲁兵的融合了民间童话与现代童话气息的短篇《十个爷爷》，以巧妙的讽刺、错位和夸张，对于消费文化背景下少年生命精神的异化以及由此带给成年世界的尴尬困境，进行了深刻而又不乏喜剧性的揭示。郑允钦的《跨越五百年》在一个虚拟的未来情境中，同时展现了人性可能的善与恶。李潼的短篇童话《水柳村的抱抱树》表达了在节奏日益加快的现代生活中对于生命诗意的呼唤。王一梅的长篇童话《木偶的森林》触及了现代文明与自然之间的冲突、交互与和解的话题。不难看出，上述主题又往往与自然生态题材结合在一起。另外值得一提的是，新世纪以来出现的一些带有幻想或科幻性质的童话故事，在一个当下或虚拟的现代文明环境中描写生命所不得不面对的精神诉求的无奈落空以及由此而生的精神窘困，也构成了当代童话精神的一种丰富和深化。

这二十年来的当代童话在精神旨归层面所表现出的“生态”意识，既与童话文体本身的美学特征和气质相关，也与当代童话作家主体的创作追求与价值取向联系在一起，同时，它也是当代社会处在不断形成中的文化气脉的一种表征。通过这种书写，当代童话以自己独特的文学和艺术方式，在想象的世界里开辟着诗意的栖居地，并期待通过这种想象，来参与塑造一个更好的现实。

二、童话叙事的当代走向

关于20世纪80年代的中国童话，人们记忆犹新的是那一场曾引起整个儿童文学界关注和讨论的“热闹派”童话创作潮流。这一命名最早由任溶溶提出，但当时并没有把它作为一个严格意义上的学术概念来使用，因此在很长一段时间里，它确切的学术内涵及其在理论分析上的适用性，也始终处在争论当中。确切地说，“热闹派”现象并不构成童话史上的一次文学创作思潮，但这一概括的产生及其所引发的探讨，反映了人们对于那个时代正在出现的一种新的童话美学的敏感和关注。这与后来被命名为“游戏精神”的童年哲学和美学范畴有关，而它基本的立足点之一，其实就是童话创作的幽默美学。

应该说，整个20世纪中前期，承载了过多非文学内容的中国童话并没有发展出真正的幽默精神。20世纪80年代初中期童话创作在幽默美学探索方面的集体“爆发”，与此前所形成的这种压抑或许不无关联。然而在童话创作尚未能借助丰富的实践经验寻找到文学与幽默的融合之道时，这一美学上的探索主要表现为一种富于喜剧的动感，但在整体故事感觉的营造上又显得相对粗糙的创作尝试。这一时期出现的一些“热闹”童话，往往以角色行动的快速推进、形象情节的漫画式夸张以及喧哗活泼的游戏感觉，营造出一种与以往童话全然相异的故事氛围。很多时候，对于喜剧效果的过分追求影响了整个故事构思和叙述的文学质地。当时的许多创作者和评论者们也意识到了这些问题。今天看来，这类童话似乎更多的是以一种迫不及待的方式，表达着对于冲破、拓展旧有的童话美学框架的渴望。

20世纪80年代末90年代初，“热闹派”童话的创作潮流悄然退去，但它们所唤起的童话的幽默精神，却在其后的童话创作探索中默默地延续了下来。整个90年代的长短篇童话创作是在一种不事张扬的自我艺术探寻中，悄然走过了世纪的门槛。而从20世纪80年代末到21世纪初，童话的幽默美学不断得到创作者和评论者们的关注，并显示出日臻成熟的面貌。

1993年3月，浙江少年儿童出版社开始推出“中国幽默儿童文学创作丛书”，首辑出版的五部作品中，《天吃星下凡》（周锐）、《塌鼻子警察》（庄大伟）和《胖胖龙上天入地记》（葛冰）三册均系童话作品。值得注意的是，这三部作品的三位作者也曾一度被归入“热闹派”童话的代表作家之列。1994年，方卫平在为他所选评的《中华幽默儿童文学作品精粹》一书撰写的序言中，扼要地追溯了“幽默”在中国儿童文学发展史上的起承源流，特别指出了这一特质对于20世纪80年代以来原创儿童文学发展的重要意义。或许可以说，当代童话幽默美学的发展，也在一定程度上参与开启了儿童文学创作在整体上的这一美学走向。

童话幽默美学的倡导和探索，在20世纪90年代后期和新世纪初的童话创作和出版中，不但数量大增，也逐渐有了相当引人注目的艺术表现。这种艺术上的发展主要表现在三个方面。

一是对于童话幽默的文学特征有了更为丰富、深入的认识。与20世纪80年代前期及以前的童话相比，这二十年来的童话创作在幽默美学的经营方面，开始在“热闹”“好笑”的基础上，更多地考虑故事本身的文学质量，以及如何通过叙事安排本身巧妙地传达幽默效果。在这里，童话的幽默不再仅仅意味着某个好笑的故事角色或某些滑稽的场景、对白，而是与作品的整体文学构架结合在一起，渗透在它的文学肌理和故事纤维当中。这一时期，在短篇童话领域出现了一批具有较高艺术性的幽默作品。《小偷罢工》（武玉桂）、《门铃和梯子》（周锐）

等富于幽默特征的短篇童话，在文学构思的奇巧和天然方面，已经达到了相当高的艺术水准。此外如《口水龙》（管家琪）、《好脾气糖球》（范锡林）、《不准猎人的枪和酒》（葛冰）、《老鼠哈立克和它的割影刀》（戴达）、《看球赛》（王芸美）、《可爱的家》（王铨美）、《我爱我家》（戴臻）、《七只小猪》（野军）、《一束百合花》（李想）、《谁的记性差》（程逸汝）等作品，共同把一种温暖、滑稽而又清新的文学幽默带进了当代童话的创作中。尤其是一批年轻的童话作家的加入，给当代童话注入了一股新鲜而又重要的力量。这些作家普遍表现出对童话幽默艺术的钟情。包括张弘的《梦游减肥》、毛芦芦的《会吐汉字的小老鼠》、葛竞的《鱼缸里的生物课》、吕丽娜的《小白鼠·小灰鼠》系列故事、鲁冰的《蜘蛛开店》、汤宏英的《守着18个鸡蛋等你》、流火的《秘密》等在内的一批新作家的童话，为这支文学队伍增添了一种有别于传统童话的新奇、灵动的故事和语言幽默感。这一时期的幽默童话创作在整体上发展出了愈益精细、成熟的叙事艺术，在故事的起承转合和叙述的悠游舒展方面，都显示出不俗的文学驾驭能力。

二是形成了富于作家创作个性的多样化的幽默艺术风格。如果说20世纪70年代末80年代初出现的“热闹”童话朝向幽默艺术的努力主要体现为情节内容的滑稽设计，在风格上难免显得雷同，那么从20世纪80年代末至新世纪初的一大批童话创作来看，许多作家在这方面已经逐渐形成了个性鲜明的创作风格。这种风格的形成与作家一以贯之的叙事特征和语体风格，以及他们的一系列作品在读者接受中所得到的认可密切相关。比如，周锐童话的幽默主要表现为一种不露声色的逗趣、反讽。他的《我被枪毙三个月》等短篇作品，分明极尽夸张，又能使这种夸张自然地融进日常生活的逻辑中，从而制造出一种特殊的冷幽默效果。冰波的以“阿笨猫”系列为代表的童话幽默，主要表现为一种以奇想为依托的漫画化的滑稽和嘲讽。葛冰童话的幽默较少直接体现在语言的表述上，而是隐约闪现在特定的角色形象塑造和情节安排中的一种引人捉摸和琢磨的悠长意味。汤素兰童话的幽默常常与文本精致的语言和温婉的情调结合在一起，其质地也显得格外轻灵。常新港的《土鸡的冒险》《猪，你快乐》等长篇童话，其幽默地叙述的同时诉说着生命存在的快意与疼痛、轻松与沉重。北董的《线条学校》等短篇童话叙事节奏推进较快，它既把读者推向前去，又使读者想要在字里行间的幽默讽刺中略作停留，从而营造出一种特别的阅读效果。年轻一代作家如张弘的童话似乎总能在出奇制胜的想象中“顺便”完成幽默故事的设计与叙述；王一梅的童话呈现出一种明净的温婉，同时也十分注重幽默的细节；葛竞的童话里，幽默常常从一些小小的细节设计和表述中不经意地流露出来；吕丽娜的作品显示出西方经典童话传统的濡染，散发着温暖的幽默气息。同时，我们也开始能够凭借童话语言风格方面的特色，判断出不同作家的创作风格。这些创作风格的形成大大丰富了近二十年来童话创作的面貌，也使得幽默作为一种童话美学，获得了十分有益的探索和实践。受到这一审美趋向的影响，21世纪以来的几年间，幽默风格的童话创作尝试以愈来愈高的比例出现在各类儿童刊物上，同时，由于这类作品的市场销售颇为看好，许多少儿出版社也纷纷在年度图书出版版图上增加了这类作品的份额。

三是在幽默的喜剧性与深度的结合方面实现了较为成功的探索。20世纪70年代末以来，有那么一段时间，似乎是出于对此前风行一时的教育童话的一种特意的反驳，幽默风格的童话创作只注重游戏性的故事内容，而不考虑现实的教育意图。它在底子上展现了蓬勃、无羁的童年生命精神和力量。冰波的《凡尔医生出诊记》、王业伦的《有劳先生的乡下之行》、杨楠的《怪电视》、孙继忠的《一塌糊涂出版社》、皮朝晖的《愚公和呆子的故事》等作品，代表了童话创作在这一方面取得的艺术成就。但与此同时，人们也在逐渐意识到，童话创作的幽默美学与它的“意思”亦即内涵的传达其实并不矛盾。一部分既充满幽默的喜剧效果，同时又自然包含了特定的哲理和情感内涵的童话作品，展示了把上述两者相结合所能达到的独特的艺术效果。武玉桂的《方脸和圆脸》、卢颖的《尾巴它有一只猫》、杨红樱的《猫小花和鼠小灰》等童话，在精短幽默的叙述中，传达了令人回味的哲理内涵，同时也闪烁着生命和生活的温暖。金波的《自己的声音》、缪启明的《花布鞋》、萧袤的《大蝌蚪》、季颖的《青蛙卖泥塘》、熊磊的《小鼹鼠的土豆》、肖定丽的《弟弟变的小狗》等作品，在仿佛颇不经意的轻巧叙事中，展开了关于自我、家园、爱与生命寄托的哲思。而庄大伟的《“毕扑”一声——上海人的童话》、刘彪的《老鼠看电影》、李建树的《心理跟踪器》、任哥舒的《恶梦热线》、孙迎的《海神的新居》、魏滨海的《兔豆》、肖为的《糊涂大学的博士先生》等童话故事，则以十分幽默的情节和语言设计，传达出对于现实文明、社会制度以及人性某些方面的批判。许多作品在幽默艺术与哲理、批判内涵的结合方面显示了作家娴熟的文字调度能力，而一部分童话给予我们的情感和思想回味的空间，使得这些作品的故事和语言都具有了延展的文学张力和丰富的诠释可能。以轻巧的笔墨来写厚实的情感，以幽默的故事来写有重量的思想，从而使童话拥有了一种“含泪的微笑”般的情感内蕴，并显示出童话作为一种“浅语”艺术的哲理深度，这是近二十年来的童话美学探索方面的一个重要收获。

幽默艺术的发展是影响这二十年来童话文学面貌的一个重要方面，而小说手法与技巧的介入，则使得对于当代童话的叙事分析变得越发复杂起来。

童话发展到今天，其文体概念与最初已经有了很大不同，与它原来对应的日文、英文词汇的含义也产生了明显的分化。随着当代童话叙事艺术的不断丰富和发展，童话的外延正在变得越来越模糊和难以完全确定。童话与小说两个概念的分野，在西方早期的儿童文学创作中并不难辨别。童话是源自民间文学传统的与动物、魔法、精灵、仙境等相关的故事，它早期的一个十分典型的特征，是具有原型化的角色、母题和情节序列。童话从口头传统进入书面创作传统之后，尽管文学面貌有所改变，但上述基本特征仍然延续了下来，这也成为人们借以判断童话身份的重要依据。例如在当代西方，童话与童话题材的幻想文学作品之间界限的判断依据之一，便是后者在语言叙述、角色塑造和场景描绘方面明显运用了小说的重个性而不重原型的写作手法。

然而对于西方童话概念的上述认识并不能被平行挪用到中国现代、当代童话的诠释中，因为后者从一开始便与小说文体及其技法不可分离地胶合在一起。由于中国民间童话的传统在20世纪以前很少进入正统文学的视野，这一传统的自我保存和流布受到了较大限制；又由于童话概念最初被援用过来时意指的范围是整个儿童文学，后来演变为儿童文学中的一个门类，虽然起初也包括文人记录、改编和译写的中外民间童话、故事等，但随着文人创作童话的增加，它与民间文学的传统其实已经相去甚远。叶圣陶、张天翼等作家的童话，基本不受动物和仙子故事框架的约束，个中角色、情节也大多依小说的笔法进行塑造和设计。20世纪八九十年代，我们所说的“童话”在很大程度上是西方的童话（Fairy Tale）概念与儿童幻想文学（Juvenile Fantasy）概念的一部分内涵的交合。人们发现，一度被认为是“童话的本质”的“幻想”并不足以概括童话的当代特征。随着“幻想文学”（“幻想小说”）概念的出现，童话与小说之间的关系变得更加扑朔迷离起来。

1997年，21世纪出版社推出的“大幻想文学”丛书正式提出了“幻想文学”的命名，其后便引发了关于童话与幻想文学的区别的讨论。“幻想文学”（fantasy）这一经由日本借自现代西方的概念兴起于19世纪中后期的西方文学界，是一个同时覆及成人文学与儿童文学范畴的概念。在西方儿童文学语境中，幻想文学基本上是指以幻想为题材、采用小说笔法写成的虚构文学作品，它近乎介于西方概念中的童话与小说之间的一个文体。在国内，由于童话的叙事特征从一开始便与小说联姻在一起，许多在西方被归于幻想文学行列的作品，如《爱丽丝漫游奇境记》《彼得·潘》《奥兹国的巫师》等，我们也称之为童话，因此，在童话与幻想文学之间进行外延区分的努力，最终并没有得出令人满意的答案。这也显示了中国的“童话”概念在特定历史语境下所形成的独特内涵。事实上，即便在西方，要在现代的童话与幻想文学之间划出一条界线也颇不是一件容易的事情（J.R.汤森《英语儿童文学史纲》）。我们在使用童话与幻想文学的概念指称许多幻想题材的儿童文学作品时，仍然是模棱两可的。

但上述试图区分“童话”与“幻想文学”的尝试，却显示了当代童话创作领域在叙事艺术方面的一种正在推进中的突破。幻想文学一说的提出，与这二十年来童话叙事不断向小说艺术领域掘进的现象有着一定的关联。我们看到，近二十年来的童话创作实践使中国的童话概念与西方童话的概念日渐疏离，并日益形成自己独特的艺术面貌。综观这二十年来的长短篇童话创作，不难发现童话在情节构想、角色塑造、叙事技巧等各个方面的艺术精细度都在不断提升，这在很大程度上得益于来自小说领域的艺术借鉴。20世纪80年代末，一些童话作品开始尝试将童话的幻想性与小说的现实感相糅合，营造出一种亦真亦幻的故事氛围，也使童话的笔触得以延伸到虚拟的现实情境中，从而扩大了童话的艺术表现空间。比如张之路的短篇《妞妞和爸爸同岁》，借助于具有一定科幻性质的时空穿梭来写现实童年的隔代相遇，故事叙述十分富有吸引力，个中蕴含也耐人寻味。再如孙幼军的“怪老头儿”系列、汤素兰的《驴家族》、倪树根的《危险，但很盼望》、李晋西的《明信片》、段立欣的《时间碎片桂花糖》等作品，在叙事结构和叙述话语上均显示出当代童话开阔的艺术气象。

幽默美学的形成和小说艺术的借鉴，或许是这二十年来童话在叙事艺术方面向我们呈现出的最为明显的两个发展走向。今天，这两方面的特征在整个童话创作界仍然获得了热情的承续和发展。

三、童话语体的借鉴与创新

语体是语言运用中为了适应特定题旨和语境需要而形成的语言特点的综合，它是由语音、词汇、句式、修辞等各方面因素共同构成的整体语言风格。比如口头语体与书面语体，在语言的各个要素方面都存在着一些明显的区别。各种文学体裁在长期的发展过程中也形成了各自特定的语体样式。可以这么说，特征鲜明的语体风格的建立，在很大程度上标志着一个文学门类艺术上的成熟。那么，作为一种与儿童文学直接相关的文学样式，童话是不是已经发展出属于自己的一些基本的语体特征？

对于来自口头传统的民间童话来说，上述问题的答案显然是肯定的。阿尔奈、汤普森、普罗普等民俗学者就民间童话的情节和母题类型、叙事结构以及角色功能模式展开的研究，以及其后精神分析研究方法的介入，使民间童话在语言文本的构成及其内涵方面的一些共性，越来越被人们所认识到。比如它常见的“很久很久以前”的开头和“永远幸福”的结尾的句式与语篇模式，在承担起相应文学功能的同时，也将民间童话的叙述语言从现实语言中分离出来，从而构成了民间童话有别于实用语体特征的一个重要方面。同时，它的重行动而轻铺叙、重功能而轻个性、重普遍而轻特殊的话语特征，也将童话与讲究创作个性的小说区别开来。

需要指出的是，民间童话的上述语体特征仍然是从作为整体的文学语体中分化出来的。它的语体的独立性，是相对于诗歌、小说等其他独立文体而言的。随着文学创作探索的拓展，已有的文体以及相应的语体限制不断被打破，不同文体之间的跨语体创作也变得日益普遍。在这一语境下，当代东西方童话创作的语体面貌与儿童小说等其他文体的区分也变得日益模糊。如前所述，中国当代童话本身就不排斥小说语体，而且还主动朝向小说艺术领域寻求创作的拓展。因此，要把当代童话确立为某个独立的语体存在，在东西方都已经是不可能的事情了。

然而在纵向的脉络上，这二十年来的中国童话的确促成着新的童话语体风貌的构造；而在横向的脉络上，受到这二十年来大量译介进来的国外儿童文学作品的影响，中国童话也在呈现出一些新的语体特征。这些变化和特征使我们能够把它们看作一个相对的整体，来尝试谈论当代童话在语体方面正在发生着的一些独特的变化。

可以肯定的是，从20世纪初现代童话的诞生到21世纪初的今天，童话的语体风格已经随着整个文学、语言、文化领域的相关变迁而发生了不小的变化。这一变化可以很容易地从不同时期童话的词汇、句式等各个方面得到印证。20世纪前四十年，是童话语体逐渐走出初始期现代白话语体的朴拙日益获得成熟的大众语体风格的时期；而20世纪80年代之前，则是童话语体在政治、教育话语的规约中不无尴尬地寻求和塑造自我身份的时期。这二十年来的童话创作在自由的当代汉语文学表达的基础上，形成了多样化的语体风格。它们有的注重铺叙和描绘，较多形容词的运用或转述体的语言，尤其注重对角色心理的呈现及其行为的评价，如田犁的《好小偷》、徐鲁的《灯花姑娘》、耳耳的《驮伢佬的故事》、宗璞的《七扇旧窗》、牟坚的《小蜥蜴》、夏辇生的《巴士爸爸》、迟慧的《羽毛的故事》、王一梅的《书本里的蚂蚁》等；有的则比较偏爱主动态的动词和简洁的对话体语言，以使角色行动和故事节奏得以不断推进，如郑渊洁、周锐等作家的一些童话创作。当然，这两种宽泛的语体风格还可以再进行细分。在语音上，低幼童话特别注重营造词语和句子内外的声韵效果，比如张秋生的童话《小花瓣》，大部分句子末尾或中间都安排了同韵或韵母相近的字词。这种整齐的音韵感造成了低幼童话轻快活泼的语言感觉。对于读者年龄段较高的童话作品来说，对较复杂的词汇和句式的关注需求常常超过了语音方面的直接经营，并且愈来愈向少年小说的语体风格靠拢。

同时，这二十年也是继五四新文化运动之后，国外儿童文学以前所未有的激情和规模被译介到国内，并受到最为广泛的关注和阅读的时期。不但许多在20世纪之初便已译介进来的作品被重新翻译，更多新的作品也进入了我们的视野。国外儿童文学作品的语体风格，或者更准确地说，翻译儿童文学作品的语体风格，自然不可避免地会影响到国内童话的创作。在规模颇为庞大的当代童话群落中，这种影响的发生是渐进的、不易察觉的，却不是应当被忽视的。

20世纪70年代末80年代初，童话创作在整体上开始走出狭隘的政治和教育意义的束缚。久已浸没在非文学话语中的童话文体，此时亟须在已经建立起来的语言资源基础上吸收新的语言养分。它一方面积极向民间文学、成人文学领域汲取民族语言的养料，另一方面则以极大的热情投入国外儿童文学作品带来的新鲜的故事和语言世界中。从那个时期到今天，国外许多优秀的儿童文学作品就以其较为纯粹的情感、思想底蕴和富于妙趣的故事构思，不断带给我们审美上的冲击和丰富。而所有这些又与作品本身的语言表达融为一体。阅读这些童话，既是进入某个来自异域的故事，同时也是进入一种别样的语体氛围。罗尔德·达尔、米切尔·恩德、J.K.罗琳、宫泽贤治、安房直子等，这些名字对我们来说，唤起的不仅仅是对于他们作品的某些印象，也包括这些作品的一部分特殊的语言风貌。

有趣的是，当我们的童话创作开始向国外儿童文学作品借鉴故事编织与情感传达的技巧时，我们也在不自觉地寻找和运用着与之相联的某些语体特征。不同文化间文学传统的相异以及中国正统文学传统中游戏精神的缺失，使这一借鉴常常需要借助语体的挪用才能获得某些实现。这一现象最典型的表现有两个方面，一是对童话角色和地点命名的处理，二是对某些非中文习惯的语言表述的借用。

翻读这二十年来的童话，我们可以很容易地发现一些原本并不属于中文语言传统习惯的命名，其中大部分是典型的欧式名字，如狄尼、希尔、凡尔、杰里、哈立克、波卡、施耐尔、奈尔、洛卡、卡鲁、喀拉克拉、安妮、巴巴布、琳达、哈里、托克、托尼、萝里、里克、安琪、毛姆、比尔、微达、吉米、威尼、安米、皮克、非比、莫里、撒末尔、波比、若伯特、爱密、萨得、波邦塔等；此外还有如美穗、星一等不少带有鲜明日本风格的名字。类似的现象在20世纪初的中国童话创作中就存在过，但那时大多只出现在外来童话的改写作品中，或者是为了表达特殊隐喻意义的词汇音译（如郭沫若的《一只手》中，普罗与克培的名字分别取自英文无产阶级和资产阶级二词起首音节的谐音），而且为数十分有限。20世纪后期至21世纪初，这一类型的名字开始愈益频繁地出现在各类儿童文学刊物发表的短篇原创童话作品中，它们所承担的功能也发生了变化。对于它们所在的童话故事来说，这些名字的主要功能看似是一种无关要旨的角色指认，但它们对整个文本的艺术展开所产生的实际影响却要重要和深刻得多。正是这些词汇把它们原本隶属的语境所具有的语体感觉带入原创童话的文本中，从而使童话创作在一定程度上摆脱了既有美学感觉的限制，进入一种新的艺术表现的语境中。上述名字大多担任着童话内的主要角色（有时也包括主要配角），它们所带来的语体感觉因而是发散的、贯穿整个文本的。我们可以看到，以欧式名字为主角的童话故事，往往展现出富于当代西方童话语体感觉的温情、活泼或游戏狂欢精神，而以日式名字为主角的童话故事，则呈现出温婉、恬静、彬彬有礼的日本童话语体风格的影子。有时候，这种命名方式也会从角色转移到地点上，比如“卡诺小镇”“从没街”（仿“永无岛”）等地名。对于一部分熟悉和偏爱国外儿童文学作品的作者来说，这样的名字有着一种难以拒绝的吸引力，它们比一般的中文名字更容易让我们联想到女巫、精灵、魔法和奇幻世界，也更容易带我们进入新奇的童话语境中。

当代童话对于国外儿童文学作品句式、语篇的模仿和借鉴，或许不像名字词汇那样容易辨识，但它们也承担着类似的功能，尤其是在上述命名缺席的情况下。这类句式在人物独白和对话中出现得最为频繁。比如下面的这段取自2002年发表的一篇童话中的动物角色对白：“我这是跑步呢！怎么，你不打算和我一块儿锻炼身体吗？”“哦，不，跑步使我很不舒服。”“那么，再见！”“等一等。我告诉你，老鼠刚刚跑过去，他可能也在练长跑。对了，他是到池塘那边去了。”我们会发现，这段特意设计的口语对白在汉语的表达习惯中其实并不显得那么口语化，其中主谓宾结构完整的陈述句和问句、不十分符合汉语口语习惯的使动句式与断句方式，以及那句略显突兀的“对了”，与自然情况下的中文口语对白相去甚远。但这恰恰是我们经常从翻译儿童文学作品中读到的对白句式，也比较符合西文（尤其是英文）的口语表达习惯。再如近年来出现的一些呈现出典型的日本唯美童话的故事和语体风格的作品，其文本内大量缀有常见的日语敬词、叹词，如“请”“啊”“呀”“吧”“呢”的句式，以及在铺叙中有意省略动作主语，或把这一主语进行后置等日本童话译文中常见的句式和段落，是作品借以营造类似的故事氛围、表达这类童话特有的情绪感觉的一个重要手段。

在这二十年来出现的不少童话作品中，上述外来名词、句式、语篇都或隐或显、或多或少地存在着，尤其明显地体现在近年来一部分年轻作者的创作中。

这种运用有时贴切，有时则不怎么恰当，甚至容易造成叙事的生硬感。但进行这一借鉴的童话作品在整体的故事构思、角色塑造、情感表现等方面，的确显示出国外儿童文学作品所具有的某些特质，比如童年游戏精神的张扬、温暖而又奇巧的情节和细节设计、站在全部生命立场上的人文关怀等。在这些作品中，上述外来名词、句式、语篇形式的借鉴在把国外儿童文学作品的语体感觉带入文本的同时，也把与这一语体相伴随的童话美学策略和氛围植入了这些中文作品中。换句话说，对于外来词汇、句式等的自觉或不自觉的借用，其根本的动机在于从语体的层面来寻求当代童话美学的拓展与突围。

这一现象也提醒我们，当代童话创作也许正在默默地酝酿和经历着一场童话语体层面的蜕变。20世纪80年代末以后的二十年，是童话创作迄今为止最自由的二十年。童话创作与欣赏的审美倾向和价值判断，在这二十年间发生着重要的变化。这一变化既体现在对应的童话语体探索和变革中，同时也反过来推动着童话当代语体的发展成形。近二十年来的童话语言在总体上愈来愈多明亮的、温暖的、幽默的、积极的以及与宇宙、自然相关的词汇和句型，重表现而不重判断、重时间推进的叙述而不重时间停滞的说理的语篇，其语体功能也不再受具体的现实隐喻、影射功能的限制，而更多地体现为较为纯粹的审美陶冶。对于翻译儿童文学作品语体的借鉴，也正是出于上述童话美学变革的需要。这种借鉴在初期略显生涩的摸索之后，正在不断走向成熟。而与此并行不悖的是，许多童话作家也不断探索着借助童话语体的本土创新来发展中国童话新美学的可能。从童话本土化发展的意义以及作家们的创作实践所产生的影响来看，后者的价值更值得我们予以关注。

我们可以列出一长串以个性化的文学语言为当代汉语童话的语言艺术增添华彩的作家名单。孙幼军是其中最具有代表性的作家之一。他的以小说笔法写成的童话系列《怪老头儿》，被认为是十分典型的“京味童话”（金波语）。作家把中国古代神话与民间传说的题材融入这则现代故事中，作品的语言素材取自地道的京味方言，经过作家处理，同时结合了历史感与现代感、口语表达与书面表达的特点，从而使作品呈现出一种独特的汉语语体风格。作品以这种语体风格及其所营造出的独特的幽默美学，为当代童话的民族化道路提供了一个重要的思路和样本。同时，它也展示了从本土语言、民间语言的角度切入童话美学创新的意义与可能。今天，我们的童话创作格外注重从幻想、构思、情趣的角度来拓展旧有的美学，相对来说，语言方面的考量还落在后头；然而从语言形式对于言说内容的必然制约来看，中国当代童话美学的拓展，始终还要依赖于童话语体的变革。前面提到的对于国外作品的语体借鉴，也是童话语体变革探求的表现之一。

发掘和构建本土童话语体的努力因此具有了特别的意义。在北方作家中，以京味语言写童话的不在少数，但如何利用这一优势不断实现童话语言方面的创新和推进，还需要更多的探索和实践。而对其他地区的作家来说，面对较难纳入书面语体系的地域方言，他们需要更多地从已有的文学语言中去寻找资源，在这种情况下，又如何通过童话语言的本土化探索实现本土童话美学的拓展，这也是一个具有相当难度的艺术课题。

四、关于童话作家群

一个时代童话史的建构，在最基本的层面上，是由那一时期童话作家们的集体努力促成的。在这二十年来的童话创作领域，我们不断看到老一辈作家和20世纪80年代初就已引起童话界关注的中青年作家的身影。鲁兵、武玉桂、张秋生等作家的短篇低幼童话创作，在故事的构思和语言方面都显示了中国当代短篇低幼童话到目前为止所达到的艺术高度；孙幼军的《小猪稀里呼噜》《怪老头儿》等系列童话，在童话语言的铸炼和本土游戏精神的张扬方面，提供了很好的典范；周锐的大量优秀的短篇童话作品诠释着童话幽默艺术的丰富内涵，近年出版的“幽默”系列作品以带有后现代意味的创作尝试，再度丰富了童话的幽默内涵；冰波的童话创作反映了作家不间断的童话美学探寻和反思的努力，这二十年来，他的童话始终走在自我挑战的艺术道路上，显示了作家在童话艺术领域探索的勇气和自信；张之路擅长以熟稔的小说笔法来写童话，他写短篇只是偶尔为之，却往往给人一种故事和情感上的震撼，而他的那些融入了科学幻想内容与小说叙事艺术的童话作品，丰富了童话的艺术手法和美学特质；葛冰的短篇童话和他的那些游走在童话与小说边缘的少年武侠故事，为当代童话增添了一份别致的艺术景观；班马的童话数量并不多，但在童年生命与精神力量的张扬方面，在童话“力”的美学的展示方面，这些作品有着独特的意义；郑渊洁在继续独立主持双月刊《童话大王》的同时，也出版了多部童话集，尽管不再能够引发皮皮鲁时代的那份阅读狂热，但也是二十年间原创童话领域的一个不可忽视的文学存在和文化现象。

20世纪90年代至21世纪初，各类儿童文学刊物上出现了一大批童话作家新人的名字。包括肖定丽、汤素兰、张弘、王一梅、萧袤、杨鹏、葛竞、李志伟、王蔚、吕丽娜等在内的一批作家，为当代童话史的书写贡献了许多充满灵气的优秀文本。这批年轻作家在创作学习过程中，有更多的机会接触、阅读来自世界各地的经典儿童文学作品，这使他们的创作得以站在一个更具有世界性的艺术起点上。他们中不少人有着高校中文专业的学科背景，其中一部分人更经历过儿童文学的专业修习。在近十年左右的时间里，这些作家都已出版了多部长篇童话或中短篇作品集。此外如近年出现的陶琼花、卢颖、俞愉、金旸、赵益花、李丽萍、流火、漪然、张留留、顾鹰、段立欣、沈习武、疾走考拉（刘霁爽）、秦萤亮、米吉卡、范先慧、李维明、汤汤（汤宏英）、杨文芳、张月、两色风景、孙昱等新作家流溢着当代童话特有的审美气息的短篇作品，也不时引起着读者和评论界的关注。

近二十年来在童话领域从事笔耕的新老作家还有任大霖、宗璞、葛翠琳、赵燕翼、金波、林颂英、刘兴诗、邱勋、孙幼忱、陈秋影、倪树根、普飞、冰子、李少白、程逸汝、杨楠、彭万洲、李满园、裴慎勤、孙继忠、李建树、常瑞、野军、胡霜、张绍军、康复昆、北董、似田、方园、金志强、夏辇生、戴达、谢华、田犁、郑允钦、孙文圣、王晓明、王铨美、季颖、范锡林、明照、庄大伟、黄一辉、陆弘、延玲玉、朱效文、周基亭、刘丙钧、缪启明、王业伦、李华、蔺力、王晓晴、车培晶、魏滨海、白冰、任哥舒、晓旭（徐德霞）、郑春华、任霞苓、王芸美、李晋西、晏苏（汪晓军）、杨红樱、戴臻、肖显志、秦文君、常新港、四平、邓湘子、徐建华、安武林、钱万成、熊磊、薛涛、杨老黑、皮朝晖、鲁冰、孙迎、晓玲叮当、徐光梅、李想、刘慈欣、毛芦芦等。两岸儿童文学交流事业的不断推进，也把包括管家琪、张嘉骅、林世仁等在内的一批中国台湾儿童文学作家的童话作品，推到了大陆读者的面前。对于汉语童话的创作来说，这种交流直接促成了原创童话艺术的进一步丰富和成熟。

总体来看，传统的纸质刊物及书本等纸本媒介仍然是当代童话创作、接受的重要园地。北京的《儿童文学》、天津的《童话王国》、辽宁的《文学少年》、陕西的《童话世界》、湖南的《小溪流》、上海的《少年文艺》《儿童时代》和《小朋友》、江苏的《少年文艺》、浙江的《幼儿故事大王》等期刊，一直是原创童话发表与传播的重要园地。与此同时，以网络、手机等为代表的当代新媒介的推广和普及，也对童话的创作面貌、生产与传播方式等产生着越来越重要的影响。不但网络内容直接进入了童话的题材对象中，作为当代生活不可或缺的一种媒介方式，它也在不断介入童话创作、接受的实际过程中。近年来，“小书房”“红泥巴村”等儿童文学创作、阅读推广网站的成立以及开设在各类文学网站上的儿童文学创作空间的出现，对当代童话多样化的创作风格的形成以及童话的创作、阅读产生了一定的影响。一些童话作家建立了属于自己的个人（或组合）创作网站和博客，在虚拟空间里与读者一道分享他们的作品与创作体验，展开即时的互动交流。一部分年轻的童话创作新人也是在网络写作中首先脱颖而出，继而再获得纸质媒介的关注。

中国童话在一个世纪的发展过程中，积累下了许多值得探讨的话题，比如童话的幻想、童话基本的审美特质、童话的文学性与教育性、童话的读者分层与接受特征、童话与文化产业、童话的现代性与后现代性问题等。所有这些话题仍然在二十年来的童话创作和探讨中延续着。本导言主要就二十年来童话创作在精神底色、叙事风格和语体建构三个方面呈现出的艺术面貌和发展倾向，提供了编者的思考。在编者看来，这三个方面的变化展示了二十年来中国童话在艺术和美学层面上所获得的重要转变和提升，它也构成了中国童话借以把自己推向更广阔的艺术空间和平台的一个重要依托。它们是中国当代童话在其既有身份被各种内外影响搅乱了又重新进行自我整理和建构的时期里，不断努力、坚持的一个见证，而这种坚持还将一直继续下去。

下篇　近二十年来的寓言创作

“寓言”既是一个文体学的概念，也是一个风格学的概念。在当代中西文学界，“寓言”的这两个范畴同时被频繁地使用着。对于“寓言”概念的这一模棱两可的使用，造成了一个有趣的当代文学现象。一方面，寓言作为一种文学手法和风格不断地渗入其他各类文学体裁中进行自我扩容；另一方面，它作为一个独立文体的身份特征在当代小说、诗歌等主要文体的衬托下，则逐渐显得落寞起来。在各类文学（包括儿童文学）期刊上，寓言的文体身份似乎被理所当然地边缘化了。而我们在谈论作为一种文体的当代寓言时，所能够获得的文本对象相对来说也是十分有限的。可以说，寓言文体在现代和当代的发展，走着一条相对清冷而又固执的自我坚持的道路。

不过边缘化的身份并不意味着艺术上的自我放逐。中国寓言古老的发展历史和早熟的艺术面貌，再加上近代以来西方经典寓言在国内的译介传播，对当代中国寓言的发展来说既是取用不尽的源泉，同时也构成了艺术上的挑战。虽然研究者们对于中国寓言在整个20世纪的发展分期存在着不同的见解，然而大家几乎都同意，现当代寓言创作从20世纪80年代开始，走到了一个新的发展平台上。尽管这一论断主要是就20世纪80年代以来寓言创作不断走高的总体数量来说的，并不一定完全对应于寓言艺术的发展，但从那个时期一直到21世纪初，一大批寓言作家持续的创作热情和可观的创作成绩，的确把当代寓言的发展推向了一个新的阶段。

20世纪80年代末至21世纪初的寓言出版沿着20世纪80年代初中期以来的良好态势继续往前。这一时期几乎不间断地出现了一批作家群体和个人的寓言选集，如海燕出版社1996年出版的近80万字的《中国当代儿童文学精品·寓言卷》（金江主编）等。一些出版社也开始以丛书的形式推出寓言作品集，例如1993年由中国国际广播出版社出版的《当代寓言作家丛书》（共12种），1999年由福建少年儿童出版社推出的《中国当代寓言精品丛书》（共10种），同年由未来出版社出版的《中国当代寓言大观》（共4种），2002年由湖北少年儿童出版社出版的

《中国当代寓言新作精品丛书》（共6种），2005年由二十一世纪出版社出版的《感动5~9岁儿童的365个寓言故事》（共6种），以及同年由蓝天出版社推出的《中国寓言名家名作系列》等。这些寓言集所对应的作家群往往相对集中，其中所收录的既包括作家们的一部分旧作，也包括他们自新世纪以来创作的许多寓言作品。这类具有一定规模的寓言丛书的出版，使20世纪90年代以来中国寓言的出版面貌显得颇为壮观。

与此同时，寓言文体专业奖项的设立，也在很大程度上推动着当代寓言创作的发展。1992年，旨在奖励优秀单篇寓言创作的“金江寓言文学奖”设立，至2008年已举办八届，共评选出近百个短篇作品（不包括少儿组）；1994年，中国寓言文学研究会设立了四年一评的“金骆驼奖”，用以奖掖寓言创作、研究、出版、翻译领域的优秀图书。这两个专门奖项的设立与评选，鼓励和促成了更多寓言领域的新人新作进入人们的视野。

尽管寓言从来不是专属于儿童文学的文体样式，但我们会发现，新时期以来从事寓言创作的作家群体，仍然与儿童文学有着密切的关联，这些作品中的很大一部分也仍然把儿童作为主要的隐含读者对象。作为一种以言寓意的文体，寓言的故事和教化内容恰到好处地符合了处于儿童文学两端的儿童与成人的共同需要，很多情况下，它也成为作家向儿童读者传授人生道理、进行道德教育的一个途径。

与数量较多的寓言集相比，20世纪80年代末以来，各类刊物留给寓言的文字空间并不开阔，21世纪初以来更有愈益缩减的趋向。不过从有限的几种开辟了寓言专栏的文学刊物上，我们还是能看到许多熟悉的寓言作家的名字，并发掘到一部分有质量的寓言作品。

与20世纪前80余年的寓言相比，近二十年来的寓言创作在故事构思、寓意内涵和文体拓展三个方面取得了新的发展。

故事在寓言艺术构成中的位置与童话、小说等其他文体相比有着其独特的地方。在大多数叙事文体中，故事本身通常就是目的，而在寓言里，故事是明确作为寓意传达的途径存在的。这一基本特点将寓言与其他文体区分开来。但寓言的故事又不仅仅是“登岸”后就可以舍弃的“筏”。恰恰相反，一则寓言成功与否，常常并不在于它具体的寓意内涵是什么，而在于它的故事编织的智慧。近二十年来，一些寓言作品在故事的叙事技巧、寓言形象和趣味性的营造方面，显示出相当的艺术水准。

叙事技巧方面的拓展主要体现在叙述声音上。由于受到西方寓言的影响，中国现当代的许多寓言作品都十分注重“点题”，即在故事中间或结尾处由全知叙述者以某种方式直接点明作品的寓意。但这种手法常常既限制了创作者的发挥和故事文学性的展开，也妨碍了读者对于故事的开放理解。近二十年来，不但国外经典寓言的重新译介出版中出现了针对题旨句的删改现象，一些寓言作品也开始有意隐藏叙述声音的情感和思想色彩，尝试尽量客观地呈现故事，而把思考的空间交给读者自己。例如，黄瑞云的寓言《共同的命运》，在不露声色的叙述中把读者导引到对于北极狐和驴鼠关系的“误解”中，直到最末一个对白才忽然转折，揭晓真相，但又有意不把角色导向最后的行动，而是在双方的对白中戛然而止，留给读者很大的情节和情感想象空间。在这一转折的语境下，叙述者的语气却仍然保持着原先的冷静与客观，从而使整则寓言的故事叙述呈现出一种特别的张力。同样，鲁兵的《父与子》中，叙述声音只负责呈现泥鳅父子的对话与行动，而避开了直接评判的功能，随着小泥鳅看老泥鳅的样往污泥里的那一钻，故事的喜剧性和讽刺效果都达到了高潮。其他如薛贤荣的《瓶子和大海》、海代泉的《青蛙开会》、许润泉的《有那么几个评委》、王志冲的《瓜瓜会议》、樊发稼的《三个富翁》等作品，都呈现出上述客观化的叙事特征。这种叙事处理手法与一度影响了中国现当代寓言创作的西方传统寓言故事已经大异其趣，而呈现出一种近似于微型小说的叙事趣味。在看似客观的叙述声音下，其实藏着比公开的“审判”更深刻也更有意味的讽刺和劝喻。

20世纪50年代艾青笔下“画鸟的猎人”已经成为当代寓言史上的经典形象之一。在近二十年的寓言创作中，也出现了一批令人印象深刻的寓言角色。如吕德华的《愚人打猎》中那两位“分工明确”的猎人，因为囿于各自的分工而错失猎物；故事最后猎人之一在不属于自己分工之内的猎物面前犹豫良久，最后仍然决定空手归去的细节表现，有一种讽刺漫画般的形象。同时，在选择物类形象进行寓言创作时，作家们更注意把握自然物性的特征，并将它巧妙地融入故事的编织中。如汤礼春的寓言《白鹤绣花》就很好地利用了白鹤的外形特征，生动地写出了一个始终被他人意见所左右的寓言形象。由于作者不是以公然的批评态度来写这个形象，因此故事中的白鹤并不像一般寓言里的角色那样显得滑稽好笑，它认认真真、安安静静埋头苦绣的形象，更多地让我们联想到日常生活中真实、普通的那些人，或许还有我们自己。这个角色所带出的寓意，因此也更令我们心有戚戚。此外如金江的《橡皮气球》中那个一心只想把自己往“大”里撑的气球，李绪青的《牡蛎谈名胜》中那只在船底度过环球旅行的牡蛎，葆劼的《计划登山者》中那位始终处在“计划”中而永不行动的登山者等，都是能够令读者过目不忘的寓言形象。

近二十年寓言也十分注重故事情趣的营造。罗丹的《夜郎国的子孙们》、少军的《老鼠的会议》、赵琦的《猴子当官》等寓言，都比较讲究故事设计的戏剧性，从而制造出喜剧的幽默效果。还有一部分寓言出于儿童读者接受特点的考虑，有意突出和强化了寓言故事的童话色彩，以增添阅读的趣味。

寓意是寓言故事的生发点，也是一则寓言得以成立的基本立足点。寓言的寓意可以指向特定的政治、社会批判内容，也可以是普遍意义上的人性、道德范畴的批判。近二十年的寓言作品同时包含了对于特定的社会现象、制度和文化习惯的质疑与批评，以及对某些僵化的思维、行为模式的批判。这一时期寓言的独立性进一步加强，出现了一批具有相当批判深度的作品，其锋芒毫不避讳地指向当下社会现实的某些弊病和人性的弱点。林植峰的《大象落选》、方草的《什么叫千里马》、皮朝晖的《乌龟当镇长》等作品，包含着对于当下某些社会权力关系及其下属制度的讽刺和抨击；陈乃祥的《双重博士的来历》、辛勤的《名兽大典》、方崇智的《杜康卖酒》、鲁兵的《可敬和可怜》、彭万洲的《蠢驴驮书》、杜学峰的《大象聘猫》等作品，既是对于当下特定的社会现象和风习的嘲讽，也隐含着对于某些个体行为的贬斥；钱欣葆的《破旧的小木桥》、雨雨的《关于回声》、邹海鹏的《猴子过河》、阿正的《猴子的故事》等作品，则是从群体与个体人性的角度出发，提出了发人深省的话题。一些作品不再像一部分传统的寓言那样，就问题给出确定的判断或回答，而是把复杂的内涵交给读者去品味和思索。比如薛贤荣的《出头高粱》、阿正的《猴子的故事》，就分别涉及了人性之“恶”以及与此相关的群体道德规约的两面性，也提供了对于道德制度本身的一种反思。当然，这一时期也仍然存在着大量以儿童行为道德、生活能力教育为旨归的寓言故事，比如刘心武的《小猴吃瓜果》、林锡胜的《猴子淘金》、董绍成的《小苗的抱负》等。从近二十年的寓言作品来看，在整体上，与暴力、杀戮、斗争等场景、寓意相关的作品明显减少，寓言创作开始更多地讲求讽刺的艺术和智慧。

在注重内部艺术提升的同时，当代寓言在近二十年的发展中，也取得了文体方面的明显拓展。除了传统形式的寓言外，寓言诗和微型寓言的创作继续获得发展，刘征、杨啸、老许等的寓言诗，金江、叶澎、少军、雨雨等的微型寓言，在很大程度上推动着相应的寓言文体形式的艺术发展。与此同时，当代儿童寓言也愈来愈倾向于将寓言与童话的形式相结合，包括皮朝晖的《乌龟当镇长》等在内的一批具有较高文学质量的童话体寓言的出现，显示了这种结合的优势，即能够在一个更为舒展的故事空间里，展开关于特定“寓意”的文学诠释。近二十年来，“系列寓言”的创作也开始频繁出现在一部分作家的笔下。这种以主要角色作为串联的寓言系列，事实上是将童话的形式引入寓言文体的另外一种表现。邝金鼻的“阿凡提”系列寓言、凡夫的“古利特和罗西”系列寓言等，代表了这种较新的寓言创作形式。此外，寓言的手法与科普故事以及小说、戏剧等形式的进一步融合，也促成了“科普寓言”“寓言小说”“寓言戏剧”等新体式的发展。

应该说，近二十年来丰富、宽松的文学、文化和艺术环境，为当代寓言提供了最佳的发展时机。借着这个时机，这一时期的寓言创作和研究事业也再度向前推进了一大步。然而，一个我们需要正视的事实是，以先秦时代就已经出现的那些为历代读者所津津乐道的生动、深刻的寓言故事为参照，无论在故事、寓意还是两者相结合的层面上，当代寓言都没有实现真正的文体艺术超越。当代寓言的整体艺术高度仍然亟待提升。在中国作家协会全国优秀儿童文学奖的近七届评奖（1980—2006）中，寓言作品只有两次获奖；其中1988—2008年间举办的六次评奖中，仅有雨雨的寓言集《美食家狩猎》获得第五届中国作家协会全国优秀儿童文学奖，其余五届均为空缺。这一现象与寓言文体本身的边缘身份不无关联，但也在很大程度上激发着人们对于当代寓言总体创作质量的反思。

现代以来，中国寓言从西方寓言中汲取了许多养料，其中一些养料甚至已经融化成为中国寓言当代面貌不可或缺的一个部分。但也应当看到，不论伊索、拉封丹、克雷洛夫还是达·芬奇的寓言，其经典性在很大程度上都与它们的既来自民间又经过了艺术家加工和再创造的语言艺术有关。例如拉封丹寓言诗的主要成就之一，即在于作家借助诗体寓言这一形式，将17世纪的法语语言艺术提升到了一个新的高度。但这一点恰恰是我们无从直接借鉴的。现代以降的不少寓言创作学习了西方寓言的结构体式、拟人手法等，但由于寓言表现方面的限制，在寓体和寓意的安排上往往显出捉襟见肘的尴尬。它提醒我们，或许应当从本民族的寓言传统中寻找更符合汉语寓言创作规律的灵感。更何况迄今为止，在世界范围内，先秦寓言仍然是一座难以逾越的艺术高峰。

如前所述，寓言的创作与其他文体不同，它难以避免观念先行的制约。寓意既是故事的思想骨骼支撑，同时也有可能妨害故事本身。也正是因为这一点，使寓言成了最能体现作家文学能力的一种短篇文体。对于一则寓言来说，一方面，它的故事在传达寓意的同时，本身还背负着文学性方面的要求。它需要在类型化的角色、简约化的场景和短暂的叙述时空中，演绎出生动、饱满、有趣的情节内容来。另一方面，寓言的故事虽然起自特定的观念，但它与寓意之间却存在着一定的疏离。任何一则优秀的寓言，当我们试图把它的故事归结到某个确定的意旨上时，总有一部分故事含义仍然游离在外。或者说，好的寓言故事是“言不尽意”的。我们读《刻舟求剑》《郑人买履》《守株待兔》这样的寓言，都能深切地体会到故事本身所具有的这种丰富、生动的表现力和恒久的生命力，其寓意也因此变得更为丰盈。这是中国古代寓言超越西方寓言的地方，也是与中国的古典美学传统一脉相承的特色。从二十年来及以前的许多寓言作品来看，当代寓言的创作过分执守在既成寓意的约束里，再加上作家艺术能力的限制，往往使故事成为某种当下理念、教条或教训的苍白的具象化。而当故事作为一个故事失去其华彩的时候，那经由故事传达的寓意也自然而然地变得黯淡了。当代寓言最需要的，或许正是这种来自故事层面的艺术拓展与升华。

这其实也涉及了寓言创作中的创新问题。如何从已有的寓言艺术资源和创作经验中获取灵感和养料，又如何在此基础上发展出当代寓言新的艺术体式和艺术话语，这些都是当代寓言创作中值得探讨的问题。一部分当代作家的寓言作品之所以受到关注，很大程度上也是因为这些作品在寓言的艺术表现方面实现了一定的创新和突破。它既包括将传统寓言的故事艺术化用到当代话语、话题和精神中的艺术创新，也指向对于传统的某种突破与超越，包括前面提到的文体创新等。

为了尽可能全面地呈现二十年来当代童话在题材、艺术表现、作家队伍等方面的基本面貌，本卷童话部分的选文主要以各类报刊上发表的短篇作品为主，因而不得不舍弃少量难以节选的优秀长篇童话；本序言童话部分的评述对象，也主要以这些短篇文本为主，兼及若干长篇作品。尽管从整体上看，所选的短篇作品基本体现了二十年来中国童话创作丰富的艺术面貌和不俗的艺术成就，但上述这一点仍然是编写中的一个难以弥补的遗憾。寓言部分入选的作品主要系编者从二十年来多种期刊（主要是儿童文学期刊）以及寓言选上刊载的寓言作品中选取，并相对考虑寓言作者的分布。由于寓言发表园地的萎缩，这一文学群体在刊物上的呈现面貌也日渐式微。面对这样的文学语境，当代寓言作家们的坚守，更值得我们关注。

此外需要说明的是，鉴于原大系1987年的选文相对较少，作为衔接和补充，本导言也收入了发表于1987年的编者认为较具艺术代表性的若干童话和寓言。这些作品也在本序言的论述范围内。

（原载《中国儿童文学大系·童话卷》，希望出版社，2009年9月版）

2008年度中国儿童文学研究述评

要把2008年的中国儿童文学研究从新世纪以来中国儿童文学理论的发展进程中人为地分离出来进行描述，显得吃力且不讨好。2008年不是一个断层，与前面几个年份比较着看，在基本话题领域和主要的学术兴趣点方面，它并没有太多新的生长和延伸。如果要为这个年度的儿童文学研究发展选择一些综合性的描述词汇，它们很可能也同样适用于此前的若干年份。

但2008年的儿童文学研究又自有它独特、生动的历史细节。这些细节记录了儿童文学研究在这个年度里认真、努力地行走过的痕迹。我们知道这些痕迹从何处来，也看到它一路走向何处。对于儿童文学研究的发展来说，这些细节提供了其赖以成形的基本的历史构件，也让我们得以从一个年度的历史图样绘制中，窥见中国当代儿童文学理论批评的一种来龙与去脉。

一

很多人意识到当代儿童文学的语境正在发生巨大的变化。这种语境的变化甚至在最根本的层面上撼动着传统的儿童文学创作、出版和价值评判体系，也以从未有过的力量影响着中国儿童文学的当下面貌和未来命运。商业文化和电子媒介是这一新语境最典型的代表，近年来也一直吸引着儿童文学研究界和评论界的关注，尤其是商业文化对于当下儿童文学发展的作用力。2008年，围绕儿童文学的当代语境所展开学术批评与论辩构成了这一年度儿童文学理论界最引人注目的话语交锋之一。

2008年的中国童书出版界早已不再对“畅销”一词遮遮掩掩。但是，畅销的作品是否就是好作品？2008年，这一几年前就已提出的论争被激情洋溢地接续了下来。10月10日，一场题为“多维视野中的杨红樱”的研讨会在北京召开。这是对于近年来颇受关注的杨红樱作品的一次集中探讨。会议从儿童文学、儿童教育、儿童心理、少儿出版等不同视角，就杨红樱的作品展开研讨，同时提出了不少值得思考的学术话题。北京师范大学教授王泉根认为：“杨红樱之所以能获得成功，其秘诀就是一句话：全心全意为儿童服务，具体地说就是认准为小学生年龄段服务的童年文学不动摇。”（王泉根《杨红樱现象：童年文学的秘密》）来自出版界的郑重则对评论界一直以来“用小众批判大众、用外国批判本土、用古典批判现代、用精英批判平民、用时间取代空间、用一元取代多元”的文学批评思维定式提出了疑问，进而认为从杨红樱现象出发，我们有必要重新反思乃至变革现有儿童文学价值评判体系。应该说，这是对于当前儿童文学批评的一个重要的提醒。然而严格来说，这场研讨会并未在学术批评的意义上真正实践“多维视野”。会议高调肯定了杨红樱的作品及其对于重构中国儿童文学评价体系的意义，而评论界一向存在的对于杨红樱作品的批评的声音，则并未出现在这场研讨会上。作为对这次会议及其所代表的某种儿童文学现象的回应，10月24日，《文汇读书周报》发表了刘绪源的《批评能跟着畅销转吗？——关于杨红樱作品的讨论》一文。在这篇文章中，作者针对10月10日的研讨会，批评了以商业上的成功作为童书质量优劣判定标准的做法。他认为：“杨红樱作品在商业上的成功，拉动了中国童书的出版和销售，这是一件大好事，零售商和出版社感谢她，更是无可非议。然而，因为她商业上的成功，就一定要‘反思童书评价体系’，要承认她的作品是‘优秀的儿童文学’，要文学批评界改变‘评价标准’，这就有些荒唐了。”11月22号，《文艺报》又发表了刘绪源的《杨红樱现象：商业童书与批评标准》一文。作者在文中仍然以杨红樱作品及10月10日的研讨会为例，重申了必须分别看待童书的商业性与文学性，商业成功不能等同于艺术成功的观点。作为一位执守“文学性标准”的评论人，刘绪源对于杨红樱作品的批判早已不是第一次了，而他在上述两篇文章中所表达的观点，也体现了他对于被他称为“商业童书”的儿童文学出版物所持的一贯立场。

应该说，对于杨红樱作品的批评从一开始就不仅仅是针对一位作家及其作品的批评交锋，它也是一场关于特定经济和文化背景下当代中国儿童文学审美标准、价值评判体系的激进争鸣。究竟出版数据与儿童文学作品的文学质量之间是否存在必然或者一定的关联？这一看似简单的问题牵涉到诸如儿童文学特殊的文类性质、特定的文学接受对象以及有别于成人文学的创作—接受关系等一系列儿童文学理论界尚未厘清的复杂问题。有趣的是，在今天的成人文学领域，我们已经很少见到评论界为了某部畅销书的文学性而大伤脑筋的现象。一部作品热热闹闹地来了又走了，人们并不关心它会不会因此被记住，而是把有关这种可能性的求证，耐心地交付给了时间。相比之下，我们对于成人文学作品和成人读者似乎持着宽容得多的态度。究其原因，除了出于儿童读者方面的特殊考虑外，或许还因为与成人文学领域相比，儿童文学图书的畅销实在刚起头儿不久。它所引起的赞叹、惊讶和斥责，一部分是因为对我们来说，童书的商业畅销还是一件颇为新鲜的事情。

但学术上的论辩本身不是坏事。问题在于，很多时候，这场看上去十分激烈的理论争鸣，恰恰在最为关键的理论点上未能形成有效的交锋。

不难看出，刘绪源所极力批判的“商业童书”的标签，从未被肯定杨红樱作品的评论者所接受。相反，后者始终在小心地避开“商业”性的话题。被批评者认为具有商业和产业性质的出版数据，在肯定者看来，恰恰成了用以证明作品具有文学性（即“受到儿童读者欢迎”）的重要论据。在这个问题上，双方因为没有形成对接，也就不存在任何实质性的冲突。他们真正的分歧，在于上述语境下对童书“文学性”的判断与评价上。

然而双方就“文学性”所摆出的论据似乎都缺乏充分的说服力。对以杨红樱作品为代表的儿童文学创作持肯定态度的代表观点以“全心全意为儿童服务”（王泉根）等作家创作理念来说明作品本身的艺术成就，显然远不够充分；而在对作品进行评价时，评论者也往往只是引用作家本人的创作体验或使用一般性的理论概括（如“有好看的故事”“有记得住的人物形象”“看了能感动”），即使出现一些具体的文本分析，也往往是一带而过的普适性评论。反过来，在否定杨红樱的作品具有文学性的那部分批评文字中，尽管也显示出研究者在批评前所做的认真的文本阅读准备，但是在批评文本中，我们所读到的更多的是一种综合性的阅读印象，同样缺乏细致的文本分析。发表于研讨会后不久的《“杨红樱现象”：放弃争吵，研究问题》（2008年11月8日《文艺报》，作者小文）一文，就上述批评现象提出了十分中肯的分析建议："……文学更需要的是分析而非结论……对儿童文学研究来说，支持或者反对杨红樱的作品都不是问题，问题的关键在于要尽可能地贴近文本分析问题。"

事实上，评论者们也在不断认识到"贴近文本"的紧要性。刘绪源在2008年第2期《中国儿童文学》上发表的《取法乎上——对中国儿童文学后现代性问题的思考》一文，以超过$\frac{2}{3}$的篇幅，对在他看来同时结合了通俗性与文学性、既"好看"又真正写得"好"的《哈利·波特》的故事，进行了细致的艺术解读，其中超过一半的篇幅，更是对哈利·波特系列作品结局的文本细读。且不论文中关于作品结局的"文学性"论断是否准确，但这种从最细节的文本分析切入观点的翔实论证的方式，的确值得我们予以关注。可惜的是到目前为止，我们还没有看到从如此细致的文学解读切入，对杨红樱作品展开批评的研究文章。

或许这样"贴近文本"的分析，正是今天商业文化语境下的儿童文学批评所亟须发展的一种批评方式，这是这场批评论辩带给我们的一个很重要的启示。应该说，近年来关于杨红樱作品的争鸣既有其激进的一面，也在某些层面上显示出批评的日益成熟。在这个过程中，有关中国当代儿童文学现状及其未来走向的许多看法和想法慢慢积淀了下来，也对儿童文学批评自身的面貌和发展产生着深刻的影响。

二

进入新世纪以来，中国的儿童文学理论批评一直缺乏属于自己的纯粹、专业的学术园地。这导致了许多批评文字往往散落在各类相关报纸或期刊的版面中，继而形成了儿童文学研究在总体上的散点式格局。看一看2008年发表在各类报纸和刊物上的儿童文学研究和评论文章就会发现，这一年度受到过关注的儿童文学研究论题涵盖了儿童文学的各个主要文体领域和审美范畴，其研究对象涉及神话、传统童话、创作童话、儿童诗、儿童小说、儿童散文、图画书、幻想小说、科幻小说等各类儿童文学文体以及儿童文学作品中的儿童形象、童年主题、叙事特征、审美特性等，同时还包括对于当代儿童文学研究自身的反思。这种多样化的研究景观一方面大大丰富了当代儿童文学的批评面貌，另一方面也导致了本来就显得十分有限的儿童文学研究力量的耗散。在这样的情况下，那些以集群方式出现的学术探讨，总是容易引起我们特别的关注。

《中国儿童文学》杂志在2008年第2期和第3期的“海上论坛”中，分别以“儿童小说缺少什么”和“童话的现状和童话的希望”为题，邀请了几位知名的儿童文学作家和学者，就中国当代儿童小说与童话的创作现状和存在问题等展开讨论。尽管这只是两次谈话体的理论探讨，参与对象也以作家为主，但其中的不少观点仍然达到了相当的理论高度。尤其是在有关儿童小说的讨论中，“与会者”们就当代儿童小说的创作语境、创作个性、多元生态、人文高度、童心童趣、幻想与现实的关系以及市场效应等多个话题展开了具体的探讨。尽管这些话题本身并不见得十分新颖，讨论中也很少出现令人惊喜的观点碰撞或交融，但其中常常跳出一些特别生动的观点，比如秦文君谈到的“童年是一个深刻的话题”的判断，梅子涵提出的儿童小说应该“集中一些特别的趣味，表现一些陌生却又熟悉的情感，揭示一些恒久的却也是新鲜的人格姿势”的观点等，既是十分重要的创作感悟，也是深具内涵的学术话题。应该说，小说和童话一直是当代儿童文学最为重要的两种文体，针对这两种文体展开的文学和美学探讨，显得既必要又重要。不过总体上看，这两次“论坛”以及随后发表在第4期同一栏目的另一篇题为《年轻作家谈儿童文学》的讨论文章，其学术上的内涵都是有限的。它们的意义恐怕更多地在于记录这些来自文学创作领域的理论思考和小结。

或许我们不应该过多地期待诸如“儿童小说缺少什么”这样话题宏大的理论批评。我的意思是说，与其把容量如此大的话题放在几页的篇幅里，更好的办法或许是从具体的一位作家或一部作品出发，在具体的分析中对“缺少什么”的问题给出某个方面的答案。从西方儿童文学理论批评的演进来看，它的当代发展更多地依赖于各类具体的作家、作品研究。尤其是近十年来，对于特定作家、作品的深入、细致、富于理论思辨色彩的批评研究达到了空前壮观的程度。许多新的儿童文学理论的阐发与示范，都是在贴近作品的文本分析中完成的；而有关儿童文学的基本概念、历史变革、审美范畴、文体特质等方面的论述，也大多被融入文本分析的过程中。目前英美几种主要的儿童文学学术刊物，都体现出西方儿童文学学术界对于扎实的文本分析的看重。这种批评方式的特点在于，从理论的视角切入文本，最后达到理论与文本之间的相互证明，亦即以理论照亮文本丰富的内在世界，同时也以文本证明理论分析的适切性及其独特魅力。这种论证最后的旨归常常不是单方面的，它既是对于文本的一种剖析，同时也是关于理论的一种展示。这似乎是西方儿童文学批评界在向成人文学领域借取理论资源的过程中，逐渐形成的一种批评方式。很难说它就是最适合当代儿童文学研究的一种理论，但可以肯定的是，对于中国当代的儿童文学研究来说，这种将理论与文本贴切结合，进而实现两者之间的相互生发关系的批评方式，正是我们当下的儿童文学研究所亟须加强的。

从这个角度来看2008年度围绕儿童文学作家作品展开的各种研究和批评，难免会有些许不满。这一年度的国内童书出版业精力仍然充沛，儿童文学作品的出版也保持着稳定的发展态势。随着一些国内外新作的陆续出版，针对单篇作品的分析评论文字有所增加，但其中大部分是印象式的评点文字或感悟式的新作评论，而很少见到理论质地坚实、饱满的作家作品研究文章。许多情况下，写作者本人薄泛的理论分析被湮没在关于作品内容的复述和感性体悟当中。因此，当我们读到像吴其南的《天籁之音——林焕彰儿童诗的音乐形式》（《中国儿童文学》第3期）、班马的《韦伶的幽——少女散文中的原生性神秘感和雌性文化气息》（《中国儿童文化》第四辑）、萧萍的《纯真年代：我们的儿童文学该如何返回——评薛涛新作〈钟声不止〉》（《中国儿童文学》第3期）这样优美、扎实的作家作品研究文章，会由衷地感到高兴和振奋。我想特别提一提班马的这篇评论。在中国当代儿童文学理论界，班马的文字一向有着某种冲破常规的力量和神采，虽然近年来，他的文字已经很少出现在儿童文学批评的各种场合。他为韦伶的散文集《走神女孩》所写的这篇评论，或许难以免除一定的情感上的偏见，但他在评论中从少女文化的角度切入，谈论少女文学的“原生性”“植物性”“雌性文化”等特征，是对于尚未在中国儿童文学研究界得到文学关注和深入分析的少女文学的十分具有创造性的概括。这种概括即便放在世界范围内的少女文学研究中来看，也是具有相当的理论启发和建设性意义的。我们的很多作家作品研究，体悟式的描述过多，而有价值的理论提升则十分少，这是一种我们应当勉力弥补的缺憾，因为这种状况很可能会在相当程度上阻碍中国儿童文学批评与世界范围内同类批评的对接。当然，班马的这篇评论也延续了他一贯的跳跃、率性的理论文风，在文本分析的连贯的纵深度方面，在理论与文本的复合与交融方面，仍然存在较为明显的缺憾。与此形成比照的是，吴其南对于林焕彰儿童诗的细腻、到位、层次分明的评述文字，恰恰在文本分析的层面上展示了弥补上述缺憾的可能途径。我们不禁要揣测：把前者的理论生发能力与后者的文本解码技巧结合在一起，或许就是我们今天能够期待的最漂亮的儿童文学批评方式。

三

2008年第1期的《中国儿童文学》上发表了浙江师范大学教授方卫平的一篇十分特别的研究论文——《论一个可能的儿童文学学派》。这篇文章原系作者为出版于2007年12月的《浙江师范大学儿童文化研究院红楼书系》（以下简称“红楼书系”）（第一辑）撰写的前言，因此，了解一下这辑丛书的出版背景有助于我们更好地理解这篇论文的主要观点和作者本人的学术立场。这辑丛书是由浙江师范大学儿童文化研究院组织设计的一套计划以专辑方式陆续推出的国内外儿童文学研究丛书；“红楼书系”的名字体现了书系规划者对于一种学术品牌理念的追求。应该说，“红楼书系”在出版内容、构成模式等方面与20世纪八九十年代以及21世纪初由几家出版社先后推出的《儿童文学新论丛书》（湖北少年儿童出版社）、《中国当代中青少年学者儿童文学论丛》（甘肃少年儿童出版社）、《世界儿童文学研究丛书》（湖南少年儿童出版社）、《跨世纪儿童文学论丛》（少年儿童出版社）等并无实质性的差异。书系第一辑以新时期以来一向由浙江师范大学儿童文学学科领衔的“儿童文学史研究”为专题，收入了四位儿童文学学者撰写或主编的四部中外儿童文学史研究著作，包括《中国儿童文学史》（蒋风主编）、《中国童话史》（吴其南）、《中国儿童文学理论发展史》（方卫平）和《外国儿童文学史》（韦苇）。除了专题方向的一致外，四位作者也无一例外地属于（或曾经属于）浙江师范大学儿童文学学科的成员。这四部著作均为20世纪后期四位作者（或编者）的代表性学术著作的修订再版，在当代有关中外儿童文学史研究的学术成果中，这一次的呈现显然是最为突出和集中的。

关键是在该辑丛书的前言中，主编方卫平提出了“儿童文学学派”这一在儿

浙江师范大学儿童文化研究院红楼书系（第一辑）
中国儿童文学理论发展史
风信子儿童文学理论文丛
方卫平 著
少年儿童出版社

“红楼书系”

童文学学术界看来很是新鲜的话题。尽管他十分审慎地使用了“可能的”一词来限定他笔下的这个“儿童文学学派”，这一提法仍然带给我们一种别样的兴奋。什么是儿童文学学派？中国儿童文学学术界存在或者有可能出现学派吗？学派的意义又在哪里？在《论一个可能的儿童文学学派》一文中，方卫平结合他本人所在的浙江师范大学儿童文学学科的发展历史，详细阐述了“学派”对于儿童文学学术研究的重要意义，以及浙江师范大学儿童文学学科作为中国当代儿童文学研究界一个“可能的”学派所具备的学术特质及其欠缺。然而我所感兴趣的并非作者对于浙江师范大学儿童文学学科发展史的介绍与描述，而是他在指出这一学科群体与“学派”之间的差距时，为中国儿童文学研究的未来发展所提供的具有相当前瞻气魄的期待与思考。很显然，就当前相对分散的中国儿童文学研究来说，“学派”一词还是一个十分遥远的想象。作者自己也说，“从‘学派’一词严格的内涵来看，就其现实性而言，浙江师范大学儿童文学学者群还不构成一个真正意义上的学派”；而事实上，即便从“学派”的较为宽松的含义出发，中国学术界目前也不存在所谓的儿童文学学派。《论一个可能的儿童文学学派》一文最重要的意义或许在于，它从儿童文学学术研究的专业视角，提出了中国当代儿童文学理论建设所迫切需要解决的一个问题，即如何借助于理论思潮方面的开拓与创新，聚合分散的研究力量，使儿童文学理论批评获得一种质的提升。事实上，作者所真正期待的并非派系式的研究格局，而是富于创造性、生长性和理论吸引力，能够引发人们持续地关注、追随的儿童文学学术批评的实现。

如前所述，与西方英美儿童文学界相比，中国当代的儿童文学研究一向缺乏集中的学术向度。近年来许多学术话题的提出和展开，往往是对于当下某些儿童文学现象的临时和功利的反应，而缺乏长远、深厚的历史维度的积累与考察。这在很大程度上影响了当代儿童文学研究的总体学术面貌与水平。方卫平在《论一个可能的儿童文学学派》一文中也指出："今天，在中国儿童文学界，还没有任何一个学术集体，无论它们是紧密型的还是松散型的，能以自己坚定、鲜明、独特的思想立场、研究方法、学术成果，为中国儿童文学学科的整体性发展和提升做出具有理论上的开创性、建设性意义的贡献，这种贡献不仅是学术进步的增量意义上的，更应该是质的意义上的。"如果说当代英美儿童文学界同样未能出现"学派"现象，那么它在研究力量的有意识的集中和整合方面，却已经取得相当可观的进展。20世纪70年代以来，结合儿童文学专业学术刊物的建设，西方英语儿童文学研究发展出了较为成熟的专题研究的模式。这些专题涉及儿童文学理论批评的各个领域，形成了对于特定理论话题的广泛和有深度的研究，其中一些重要的专题还获得了延续的探讨。这在很大程度上推动了西方儿童文学理论的发展，在这个过程中，也推出了各个研究方向的一些富有代表性的研究观点。比如美国当代的《狮子与独角兽》（*The Lion and the Unicorn*）杂志，从1977年创刊起，便开始以专刊形式连续推出围绕"儿童文学中的喜剧""儿童文学的幻想与创造性""成人文学作家的儿童文学创作""青少年小说""童书经典""儿童文学中的社会问题""儿童文学叙事类型""儿童文学与通俗文化"等话题展开的理论探讨。尽管这种主题性的批评集合与"学派"的含义仍然相去甚远，但它在很大程度上承担了对于研究和批评的聚合导向功能，继而促进了理论的拓展与深化，并使得一部分理论成果脱颖而出，成为特定研究领域公认的重要学术资源，同时吸引了一批后来的研究者。当代西方儿童文学学术界许多重要的术语和关键词，如"儿童文学的乐趣"（佩里·诺德曼）、"儿童文学的互文性"（尼古拉耶娃）、"童话的颠覆功能"（杰克·齐普斯）等，都曾成为相关学术专题探讨中的焦点理论，也在其他研究者中得到反复的援引、论证和批评。

因此，如果我们把有关"儿童文学学派"的观念放到世界儿童文学理论发展的背景下，其意义就会更加明显。中国的儿童文学研究要走向世界，必须提得出具有自己独创性的理论话题，也必须在理论话语的体系建设方面，形成自己的特色。而所有这些，都与“儿童文学学派”一词所指向的理论可能联系在一起。对于中国当代的儿童文学批评来说，一个“儿童文学学派”的出现并不是必需的，但包含在“学派”一词里的理论创见与理论激情，则是不可缺少的。《论一个可能的儿童文学学派》一文的思想内核和它对于中国当代儿童文学理论建设的意义，也正在这里。

结语

加拿大儿童文学学者佩里·诺德曼在为出版于2004年的《儿童文学批评的新声音》（*New Voices in Children's Literature Criticism*）一书所写的序言中，不无诙谐地指出了儿童文学批评常常会面临的尴尬。与其他专业性较强的学科相比，儿童文学批评在今天似乎成了人人能够染指和胜任的一项事业。诺德曼举了美国影星麦当娜的例子。2003年，44岁的性感女星麦当娜与企鹅出版集团签下了她的第一套共六册童书的英语出版权。她在接受一家英国报纸的采访时，被问及她决定创作童书的初衷。这位并不一定有过多少儿童文学阅读经验的女星回答说，自己在准备给3岁的儿子读点什么听听时，却发现“所有的故事都是那么乏味、空洞，不值一读”。诺德曼很不屑于麦当娜对儿童文学现状所做的这句漫不经心的行外评判，但他指出，今天的许多儿童文学评论跟麦当娜的评点一样，也是在缺乏对于儿童文学文类的深入了解和考察的前提下做出的。他强调儿童文学批评工作者首先应对历史上和当前的儿童文学发展状况有一个较为全面、切实的了解和考察，其次才谈得上对它进行准确、负责的批评和研究。

然而，当代日益庞大的童书市场和各种新出现的儿童文学创作与接受现象，正在不断增加这种了解和考察的难度。它常常使当代的儿童文学批评、研究不自愿地陷入困境，但同时也促成了儿童文学理论自身的革新和进步。儿童文学研究向来不是一个特别吸引外人注目的学科，但很多时候，儿童文学批评需要坚持一种自己对于自己的负责。回顾2008年度的儿童文学研究，我们的信心往往并非来自这样或者那样的总结描述，而是来自那些沉潜在喧嚣之下的思考者的身影。

（原载《浙江师范大学学报》2009年第5期）

走向传奇，回归生活
——谈浙江青年作家儿童文学创作

1923年，现代作家、学者也是浙江人的周作人在他的《儿童的书》一文中提出了一个后来被后人频繁征引的现代儿童文学重要命题：“无意思之意思”：

> “我觉得最有趣的是有那无意思之意思的作品”。“……非教训的无意思，空灵的幻想与快活的嬉笑，比那些老成的文字更与儿童的世界接近了”。

周作人并非简单地否定儿童文学承载的“意义”，他的这个命题是有所指的，他是通过对传统文以载道观的否定，来强调童年的文学意趣本身在儿童文学创作中的首要性与重要性。在我看来，这一“无意思之意思”，不是简单地强调某类纯粹好玩的儿童文学作品，而是对一切儿童文学基本艺术精神的一种指认：即，一个儿童文学作品，首先要做好它自己的文学功课。这功课是什么呢？是能够有趣地、引人入胜地和孩子讲话。对于大部分叙事形态的作品而言，这个要求也相当于：一个儿童文学作品，先要能够为孩子讲好一个故事，其次才谈得上其他“意思”。

所以，我想谈的第一点就是“故事”。在我看来，这次研讨的浙江青年作家儿童文学作品中最突出的一个特点和优点，就是善于讲故事，而且是善于用不同寻常的方式讲故事。汤汤的短篇童话、小河丁丁的短篇童话和小说、赵海虹的科幻小说，叙事的路子各不相同，但都充满个性的创意。汤汤和小河丁丁的代表性短篇童话，叙事上自创一格。我们知道，童话这个门类，背衬着一个历史悠长的、巨大的世界童话艺术传统，这个传统既是作家创作的营养，也是作家创作的阴影。从近年发表的青年作家的短篇童话看，许多童话往往容易因循我们熟悉的理路。比如，若干年前，日本童话作家安房直子的童话引进国内后，儿童文学期刊上每年都会出现类似玄想、纤细风格的作品，至今仍是如此。相比之下，汤汤和小河丁丁讲故事的方式有种天外飞来的奇趣，非常特别和引人注目。再比如常立的《没有名字的童话》，采用了一种风格鲜明、滑稽好玩的后现代童话叙事方式。王路的《嬗变》有种塞林格“麦田守望者”的气质，但作家在小说里没有解构生活，而是书写了一出青少年日常生活的平凡传奇。毛芦芦的《摇啊摇，大花船》、吴洲星的《紫云英》、吴新星的《玉簟寒》等，写的是氤氲着迷蒙水汽的江南生活传奇。还有孙昱的童话，金旸的低幼童话。许多作品，不论是幻想还是现实题材的作品，故事都具有很强的可读性，悬念、转折、意外等讲故事的技法和乐趣得到了淋漓的发挥。

讲故事的奇趣可以成就吸引读者的儿童文学作品。不过，顶级的儿童文学作品从来不是只有故事的壳子。在故事背后，更确切地说，是在故事内部，一定还有一个想要表达的“思想”或“精神”的核心。这样，在周作人的命题中更多地因为策略问题被“抛却”的那前一个“意思”，又回到了我们的视野中。我要说的第二点，就是“精神”。

有传奇的故事愉悦人，有精神的故事打动人。一则儿童故事不但能愉悦人，而且能打动人，是最高的艺术境界。而所有那些写给孩子的传奇故事，要能够打动人，最终还应该从“幻想”或“嬉笑”的传奇回到童年生活的生动河流，回到永恒的人类精神。某种程度上，故事越是走向传奇，故事的精神就越要回归生活。（近年来吸引大量少年读者甚至导致青少年网络成瘾的网络玄幻小说，就非常善于写传奇故事，但它完全迷失在传奇的游戏里，缺乏的正是向生活的回归。）当然，这两者的结合是充满难度的。我们从浙江儿童文学作家的创作中读到了这样的佳作。比如汤汤的《到你心里躲一躲》，在傻路路的传奇世界里，以童年独有的方式写出了人性的自我救赎，令人震撼而感动。小河丁丁的小说《爱喝糊粮酒的倔老头儿》，与倔老头儿和他的传奇葫芦有关的故事，恍惚有民间传说中报恩母题的痕迹，但作家在充分铺垫、表现故事传奇性的同时，将小说的精神维度从俗气的报恩转向了脱俗的人情之美。

我还想说说王路的儿童小说《嬗变》，发生在高中男孩李彬与哑女孩林薇之间的故事，看上去就像是少年小说中常见的青春情愫书写。这类故事的写作其实是有危险的，因为很容易落入俗套。但作家从青春情愫中更进一步，写出了一种有蛮力、有深度的成长精神。小说有些情节的处理可能是值得商榷的，但更有一些很好的细节，比如李彬第一次反抗父亲暴打的场景，他与自己暗暗喜欢的女孩雷菲菲之间的毕业告别，自然、真实，充满了精神的张力。

一部现代儿童文学的艺术发展史，某种程度上也是故事与精神之间的博弈史。当精神的要求对儿童文学的故事形成桎梏时，人们为故事的自由摇旗呐喊；而当故事的游戏露出吞噬精神的迹象时，我们则开始更多地探寻精神的问题。我以为，这两个维度也可用于儿童文学创作的诊脉。

（原载《中国儿童文化》2015年总第9辑，浙江少年儿童出版社2015年12月出版）

从传统中突围
——关于当代儿童文学艺术突破的一种思考

儿童文学的历史发展至今，我们大概不曾像今天这样，感到一种空前开放、丰富、多元的艺术传统的滋养和笼罩。像T.S.艾略特所说的那样，这种传统既构成了我们赖以写作的重要的艺术经验资源，也因此给当代创作的突破带来日益滞重的困难和挑战。对于阅读经验丰富的作者来说，当他拈起一种童年的题材或母题，必然会同时提起围绕着这个题材或母题而建立起来的那支艺术表现的传统，这个传统导引、影响着写作者，使他不知不觉循着已有的故事和语言地图迈步，并且最终抵达令我们感到亲切的某个出口。如果说历史的河流不曾湮灭的那些题材、母题等本身必然包含了一份永恒的精神魅力，那么这样的传统承袭中，儿童文学要在永恒主题下写出一种新经验，并将这种经验推向一个新的艺术和精神高度，却也显得举步维艰。

对于儿童文学的艺术发展来说，这种向“新”的追寻却不可或缺，因为文学本身既是在传统的承继中，也是在新变的探索中不断走向艺术的高处和深处。试以儿童文学中最常见的少年历险寻宝题材和故事为例。从古至今，童年对寻宝历险想象的迷恋几乎是永恒的。从民间文学中的《阿里巴巴和四十大盗》等，到成人文学中的《西游记》《基督山伯爵》，到介于成人文学和儿童文学之间的《汤姆·索亚历险记》，再到典型少年文学性质的《金银岛》，逐渐形成了此类故事的经典模式：新奇冒险的刺激、意外迭出的悬念以及最终令人满意的奖赏。这种叙说的模式及其变体，在当代儿童文学的写作中不断复演，并且始终能够在童书市场占有醒目的席次。但从儿童文学的艺术文脉来看，今天再出一部《金银岛》之作，已难成经典，原因很简单，随着文学经验的累积，人们已经不满足于对童年冒险冲动的如斯表现和解释。在同样的题材范式之下，我们期待的是更具当下感的童年故事经验，以及更具当代感的童年世界观和生活理解。比如19世纪中期的《基督山伯爵》和20世纪上半叶的《了不起的盖茨比》，同样是从主人公神秘发迹之后归来实现愿望的母题写起，前者结束在邓蒂斯借宝藏之力如愿复仇报恩，大快人心，后者则进一步探向现代人和现代社会生活、人性及存在体验的复杂处。盖茨比的爱情梦想并未因他拥有财富而顺当实现，相反，他因单纯而最终成为这个腐坏的物欲世界里的牺牲品。但他的单纯和真挚在悲剧的沉没中仍向我们投出光芒闪耀，那种伤感颓然中的诚挚动人，对现代人的某种普遍存在经验既是生动的书写，又是震撼的撞击。

当代儿童文学应当思考如何在亘古的文学河流之中，看出、写出这种具有当代性的“震撼的撞击”。所以德国当代作家雅诺什的图画故事书《来，我们去寻宝》，偏偏逆写童年寻宝故事的一般逻辑。两个好朋友去寻宝，结果寻到了宝，却发现生活变得无比糟糕；一团麻烦之后，两人重新变得身无分文，欢乐幸福。同样是历险寻宝，这个故事令读者的目光发生了新的转向。这方面更具创新性的，是麦克·巴内特和乔恩·克拉森合作的图画书《山姆和大卫去挖洞》。一对男孩去挖洞，想挖到些“了不起的东西”。谁都会以为，故事开头所说的“了不起的东西”，一定是两个男孩在挖掘中一次次错身而过的大钻石。直到最后，山姆和大卫两手空空地从自己挖的洞里掉下去，一直落到软软的地上，不约而同地“哇”了一声，说道：“真是了不起。”然后，他们回到屋里，继续吃动物饼干、喝巧克力牛奶的日常生活。这本图画书的杰出之处在于，在熟悉的“寻宝”故事主题和模式之下，既巧妙地打破了旧有的框架，提供了新奇的意趣，也在这样的打破中促使我们思考：人生中，浮世里，什么才是真正“了不起的东西”？

因此，对于当代儿童文学的发展，这种从传统中突围而出的写作探索的核心意义有二。第一是故事层面，为传统的话题提供新的、更具当代性的艺术和阅读的经验。第二，也是更重要的，是在文学的情感和思想层面，把我们进一步上提到关于世界、人生的更通透深邃的认识、理解和体验中，即如钱穆先生所说，“文学的意义，在于发现更高的人生。”这种“新”意，甚至可以在双重层面上拯救某类看似模式化的传统书写。仍以上面提到的寻宝母题为例。德国人福尔格·克里戈尔的“奥拉夫”系列，讲述一头断了角的驼鹿的幽默励志故事，其中《潜水的奥拉夫》一册，讲述奥拉夫意外落海，却因此发现海底的“黄金洞”，结识了在那里居留近两百年的一伙海盗。一番交换之后，他从海盗处得到了一个装满金币的硕大宝箱。只差最后一步，奥拉夫带着财宝，荣归故里，这个故事的平庸性就彻底完成了。就在他捧着满箱金币、随着吊索缓缓上升的当口，一头食人鲸张着巨嘴，向他游来。于是，“奥拉夫来不及细想，用尽全力把金币箱往食人鲸的大嘴里一塞，就拼命加速向亮处游去”。就像动作电影里那些改变主人公命运的电光火石间，在最后的关键一刻，克里戈尔拯救了他的故事。所有的铺垫突然挟带着新的意义，涌向另一个意外的出口。奥拉夫搓着手叹息：“差一步就成功了，真可惜，真可惜。”但我们和他都知道，一箱金币的价值，永远比不上你此刻坐在屋里，吃着草莓拌蘑菇，身边有一个好朋友，与你絮絮闲聊。

或许，当代儿童文学要由传统的强大承袭中实现突围，就在于充分发挥传统艺术资源的同时，重新发现上述“钻石”“宝藏”和一盘“草莓拌蘑菇”的意义，并以这样的发现和书写，把我们带进对生活、对人、对童年的新的了不起的惊叹中。比如以弱势或底层童年为题材的写作，前有狄更斯的《雾都孤儿》《大卫·科波菲尔》、马洛的《苦儿流浪记》等表现或涉及底层童年艰难生活的作品构成一个文学传统的强大影子，以及某类显而易见的故事范式：主人公受尽磨难，历经艰辛，始终怀揣一种执着或一个梦想，最后，梦想实现，迎来春暖花开。如果说这是此类童年书写（实际上也是一切同类文学故事书写）的永恒范式，那么今天，我们还可以进一步思考的是：对一个身处弱势和底层的孩子来说，如何理解他自身独特感受中的“磨难”“艰辛”和“梦想”？在这个文学书写的传统中，我们对于一个孩子的“磨难感”“艰辛感”和“梦想”的传统想象，会否掩盖了这个孩子身上的另一些真实感受？以及，能够令孩子在这个世界的当下时间（而非等到某个“梦想”实现的未来时刻）里获得自我实现的力量，究竟是什么？这是我为什么看重19世纪后期俄国作家马明·西比利亚克的《小烧炭工毕姆卡》这样的底层童年题材小说、当代作家胡永红的《我的影子在奔跑》等困境童年题材作品所提供的文学经验的原因。在这里，一个弱势或底层孩子的精神世界与我们一般的经验想象有如此之大的出入，却又如此真实、震撼、感人至深。如何在儿童文学的艺术传统中书写这样的“新”经验，方式仍待推敲探讨，但它无疑为我们推开了观望童年及其世界的又一扇窗。

（原载《童年书写的想象与未来——第十四届亚洲儿童文学大会论文集》，
湖南少年儿童出版社2018年8月版）

第二辑

阅读与怀念

得其余情，从乎本心
——论刘绪源的学术研究

刘绪源先生治学广博。中外古今，作品理论，凡能激起他的谈说兴致的对象，他都不吝思想和笔墨的挥洒。他曾在文章中充满激赏地谈及与体制化的“专家”相对的“文人”概念，谈论这些“洒脱地游走在各种学问之间的、素养深厚而心态自由的文化人”，以及他们赋予整个文化生活的那种“灵动滋润的气息”。[①]窃以为，这种丰厚的、完整的、充满灵性的“文人”气度，也正是绪源先生治学的基本姿态与个性。那不是把文学或文化用模子切碎了，分其一角而治之，却是勉力“以完整的个人，对应较为完整的文化”。[②]在今天这个社会连同文化生活日益被技术理性的分工逻辑所全面统治的时代，对于“文人”理念及其传统的这份坚持，正变得越来越稀有和珍贵。

---

① 刘绪源：《今文渊源》，青岛出版社，2016，第 22 页。

② 刘绪源：《今文渊源》，青岛出版社，2016，第 23 页。

我们不要把这种治学之“博”与点水式的散评漫说混为一谈。它同时充满了深度。这深度不但时时渗透在一切零篇散章的文字间，更鲜明地体现在那些具有代表性的专深而系统的个人研究课题中。刘绪源在周作人与现当代散文研究领域的学术贡献，在学界广为所知且深有影响。他的第一本个人学术专著《解读周作人》（1994年初版）出版后大受关注。该书对于周作人及其散文、思想的研究，在充分立足、紧贴和尊重文本的“解读”中，充满了真诚独到的论解与洞见。书中拈出彼此对举又互为补充的“涩味”与“简单味”作为解读知堂散文艺术的关键词，又由周氏兄弟在心性、经验、观念、艺术乃至语体上的“微妙相通”反观周作人其人其文，在细析周作人散文文体、特征、源流等的同时并对其散文观寻真辨伪等，读来时有探微知著、灵光照面的愉悦。

而我以为，《解读周作人》一书的论说方式及其提出的若干重要思想，也奠定和透露了作者此后学术研究工作的核心路向。刘绪源反感根基浅薄的空头批评。他曾在发表于1996年1月的《批评家与厌恶家》一文中强调，“批评的前提只能是研究”。[①]他的周作人研究即是建立在丰富的文献资料阅读与研习的深厚底子上。但他同时也反感做文章的学究气。《解读周作人》中得到作者一再称赏的周氏文章中那种形态生动、内蕴丰腴的“简单味”，实际上也体现在他本人的论说语言和体式中。然而，在刘绪源的研究中，这一“简单味”远不止是一种文学及学术话语的体式。在梳理百年中国散文流变脉络的著作《今文渊源》（2011年初版）中，与上述“简单味”密切相关的“谈话风”，成了作者笔下理解现代白话散文的文风、精神与价值流变的一个重要范畴。《今文渊源》中许多充满见

① 刘绪源：《批评家与厌恶家//冬夜小札——刘绪源书话》，浙江人民出版社，1997，第294页。

地的辨析，包括由胡适、周作人、鲁迅的不同文风反观其背后不同“读者意识”的形塑作用，由针对林语堂创办幽默杂志实践的新解考察现代文学的市场化探索及其当代启迪，继而又带出当代女性散文、文化散文以及散文大小之辨的论说等，但“谈话风”无疑是其中最贯穿始终、也最具神采的那个核心。这个核心在刘绪源的笔下简直光芒四射，充满了思想的生长力与洞见力。所有这些使这部并非严格意义上的文学史研究著作，恰恰充满了一般文学史中往往难以见到的灵光与创见。

我相信，对作者来说，这样的研究不仅意味着特定学术观念的一种建构，也是朝向自我本心的一次追寻。事实上，人文研究的如斯光彩，也只有可能来自研究课题与研究者心灵的深度契合。或许可以说，与“简单味”“谈话风”相关的这个现代文学课题，不但是学者刘绪源关注的研究对象，也是文章家刘绪源心仪的一种为文面貌与方式，同时还是思想家刘绪源十分看重的一种思想的资源和审美的境界。在论说知堂散文时，刘绪源曾谈到周作人“余情”一说，并释其为文章中“趣味的展现与个性的自由发挥”。[①]在我看来，这“余情”二字，也尽可借来评说刘绪源本人的学术文字。此中的“趣味”与“个性”，非独指文章中个人品位与风格的简单显现，更是指为学者将自我性情、精神及心灵的追寻融入学问与文章之事。就此而言，刘绪源之所以选择周作人、“谈话风”以及由此延伸而出的文章美学作为学术研究的“专”题，乃是因为这个课题同时也寄托了他个人学术心性与文学性情中的某种核心关切。

这个核心贯穿了刘绪源迄今为止的一切重要学术实践，并使之在看似兴之所至的研究格局中，实际上形成了一个有机的、可以辨识的内在体系——尽管刘绪

① 刘绪源：《解读周作人》，上海书店出版社，2008，第95、96、140页。

源本人不一定喜欢“体系”这样的字眼。他在当代文学领域的另一个鲜明的学术身份是儿童文学批评家。他的研究儿童文学艺术主题的专著《儿童文学的三大母题》（1995年初版），是儿童文学理论与鉴赏学习上佳的入门读物，多年来被儿童文学研习者广为引用。他在《中国儿童文学》上连载发表继而成书出版的《文心雕虎》，堪称当代儿童文学文本细读与艺术批评的典范。他的《中国儿童文学史略（一九一六——一九七七）》（2013年），以“细读”和“重读”的视角展开关于中国现当代儿童文学历史的重新观察与叙述，与《今文渊源》的路子前后相承，不求史说体量的完备，却充满发现和评述的真知灼见。或以为，刘绪源是以一般文学研究的余力和余兴在从事儿童文学研究，但如果我们充分注意到他的儿童文学研究与其周作人研究、现当代文学研究在内在精神上的一脉相承，我们会感到，他对儿童文学与“儿童”的注目，与他关注周作人、关注“谈话风”艺术一样，乃有着同一个深刻而贴己的精神源头。因此，儿童文学研究非但不是刘绪源的副业，而且恰可为其学术志趣与学术实践的解读提供一个重要的路径。

事实上，早在《解读周作人》中，刘绪源就提出了知堂散文“简单味”背后的“儿童心态”及其儿童式的语言、思维与情感方式的独特趣味。但彼时他还没有将这种趣味与整个新文学的文脉关联起来。在《今文渊源》《中国儿童文学史略（一九一六——一九七七）》等论著中进一步读到他关于现代文学与现代儿童及现代儿童文学之间内在语体关联的论见，真令人有醍醐灌顶的清明与兴奋。不论在现代文学还是儿童文学的研究背景下，这都是一个尖新而独到的观点，但尖新独到却远非它最重大的价值。我以为，有关新文学语体与现代儿童（文学）语体的渊源辨析，除了一种文学现象的提出和描述外，还包含了对于新文学精神的一种重要揭示：即尝试以儿童式的返璞和归真（包括刘绪源所说的“小儿声口”），带引文学（文化）回到我们语言和情感最初的素朴和本真状态，进而寻求其重建的可能。这就反过来揭示了新文学伊始“简单味”与“谈话风”的另一个重要的文化价值。那种“真切、朴拙而雅淡的趣味”①，那种“极度的平易、耐心、亲切，并且是一种充满兴趣的叙说”，无疑正是我们的文学、文化和生活从头迈步向前的最健康的起点。

它同时也是个体精神成长最健康的起点。刘绪源之看重儿童文学，应该也是看重这一文体在个体精神起点中的位置。理解了这一点，我们也就可以理解为什么他在辑笺《周作人论儿童文学》（2012年）时，着意要将看似非关“儿童文学”的《人的文学》一文收入其中，并在笺语中写道：“中国之所以没有真正意义上的儿童文学，在根子上，正因‘人的文学’的地位‘从来未经解决’之故”。②在这里，“儿童”与“人”，儿童文学与人的文学，乃有着同体的文化与审美血缘。因此，正如他反复强调知堂散文的“‘简单味’并不简单”一样，他对于儿童文学艺术的定位，始终在强调“简单味”和“自然本色”之趣的同时，也指出这“简单”和“本色”背后必要的“丰腴”内涵。他这些年充满锐意的儿童文学批评文章，其实一直在尝试传递这样一种属于儿童文学的高级审美精神。

2011和2012年，刘绪源先后出版了与李泽厚的两部对谈《该中国哲学登场了？》与《中国哲学如何登场？》。他在哲学和美学话题上表现出的“文人”学养和兴趣，看似又“跑野马”③般地越出了现代文学家、儿童文学家的“专”

---

① 刘绪源：《中国儿童文学史略（一九一六—一九七七）》，少年儿童出版社，2013，第7、5页。

② 周作人著《周作人论儿童文学》，刘绪源辑笺，海豚出版社，2012，第108页。

③ 刘绪源曾专门谈及周作人散文中“跑野马”的自道。他认为，周作人式的“跑野马”写作表面乘兴、率性，实则“很费工夫”，“是对一个人的素养与艺术感觉的真正考验”。（《解读周作人》第140~145页）“跑野马”的心态和文境，其实还是一种不受拘束、自由渊博的“文人”心性与学养的体现。

域。但我们很快会看到，在他对哲学和美学的关切中，仍然深含着那个指向“儿童”与“人”的内核。2014年，刘绪源出版了一部特别的美学研究专著《美与幼童——从婴幼儿看审美发生》。美感发生的话题在美学研究中原是一个旧题，但作者由真实的儿童身体和精神来谈个体审美感觉、能力的源起与建构，却是开拓的创举。书中将现代儿童心理学的研究成果与儿童文学作品的审美分析融会运用于儿童美感发生的分析和探讨，方法与发现均别出心裁，深具启发。而与此同时，透过哲学和美学开阔深透的视角，我们也从通常仅被归于“儿童”标签下的儿童心理和儿童文学中，读出了属于“人”的更普遍的审美本性与更深刻的审美内涵。此书关于婴幼儿审美发生的细致辩说，不但为人们指出了理解儿童及其艺术世界的一扇独特的门，也以孩童生命烛照下的审美之人的形象，呈现着作为“人”的我们自身的丰厚蕴涵。

我以为，绪源先生在现当代文学与文化、儿童文学、哲学、美学等领域的学术兴趣和研究实践，包括他的充满性情的散文和批评写作，始终旋绕着这同一个“人”的关切的内核——那也是“五四”以降，中国真正的“文化人”从不曾忘却的初衷与本心。

（原载《文化学刊》2016年第11期；2017年2月26日《文学报》转载）

一位学者的视野、风骨与温度

——刘绪源与儿童文学研究

刘绪源先生的儿童文学研究和批评影响深广，但他首先不仅是一位儿童文学家，更是一位怀有开阔的学术志趣和深厚的文化关切的当代学者和文人。背衬着他的儿童文学研究与批评实践的，是在文学与文化的世界里浸淫多年积累起的广博精深的见识、洞察和底蕴。所以，从儿童文学的视角解读刘绪源，应该看到《儿童文学的三大母题》（1995）与《文心雕虎》（2004）背后，他的大量研读、评说古今文学作品和文化现象的犀利深透的书话与批评文字；看到《中国儿童文学史略（一九一六—一九七七）》（2013）的背后，他的梳理百年中国散文文体与艺术流变脉络的《今文渊源》（2011）；看到《周作人论儿童文学》（2012）的背后，他的细考周作人其文其人及其文学史位置的专深独到的《解读周作人》（1994）；也看到《绘本之美》（2016）这样的儿童文学普及读物背后，他的关注婴幼儿及“人”的审美发生的《美与幼童》（2014年初版，2017年增订版），以及《美与幼童》的背后，他与李泽厚的两部哲学对谈《该中国哲学登场了？》（2011）和《中国哲学如何登场？》（2012）。这些看似非关儿童文学的研究旨趣与成果所代表的那个远不受限于儿童文学文类边界的视野、积淀和情怀、趣味，构成了刘绪源先生在当代儿童文学研究领域的独特身影，也构成了他的儿童文学研究与批评的独特面貌和意义。

在当代儿童文学批评界，刘绪源先生的名字或许最令我们想起中国现代儿童文学诞生之初，在“五四”新文化思想和精神的激荡里，儿童文学这个不起眼的小文类在那些“素养深厚、心态自由”的大文化人中激起的关注和关切。当这些文化人带着他们深厚的素养和开阔的眼界进入儿童文学的地域，他们也带来了一种开阔高远的儿童文学的文类观、文化观和艺术观。某种程度上，刘绪源正是以他所激赏的那种“洒脱地游走在各种学问之间的、素养深厚而心态自由的文化人”的姿态踏进儿童文学的研究和批评地界的。他看待儿童文学的角度和视野，进入儿童文学的方法和姿态，都提醒我们，现代儿童文学从一开始就不是一个简单囿于儿童接受层面的亚文类。在为“五四”先贤们所看重的儿童文学这个小文类里，蕴含着现代文学和文化的一种高远的精神和抱负；在现代儿童文学的小体量和小题材里，也蕴含着现代文学写作的高级艺术与智慧。

刘绪源的儿童文学研究和批评实践，从来都是立足于儿童文学的这种“高远”“高级”的境界和精神。而在从事儿童文学研究和批评的同时，他也从未放下他在现当代文学、思想史、哲学、美学等领域的学术兴趣和研究实践。毋宁说，当他由普遍的文学和文化之“大”进入儿童文学的艺术及其批评之“小”时，他所做的不是专业范域的某种选择或限定，而是个人文化志趣的进一步实现和深入。在这里，儿童文学与文学、美学、哲学等领域的思考和创造，源头在一，归属在一，精神和标准的层级在一。因此，儿童文学“不应被小觑，更不可以妄自菲薄”。在儿童文学相对窄小的学科界域里，跨界而来的刘绪源的名字和他的研究批评一再向我们证明，儿童文学是一种具备“高级”性的文学样式，它也理该向着文学的“高级”境界不断打开它的视野、趣味和品格。

或许，这也是为什么刘绪源谈儿童文学的作品、艺术、出版现象以及中国儿童文学的历史等，总能提出令人耳目一新而又切中肯綮的重要见解。《儿童文学的三大母题》做的是文学研究中毫不讨巧的主题研究，书中总结的“爱”“顽童”与“自然”三大母题，乍看同样素朴寻常，但你仔细读去，思想的光芒和洞见都藏在进一步的分析里。从今天儿童文学艺术发展的现实来看，刘绪源在20世纪90年代中期提出的儿童文学的三大基本母题，其最重要的价值不在于母题本身的揭示，而在于它的有关母题的阐说，几乎涵盖了中外儿童文学发展至今形成的若干最基础的审美精神范畴，这些范畴是儿童文学层面的，同时也映照出人类永恒的文化思考、探求和困境突围的冲动。《中国儿童文学史略（一九一六—一九七七）》，修史的体量既不大，述史的规模亦不求完备，却以文学史脉的重新解读带出大量引人深思的新观点、新论见。全书第一论“白话文与《尝试集》”，提出“小儿声口”的儿童文学语体与现代白话语体源起之间的内在关联，实际上是在语言形式的层面上对现代儿童文学的艺术与文化位置做了新的廓清和提升。这是刘绪源在《今文渊源》中已经提出的相关论点的进一步延伸，它对于我们从现代新文化的视角重观儿童文学，从儿童文学的视角重思新文化运动，均有独到而深刻的启迪。而书中关于陈衡哲、叶圣陶、凌叔华、老舍、张天翼、汪曾祺等现当代作家及其儿童文学或童年题材作品的重新解读，对于今天亟须重新整理的现代儿童文学发展史而言，意义重大而深远。他的《美与幼童》，并非儿童文学专域的研究著作，但作者将儿童文学材料极具创造和洞见地发挥运用于儿童心理学、教育学以及人的审美发生的探析，为审美发生学研究开拓了一个重要的新疆界，也为儿童文学研究提供了一个阔大的新方向。

刘绪源是一位富于创造力的儿童文学理论家，但他从不提出大而无当的伪理论命题。或许是批评家的性格使然，他所做的一切历史的追溯、现象的总结、理论的建构等，无不密切关联着当下文学创作与出版现实的观察、思考和批判。《中国儿童文学史略（一九一六——一九七七）》中的历史重梳和重述，“不经意”间总会带出他对当前儿童文学现状与问题的审思。《美与幼童》中的基础理论阐说，同样不时落到当下儿童教育、生活和观念的现实反思中。这些年来，刘绪源对于儿童文学现场的介入热情绝不亚于他对理论的兴趣。甚至，对于许多儿童文学的读者来说，刘绪源的名字更多地因其代表了当代儿童文学批评的一种精神和风骨而广为所知，并且受到大家的敬重。这些年来，他在充分认可儿童文学发展通俗道路的同时，也向商业童书的艺术品质与艺术问题、儿童文学批评的独立品格等发出深刻的质询。他极其关注、肯定、鼓励年轻一代儿童文学作家的创作，也对他们的作品公开提出诚恳、坦率的艺术批评建议。他的批评在某种程度上成了这个时代儿童文学批评的良知，他所赢得的尊敬则向人们证实着批评的精神和价值在这个时代并未被真正遗忘。

然而，比理论的气象和批评姿态本身更重要的或许是，刘绪源的儿童文学理论创造的智慧，以及儿童文学艺术批评的锋芒，无不扎根于最生动的作品感受和生活体验的土壤中。他从不抛开感性谈理论，从不远离作品谈批评。他的理论和批评因此不但是有风骨的，更是有温度的。那是文学的温度，生活的温度，归根结底，则是人的温度。绪源先生是对文学和日常生活中的美怀着最细致的敏感和最深切的热爱之人。这种敏感和热爱滋养他的精神，也在他身上默化为一种人文伦理的自律，那就是一切理论和批评的实践，都致力于永不对文学说谎，永不对美说谎。“美是不会欺骗人的”，这种建于开阔识见和深透洞察之上的对“美”的真诚信仰，构成了刘绪源的理论和批评的基本底色。

仿佛命中注定，他的学术志趣和人文追寻会在《美与幼童》中得到光芒璀璨的最后定格。他的所有关于和看似非关儿童文学的思考积累，奇妙地汇聚在书中这个与美有关的“儿童”的形象身上，迸发出令人炫目的理论华彩和思想灵光。在他最后的这部著作中，遍布着高度浓缩的思想发明和深刻独到的见解发现，它们在提出一种以儿童为独特对象的审美发生研究路径的同时，也照亮了通往“儿童”和“儿童文学”研究的许多幽暗、深邃、有着无限可能性的道路。

毫无疑问，在当代中国儿童文学的历史上，刘绪源的名字会是一个被铭记的重要符号。但他同时也应是一个充满发掘可能的重要课题。他的那些富于生命力、生长力的理论和批评思考将向我们证明，时间的长河磨蚀一切，但思想的光芒永不黯淡。

（原载2018年6月7日《文学报》）

“这是在说过去，还是在说现在？”
——评刘绪源辑笺《周作人论儿童文学》

对于20世纪初至今的中国儿童文学理论研究来说，周作人的名字是一个重要的起点。作为“五四”新文学时期最早的启蒙者之一，他的儿童文学论说不但在一个与全部人类艺术齐平的层面上确立了这一文类的存在价值和艺术分量，也使早期儿童文学的本土理论思考呈现出某种与其发展阶段不甚相符的早熟感。可以说，将近一个世纪过去了，我们今天关于儿童生命、儿童教育和儿童文学的许多思考，仍然可以从这位先行者身上得到许多启迪。就此而论，对于周作人儿童文学思想的了解和重读，应该是当代中国儿童文学研究的一门必修课程。

刘绪源先生辑笺和最新出版的《周作人论儿童文学》一书，是对于周作人儿童文学理论和批评文字的一次系统整理和辑录。该书收入了1912年至1958年间周作人论及儿童文学与相关问题的文章121篇（其中包括《平民的文学》《新文学的要求》《个性的文学》等若干并未直接论及儿童文学却与周氏儿童文学观在精神上互为表里的重要文章），按编年的次序先后编排。刘绪源本人是专事现代文学和周作人散文研究的学者，又是当代儿童文学研究的代表学人之一，这一双重身份使他的辑笺工作不仅仅是对于相关史料和观点的一次细致收集，更是对于特定思想对象的一次周全把握和探询。在本书序文中，辑笺者就周作人儿童文学思想的几个基本命题展开了简明扼要的梳理介绍，其特点是既紧紧扣住现代儿童文学理论发生的基本背景来谈论周作人的儿童文学观，又无时不从周作人思想的整体脉络来观照其儿童文学思想；既将中国儿童文学的起步还原至现代中国文学和文化革新的历史语境中进行描述，又时时关切着大历史背景下儿童与儿童文学的本体。序文谈周作人儿童文学思想中的“国民性批判”“儿童本位论”“文学无用论”等问题，完全没有将儿童文学的问题抽绎成大历史文化的其中一重影子，而是格外突出现代儿童与儿童文学研究自觉的理论建构过程，并注重揭示其内在的理论特性与纵向的历史意义。

与序文相比，书中缀于各篇文章末尾的笺语，一方面彰显了辑笺者的上述治学特点，另一方面也体现了与周作人文风暗自契合的一种小品文式的品评风格——这又得益于辑笺者的另一重散文家的身份。这些笺语依照评注文章的内容及其重要性，长短繁简不一，评注的视点、方式也各有不同，但多以较窄小的篇幅集中了较浓密的思想。对于本书的阅读者来说，这些笺语是进入和理解周作人儿童文学思想的一个重要支点。

笺语部分首先承担了对于所选文献的基础性的发文释义功能。书中许多笺语都介绍了所笺文章的写作缘起、背景、基本要义等，这对于读者快速把握并领会文中的主要观点及其意义价值，是极简明又极便利的支架。同时，为了方便读者疏通全文，笺语也会针对文中的某些内容添加注解，并给出相关文献索引的门径。如《安得森的〈十之九〉》一文，笺语末尾便增补说明了本文批评对象《十之九》一书在当时的翻译、出版情况，这对于我们理解周作人在文中以反讽的形式对本书翻译所提出的批评大有助益。再如20世纪前期，人文社科界许多译名尚未统一，及于儿童文学，如安兑尔然（今译安徒生）、“安特路阑”（今译安德鲁·兰）、“铿斯来”（今译金斯莱）、“加洛尔”（今译卡洛尔）、“白洛勒”（今译贝洛）等名字，对于并非特别熟悉西方儿童文学史的读者来说，难免造成疑义。笺语对于文中提到的这类人名、作品、术语等，也常以一笔带过说明，既清除了理解的障碍，又不因此而阻滞语势。

众所周知，周作人的儿童文学言论大多寄寓或裹挟在一些议论性和批评性的散文中，这些文章尽管是逻辑分明的论说散文，却非今日意义上体式谨严的学术文章，其意思的表达有时难免显得“形散”，且不同文章之间在观点、论说上也常有重复。在这一点上，文后的笺注便进一步起到了对这些“散论”进行提纲挈领的作用。这又体现在以下三个方面。

其一，是对于周氏重要儿童文学观点的提取和集中呈现。笺语常从周作人的不同相关文章中提取出同一个重要的意思加以反复强调，以使不同时间发表的文章之间互相映照，形成内容和观点上的勾连。如《儿童问题之初解》《外国之童话》《玩具》《读〈各省童谣集〉》《教科书的批评》等多篇文章后的笺语，都反复指出了寓于其中的“国民性批判”话题，从而使这一问题在周作人思想中的位置得到了更为鲜明的凸显。

其二，是对于周氏特定观念发展过程的清理和描述。如针对周作人代表性的“儿童本位论”，辑笺者在《玩具研究一》（1914）一文笺语中便指出了其中“以儿童趣味为本位”的思想与后来提出的“儿童本位论”之间的内在联系，又在同年发表的《〈小儿争斗之研究〉译者序》一文后再次指出它显示了作者“‘儿童本位论’之端倪”。其后，《学校成绩展览会意见书》一文的笺语确认了周作人在鲁迅之前“第一次明确提出了‘以儿童为本位’的观念”，《小学校成绩展览会杂记》《儿童的世界》《儿童剧》等文的笺语则进一步指出周氏对此观念的继续发挥。借助于这些笺语的穿联，我们也似看到了“儿童本位论”在周作人思想中的逐步演进成型。

其三，是提供周氏相关文章之间的对读参照建议。如针对《童话研究》与《童话略论》这两篇周作人代表性的童话研究文章的笺语，在对文章观点展开长达页余的评点解释的同时，也给出了二文的比较阅读指导；在《阿丽思漫游奇境记》笺语末提醒读者注意“第二段有安徒生和卡洛尔高下的比较，这牵涉到周作人心目中儿童文学的评判标准”，但“因此处只提及一句，意思还不甚清楚，故放到一九二三年《儿童的书》的笺语中一并讨论”；在《神话与传说》一文笺语中指出，此文可与书中另一文《神话的趣味》相互参阅，等等。类似的对读提点在笺语中出现频率很高，它一方面为读者提供了文献索引的便利，另一方面也在不断促请读者克服阅读的惰性，去体味文献之间内在的思想逻辑关联。

以上三点，在很大程度上打破了编年体的编排体式通常容易带来的结构散漫的弊端，使文与文、观点与观点互相之间有了更为紧密的联系，从而将文献辑录同时也变成了某种意义上的周作人儿童文学批评观点的勾勒，并与序文形成了有效的呼应。

值得强调的是，书中笺语依托辑笺者本人深厚的学养基础写成，虽仅以评点的方式呈现，却包含了辑笺者多年来从事现代文学和儿童文学研究的诸多经验心得。对于初入儿童文学理论之门的读者来说，循着笺语所给出的线索脉络来把握文章的观点，认识其意义、价值和地位，能够起到事半功倍的助读效果。对于专业的儿童文学研究者而言，笺语中也有诸多发人深省的见解。如《书籍绍介：〈幼稚唱歌〉〈幼稚游戏〉》一文的笺语，在文本的评点之外，又就此生发出对于当下儿童文学批评的智慧和勇气的期待，言浅近而意深远。再如《歌咏儿童的文学》一文的笺语，结合当时儿童文学的创作现象指出周作人对包括《稻草人》在内的现代儿童文学创作现状的不满，这对于我们重读现代儿童文学经典、重新理解中国现代儿童文学的历史，也有很大的启发。此外，辑笺者还常通过联系当下现实，将历史话题转化为今天的问题。如《我学国文的经验》一文笺语指出了文中所论的读书法对于当前畸形的儿童阅读教育现象的警醒；《〈长之文学论文集〉跋》一文笺语末段就周作人对当时儿童文学创作和出版质量的批评，提出了针对今天儿童文学创作和出版状况的反思；《谈中小学》的笺语则结合周氏对于当时中小学填鸭式教育的批判，提出了“这是在说过去，还是在说现在”的尖锐问题。

在我看来，这些附在文末的笺语不仅是对前文内容和思想的评点，许多文字本身也是睿智真诚、鞭辟入里并凝结了笺注者独到思考的小散文。与针对周作人儿童文学观的研究专论相比，它们或许欠缺了论说的长度和集中度，但借用辑笺者在评点周作人的理论和批评散文时所使用的语言，这些思想饱满、风格清新的笺语，同样能让我们“在短暂的艺术享受中获取读长篇艰涩论文所不能得的收益”。我个人以为，若有足够的闲暇，本书的最佳阅读方式，应当是先读文，次读笺，一文一笺读完了，再来读序。这样的阅读，不但可使我们更通透地了解周作人儿童文学思想的基本全貌，也可令我们更深切地体会到隐在这些文字背后辑笺者的良苦用心。

刘绪源先生在序文中坦言，本书的文献来源并非第一手的原始资料。选文中因此也存在一些可挑剔的小错谬，如周作人多篇文章中提及“童话”的概念时，均在其后附上了西方民俗学界通用的对应术语“Märchen”，但本书中有时将该词误作“Marchen”（如《童话的讨论》一文），有时又误作“Maerchen”（如《神话的趣味》一文）；再如前面提到的《安得森的〈十之九〉》一文中，对于

《牧童》中德文小曲的两句原文引用，“Alles isf weg，weg”一句，其中的isf应为ist（isf系错字），而且从该民谣的原文和周作人译文的情况来看，此句最末还缺了一个weg。这些大概是文献来源处就已存在的问题，或已以误传误多时，例如，《安得森的〈十之九〉》一文中的两个小错漏，不但出现在河北教育出版社2001年出版、止庵校订的周作人自编文集之一《谈龙集》中，也出现在1930年开明书店版的《谈龙集》中；我们需要追溯至该文最早发表的1918年《新青年》第五卷第3号，才会发现这里的原文是“ist”，而且句末的确还有第三个咏叹似的“weg”。这样的误录不能很怪得辑笺者，但对于一部资料性的文献书籍来说，难免也是美中不足。顺便说一句，在今天的许多现代资料汇编中，这还是一个很普遍的现象呢。

（原载2012年3月21日《中华读书报》）

《少年人文读本》：深度阅读的“难”与“悦”

翻开刘绪源先生选编的一套三册《少年人文读本》，扑面而来的是当代少年生活中久违了的某种宽广而深邃的人文阅读和思考的气息。这气息使我们绝不会把它们归入任何消遣阅读的轻松队列，而是忍不住正襟坐起，以端正的姿势和庄重的心情，来进入这套读本所展开的人文世界。

选编者希望少年朋友们明白，有些阅读是需要这样的庄重和深度的，青少年时代的阅读尤其如此，因为“年轻的心，青春期的寂寞和迷茫，需要有深度的对话”。读书，或者更准确地说，读优秀的书，无疑是进入这样一种“有深度的对话”的最佳方式。

我们从这套读本的三个分册的题名中，已经可以见出这一“深度”的气魄以及选编者对于它的理解。《见识》《不要怕》和《喜欢》，指向的正是人的见识、勇气和趣味这三个重要的人文精神维度。它们又分别对应着唯有人类才拥有和关切着的三种精神追寻：我们应该知道什么，我们应该喜欢什么，以及我们不必惧怕什么。显然，这是一些使生命变得有厚度、使生活变得有深度的追寻。

但见识、勇气和趣味，也还有高和低、宽和窄的区别。而选编者想要呈现给少年朋友的，乃是人生的大见识，大勇气，大趣味。且看《见识》一册，选入其中的《从商品生产想到中国商人的起源》（吴晗）、《男女有别》（费孝通）、《自欺欺人果真是一种生存策略？》（陈蓉霞）、《葛师傅》（陆文夫）、《中国文化五大病》（梁漱溟）等文，探讨和涉及的是生活的意义、生命的追求、历史的探问、自我的深度以及文化的省思等大话题。但这“大”又不是脱离少年生活体验的虚大。在这些选文之间，我们也读到了《重新认识“早恋问题”》（柳园）、《十六岁的故事》（秦文君）、《写给小孙女十岁生日》（林行止）等书写少年自己的生活、思想、情感或与少年直接对话的作品。选编者希望少年朋友明白，真正的“见识”是关注自己的小世界，也关注自己身边的大世界；是理解自我身体内的小宇宙，也是认识“我”之外的大时间和大空间。这样的“见识”拓展着个体生命的广度，也丰富着个体生命的内涵。

三册中，我尤其钟爱《喜欢》一册。《慢慢走，品味人生》（李泽厚）、《书的礼赞》（茨威格）、《论艺术和艺术家》（贡布里希）、《科学的不确定性》（费曼）等选文，教引少年朋友们去领略“最普通的日常生活”的可爱面目，发现“读书”“艺术”和“科学”的真切滋味，体味“独立思考和平等探讨”的为人为学精神。选文不摆说理、论辩或语言文饰的大架势，而是以素朴的生活人情和踏实的人生经验向读者传递作者所体认到的真思想、真情感。以“读书”单元为例，个中选文谈论书的价值和读书的意义，没有一点儿铺排的气势，只是以坦诚的文字与读者作思想和灵魂的交流。“你或者抽空看看书会感觉充实，这是一种习惯”，如此平白质朴的“由经验得来的老实话”，道出的是读书对于世俗生活中每一个普通生存者的意义。你不要轻视这意义，它真正撼动人心，正如布拉德伯里科幻小说《华氏451》节选中的那一群流浪者，在焚书禁书的黑暗年代里以不可见的记忆和语言保存下一本本书籍。他们看不见这一保存行为在未来的意义，但他们仍然选择了遵从这一近似于精神本能般的召唤。我想，这是对书籍之于生活的意义的最有力的确认。

选文的背后，是选编者的思想。某种程度上，编者是借这些文章向少年朋友传递着他本人至为真切的生活关怀和生命体验："我要把我所读到的最好、最重要、最适于引起你们思考的文章，选入其中。"这里的"最好""最重要"和"最适于引起你们思考"的品质，也是编者鉴赏、判断和思考的结晶。这一点最清楚地体现在读本各单元前"编者的话"中。这些用心写成的阅读引导文字，不仅是与少年朋友们谈阅读、谈文章、谈写作，更是与他们谈世界、谈人生、谈价值，这里面有长者的殷切，更有挚友的真诚。因此，在读本的"书前寄语"里，编者以恳切的心情这样写道："我把自己的人生经验和阅读思考，都放进这些'编者的话'里，我恳请你们一定要看，而且要细看"。如此真诚的对话，是把少年真正视作平等的朋友。同时，从读本单元话题的择定和确立中，也可以鲜明地看出选编者的为学个性和思想。比如他在自己的研究和批评文字中，就曾多次提醒读者关注"日常生活"的美学，通过该单元的编排和写在前面的"编者的话"，他也是有意要将这一审美精神推进到少年儿童的阅读视野之内。这些由选编者的精神中生长起来的根基深厚的人文思考，是他所说的"有深度的对话"的源头之一。

可以想见，这样的"深度"也给读本带来了一定的阅读难度，尤其是对于今天日益习惯于轻阅读、浅阅读的许多青少年而言，他们可能需要时间来适应和接受这样有重量的精神对话。为了鼓励读者并消除他们的畏难情绪，"编者的话"中多次这样写道："有读不懂的地方也不要紧，今后你们会有大量的时间观察人、观察自己，思考或钻研这一课题”，“万一读不懂，也不要怕，以后还可再读。你们正年轻，年轻的眼光和心理应该是无所畏惧的，应该能看得更远”，“今后，等你们再长大些，一定能领会此中的奥秘”……从这些恳切而真诚的文字里，我们读到的是编者对于少年朋友的拳拳期望，愿他们在年轻时代打下大见识、大勇气和大趣味的底子；在未来的岁月里，他们的生活必将得益于这一精神的塑造。

实际上，所有触及灵魂的事情，总是包含了这样的自我精神对话的难度，但这难度也将带给我们轻松娱乐的阅读所永不可能抵达的愉悦和幸福。从这个意义上说，绪源先生的这套《少年人文读本》所提供的，乃是一场使生命的视野和感觉变得更为宽广的阅读的洗礼。在我看来，唯有“洗礼”这样的庄重字眼，才能传达出这类阅读带给其接受者心灵的充实和提升。在一个愈益以轻浮的娱乐为飨的时代，我们的孩子或许从未如此迫切地需要这样的精神洗礼。

（原载2014年12月17日《中华读书报》）

一生向美
——追忆刘绪源先生

得到刘绪源先生去世的噩耗，是在一个太阳天。我不相信这是真的。就在十月和十一月里，还各见绪源先生一面。一次他来婺城，一次我去沪上。看他虽日显疲惫，却还是兴致盎然。哪怕喉咙不能发声，他笑着站在那儿，让人觉得还是那个谈笑风生的大先生。十月下旬，他来红楼参加专为他的著作《中国儿童文学史略（一九一六—一九七七）》举办的研讨会。会后，我们几人陪着绪源先生，到金华城里小走。他前一晚睡得不大好，一下车，我们便到近旁的拉芳舍坐下歇息。先点饮料。他想喝咖啡，却遭我们一致否决，因为担心他会睡不成午觉。他笑笑地，有点脸红的样子，像个明知提了非分要求的孩子般，乖乖接过了梁燕手里的普洱。喝完了茶，慢踱到边上的天宁寺参观。从天宁寺的古城墙上下来，他站在石阶上，仍是笑笑地，由我们举着手机，嚓嚓拍照。那天淡淡的阳光照着他，虽有倦意，却是温暖、安宁。

我不能相信，那样笑吟吟站在台阶上的绪源先生，我再也见不到了。

刘绪源先生

仿佛又回到2005年秋的金华，第一次见到刘绪源先生。那是在浙师大儿童文学研究所与上海的少年儿童出版社合办的“全国儿童文学创新论坛”上。他笑眯眯的，与我想象中《中国儿童文学》上连载的犀利批评文章《文心雕虎》的作者大不一样。那次会议，我参与会务的工作，进出会议室的间隙靠门而坐，望向绪源先生，总有点发愣。我想不到那些掷地有声的批评，出自这样一位瘦削而温润的学者。第二年，我留校做儿童文化研究院丛刊《中国儿童文化》的编辑，首编接手的第三辑刊物，即编到了绪源先生充满批评的诚恳、睿智与锋芒的《鞋子，及其后续故事——兼论文艺批评还有无存在的必要》一文。因为收稿，有了最初的邮件往来，印象至深是作为资深编辑家的他对待文章一事的严谨。收稿后的三四天内，连续收到他重发的修订稿并告知的短信，所替几稿，红色标注的却只是三两字之易，显然是反复审读推敲后改定。想到他在批评文章《一只鞋子的故事》里“有些悲哀”地提到如今一些青年人为学的那般“大咧咧的派头”，对于先生待一篇小文的谨严和审慎，由衷地生出敬意和自省的惭愧。

第二次见绪源先生，是2012年春在杭州。那时我在浙大读博，他与友人到杭，短信邀我相见。当年初，绪源先生辑笺的《周作人论儿童文学》一书出版，我写了一篇评论发表在《中华读书报》上。他在短信中对此文大加鼓励。那天，我们一起进餐，聊了许多。他询问我的学习情况。问知我的博士生导师是徐岱先生，他即谈起《文汇报》梅朵前辈当年对徐先生的格外嘉赏，并托我转达致意。又谈到那时正在儿童文学界热议的本质论与建构论之争，他耐心听我辩说，大约见我并未走入“歧途”，甚为欣慰，末了，又温和、清晰地传授了他的见解。相应的观点，后来他在《中国儿童文学史略（一九一六—一九七七）》《美与幼童》二书中曾几度细辨。每想起那次对谈，颇有得先生面授机宜的“隐秘的快乐”。回沪后，绪源先生整理了一批藏书，专带到金华，让卫平转交给我。我明白他赠书的用心，不只是对后辈的勉励鼓舞，也是敦促我打开视野，拓宽眼界，向着可能的更远大处求学探问。

2016年春，绪源先生为我的散文小集《我的湖》作序，提到2011年退休后“忙碌而兴奋”的生活，许多“过去一直想做而又没时间做的事”此时都“悄然开工”了。他的这番“忙碌”，儿童文学界最是有目共睹。2011年至今，除了他一直钟情的现代散文研究与书话随笔写作，绪源先生先后出版了《周作人论儿童文学》《中国儿童文学史略（一九一六—一九七七）》《美与幼童》等重要著作。这些著作中的许多研究探微和理论发明，对于当代儿童文学研究都有开拓性的大意义。绪源先生不是一位囿于书斋的学者，他对儿童文学创作和出版的现场尤其保持着高度密切的关注。这些年在童书市场和儿童阅读生活中快速兴起的图画书，很快也进入他的视野。2016年，他出版了图画书阅读指导著作《绘本之美》。他还给少年朋友专编过一套《少年人文读本》，从自己钟情的人文读物中为青少年读者挑拣选文，满怀真诚的劝勉和殷切的期望。在我看来，这是一套值得进入每个当代少年阅读书架的读本。对于当下出版的儿童文学作品，他的阅读量大得惊人。2017年4月8日，我与卫平专程去沪上探望病中的先生，望见他卧室的床头，一面方桌子上摆得又高又满的书堆，仿佛随时要从桌面上滑脱下来。他笑称，书太多了，得抓紧读。他的关于当下儿童文学出版现状、创作问题等的真诚批评文章，不断见诸这些年的报纸刊物，给儿童文学界带来了睿智真诚的批评声音，也给儿童文学界带来了深邃宝贵的真知灼见。

高强度的阅读、思考、写作带给他无尽的快乐，也耗费了他无尽的心血，绪源先生是以生命为墨笔在写作。《美与幼童》书稿初成的当日，他“连续三天毫无睡意”。书出版后，他的思考和研究不是暂告一个段落，而是持续高强度地演进。这两年间，或有收到先生传来的电邮，分享新的思考发现。这些新创见体现、落实在增订版的工作中，构成围绕着儿童审美发生话题展开的一个更高远宏阔的体系。2016年12月，我们在南京的一次会议上相见。见他面有倦容，询问之下，他笑言，一谈《美与幼童》，精神便会不由自主地兴奋起来，以致有时难以成眠。在《中国儿童文学史略（一九一六——九七七）》的金华研讨会上，谈起《美与幼童》的思考和写作，他用“朝闻道，夕死可矣”来形容成书的心情，令人肃然。想到他说这番话时，已受肺癌折磨近一年，却又令我们缄默。

也许不是偶然，绪源先生的学术光芒，会在《美与幼童》中得到无比璀璨的最后定格。他是一位豁达单纯的文化人，对文学、文化和日常生活中的美却怀着极度的敏感。他热爱生活，钟爱一切新鲜的风景和舒畅的人事。他的向美的天性，使他以老辣至极的批评眼光进入儿童文学的艺术天地，却能为其中那样微小的天真而热泪盈眶。这么些年，总会想起我与绪源先生在杭州相见的那天，他坐的车子开到了我住宿的浙大西溪校区北园研究生楼下。我们准备步行去吃中饭。我说起园子那头的一幢建筑，原是民国旧物。绪源先生饶有兴致地随我走过去，结果楼前碑石上刻着的建造年份，分明在1949年之后，闹了个大笑话。先生不以为意，站在那里笑吟吟地看了一会儿，说道：“楼也不错。”

我永远记着他一脸澄净的笑意，负手而立，仿佛这世界都是他的风景。

2018年1月25日于丽泽湖畔

（原载《出版人》2018年第2期）

第三辑

图画书欣赏与研究

太阳照在有阴凉儿的地方
——读图画书《太阳和阴凉儿》

张之路的文字里有一种韵味，那是字词的声音和意义均以素朴、妥帖、充满美感的形式结合在一起而造成的奇妙滋味。请听《太阳和阴凉儿》的书名如何在我们的音感里悦耳地响起。由再日常不过的“太阳”与“阴凉儿”二词构成的押韵关系，因为那个俏皮的儿化韵，顿时令整个书名在声韵和格式的规整美感里，同时泛开了一点儿生动的顽皮。韵律之外，两词又在意义上隐隐构成一向一背、一明一暗、热烈与清凉、张扬与收敛的对比，并在对比中营造出饱满、充沛的故事势能。

随着故事的展开，这种寓于简约形式里的丰盈滋味，在文本内向我们进一步展露出来。让太阳和阴凉儿来玩一场“捉迷藏”的游戏，这是一个多么大的想象，大到上天下地，无边无际。但它同时又是一个多么小的想象，小到让我们想起身边每个孩子最日常的嬉戏。它的“小”令它拥有了亲切的故事面貌，它的“大”则赋予它开阔的故事气息。“清晨，快乐的小太阳从海面上跳出来，先抓

《太阳和阴凉儿》

住山上的一棵松树，然后唱着歌儿，嗨哟嗨哟地爬上山来。”这样的轻简可爱，松快活泼，多像在讲述一个邻家孩子的生活。太阳与灰兔子赛跑、与花孔雀比美的铺垫，让小阴凉儿的出场带上了鲜明的戏剧性。随着后者的加入，叙事的节奏变化了，结构的模式伸展了，一再延宕的结果加强着叙述的悬念。当太阳在上缓缓运行，阴凉儿在下默默移动，全世界仿佛都在这场漫天彻地的大游戏里微微地晃动着。

乌猫的插图把这份恍如太初的生命稚趣和混沌美感渲染得生动鲜活，神采奕奕。在并不宽裕的叙事发明空间里，画家为这则故事提供的视觉想象和诠释，令人过目难忘。这些插图仿佛同时糅入了神话的瑰丽和童话的朴拙。灰兔子奔跑起来，那些山川树木，草地丘陵，它们的线条与它跑动着的身姿如此自然地融为一体，好像整个世界此刻都给裹挟在了它疾行的风流中。花孔雀开起屏来，蓬大的尾羽撑开一片令人目眩的光彩，这一瞬间的时间和空间似乎在它的羽翼间粲然绽放。把灰兔子和花孔雀“比下去”的那枚小小的太阳，它的蓬勃的活力、稚气的顽皮、舒展的得意和急切的追寻，尽在那一身火焰的光泽和形态中得到传神的表达。还有千变万化、无处不在的小阴凉儿，画家用一抹柔软、清凉的水波般的蓝色，恰如其分地烘染出它的沉静的阔大与柔和的力量。

我喜欢故事里的太阳和阴凉儿。小太阳像一个有顽心的孩子，它高高兴兴地来到天空，向地面上的世界发出邀请：“咱们今天玩什么呀？”这份邀请里或许有那么一丁点儿孩子的神气和骄傲，更多的却是一片天真混沌的顽意。带着这点顽兴，它高高兴兴地赢了灰兔子，赢了花孔雀，却怎么也没能找着阴凉儿。在一次次寻找的挫折和失败中，若依寻常逻辑，它或许该感到焦虑，感到沮丧。然而，胜负揭晓的刹那，它只是舒展眉头，张开笑脸，高高兴兴地认了输。阴凉儿呢，出场是那样的“细”而“小”，谢幕是那样的“博”而“大”，却始终保持着那样的敦厚、单纯、和善、快活。在这两个孩子和两种意象之上，洋溢着生命和世界之初本当拥有的透明的天真和净朗的善意。故事最后，太阳和阴凉儿快活地笑着，没有骄矜，没有败馁，有的只是一派天真的欢乐和喜悦。

这份毫无矫饰、纯净明亮的天真劲儿，让这个简洁的故事读来有了淳厚的回味。也是它，使得太阳和阴凉儿之间的这场追逐在完结之时，没有降落为一则关于纠错的小寓言，而是继续上升为一个礼赞成长的大故事。阴凉儿不是用来把太阳“比下去”的，正如太阳也不是真要把灰兔子和花孔雀比下去。一切都是为了向我们揭示，世界那么大，除了太阳，还有阴凉儿；除了“我”，还有“你”。看见“你”，就是看见更完整的“我”的世界；认识“你”，也是认识和获得一个更完整的“我”。所以最后，阴凉儿赢了，太阳也赢了。图画书末页上，向着整片天空旋转铺展的红色光芒和大地上安静流淌的蓝色阴影，使得整个空间既放肆地张扬着，又稳重地持守着。太阳照在有阴凉儿的地方，这一刻，存在的感觉是扩张的、绽放的，也是安妥的、充实的。

但一切其实早已包含在这本图画书的书名里了。太阳和阴凉儿，就是我们世界的某种本质：大与小，动与静，显与隐，能与不能……把这些词语和它们的意义合在一起，才构成了我们生活于其中的足够辽阔、丰满、圆融、舒展的世界。

多么好，这个世界有太阳，也有阴凉儿。

（原载2019年1月30日《中华读书报》）

笔墨色彩里的生活之美

孩提时代，什么样的生活最令我们欢欣难忘？大概就是秦文君在《香喷喷的节日》（徐晓璇/图）里写到的那些热闹的、温暖的、喜气洋洋的日子。这样的时光往往定格在某个晴好的太阳天里，有敦实的握手，温暖的问候，当然也必定少不了一群叽喳推搡的孩子。忙碌的序幕总是由大人们操持，翘首的企盼则是小孩子的主务，就像故事里的小老鼠米尼，在节日降临前的兴奋中还会忧心忡忡地想："第二天刮大风、打大雷怎么办？要是客人改主意了，来不了，又该怎么办？"这孩子气的无谓担忧，实在是因为即将到来的日子太甜蜜，太美好，太叫人害怕错过的缘故。这日子里有响亮的笑声、热情的拥抱、贴心的礼物，有喷香的美食、愉快的畅谈、欢乐的游戏，更重要的是，有我们挚爱的亲人、伙伴和朋友彼此相伴，一起分享此刻的幸福。

因此，作家和画家用温软的笔墨与心情，细细致致地描画着这样的日子里发生的生活故事。从绘着图画、贴着花朵邮票的邀请信开始，到野花、山果、灯笼、鲜花浴的准备，再到鼠大伯一家、鼠姑妈一家、鼠爷爷、鼠奶奶的一一到来，还有姗姗来迟的鼠叔叔和他从猫爪下逃脱的不无惊险的旅程。随着情节的展开，热闹的气氛一点一点地增浓，欢乐的情绪也一点一点地累积，每一个叙事的段落都洋溢那份丰美、跃动、欢快、温暖的日常生活感觉。这样灿烂的日子里，再没有什么比生活在此时此刻更美妙的了。你瞧，鼠叔叔历经险情归来，“虽然领带歪了，皮鞋掉了，西装破了，但是还活着，能笑，能说，很快又是一只生气勃勃的老鼠。”这是一段多么耐咀嚼的文字，从它简简单单的叙述里透出的那份对生活的毫无抱怨的单纯热爱，让最平常的日子都变得珍贵和闪亮起来。

而所有这一切欢笑、乐观和“生机勃勃”的源头，是家人之间深情的关切、等待、陪伴与照料。这小小屋檐下汇聚的温情，也是日常生活中最令人踏实的一种幸福。

但生活的海洋无疑还有着更宽广的面向。如果说鼠家族的这个节日聚会让我们感受到了属于“家”的那份相亲相爱的暖意，那么图画书《好像》（秦文君/文　刘洵/图）则带我们从窄小的屋宇走向广阔的外面，从自我的“小”家走向自然的“大”家。与欢声笑语的亲朋聚会相比，这里呈现的是世界与生命的另一副奇妙的面孔：太阳，白云，雨点，豆梨花瓣，柳树叶，小蘑菇，蚯蚓，蚂蚁，瓢虫……它让你从生活的喧闹中独自安静下来，去感受一道阳光、一滴水的变化，去聆听一朵花、一片叶子的心情，去想象一只振翅高飞的云雀的快乐。透过这样的感受、聆听和想象，我们仿佛也融入到了那万物有灵的自然生命乐章中。

对童年来说，这是一个重要的生活课堂。在钢筋水泥的世界和熙攘功利的生活越来越隔绝开人与太阳、与泥土、与一只小虫的亲切交往的今天，懂得欣赏自然生命并与之平等相待、对话，越来越成了一种需要学习的生活方式。而唤醒孩子天性中那份与自然相亲近的情愫，正是这人生课堂的起点。因此，在《好像》

里，作家用透着天真气的美文赞美着哪怕最微小的生命的美与尊严：“每一根小草都在做着自己的梦，草叶的影子连起来，起起伏伏一长条。一根最小的草弯着腰，好像在祷告：我好不容易长这么高，千万不要把我踩矮掉哇。”“一只红底黑点的瓢虫停在一颗红色的野果子上，细细的腿儿紧紧搂着果子，好像在宣布：这只球和我一样红，是我的球！”这些充满童趣的移情和想象，从一个独特的视角诠释着诗人华兹华斯笔下“最卑微的花朵都有思想”的深意。

这是自然的声音，也是我们自己灵魂的声音。从一株小草、一瓣小花身上见出的对自然万物的尊重，对造物之功的赞美，以及对宇宙存在的敬畏，归根结底是我们对世界的一种理解和对生命的一种态度；而那投向自然万物的温情目光，最终也来自一颗纯善、敏感、诗意、丰富的心灵。正是这样的心灵让我们得以充分领略生活中的自然和人情之美，也让我们深深明白朱光潜先生所说的那种生活的遗憾所指为何：“许多人在这车如流水马如龙的世界过活，恰如在阿尔卑斯山谷中乘汽车兜风，匆匆忙忙地疾驰而过，无暇一回首流连风景，于是这丰富华丽的世界便成为一个了无生趣的囚牢。这是一件多么可惋惜的事啊！”在生计的奔忙中仍然葆有回首观赏的生趣和心境，正是美的生活给予我们的馈赠。

然而，真正懂得生活的人一定知道，人生中固然有许多“一切都很好”的时刻，也有不少不那么令人愉快的场合。即便在亲爱的家里，有时也难免发生矛盾、误解，甚至因此生出嫌隙、怨怒。就像在《奶奶家的大猫和小猫》（秦文君/文　弯弯/图）中，小猫紫玉的到来让大猫绿宝感到了莫名的威胁和嫉妒，因为它似乎“分”走了奶奶对绿宝的关心和爱。于是它处处与紫玉为难，又总将紫玉的示好解读成示威。无休止的斗气和计较让原本快乐的日子变得“又寂寞又沉闷”，直到有一天，绿宝带着灰暗的心情默默逃离了亲爱的家。它需要时间来舔舐心底的伤口，走出唯我的世界，继而开始新的生活。

这样的挫磨永远是生活的一部分，但也唯有历经砥砺之后，我们方能从内心深处领会那份体悟。这个过程可能充满苦涩和艰难，却也是生命必不可少的一种成长。谁说这样的精神顿悟和成长不是生活带给我们的另一种“美”的体验？

“美”在文字里，也在插图中。后者是这套图画书作品格外值得一提的地方。尽管从典型图画书的角度看，这三部作品的文字在表意上已经相当自足，也就是说，它们并没有给绘画留出太多自主表达的可能，但三位插画者仍然用画图特有的方式，在纸页上开辟了与文字各异其趣的想象空间。《香喷喷的节日》中线条柔和、色彩温馨、层次丰富、意象密集的插图，完美地演绎着家族聚会的温暖氛围；当阅读的目光落在鼠家族出没的地窖、丛林、山谷、原野等生动场景之上，我们几乎要相信，在无人看见的地底，真的生活着这样一群欢乐自在的生灵。《好像》用富于节奏感的画面想象、再现文字里的景致，其色彩、笔触透着梦一般迷离的美感，一页页地翻过去，如同欣赏一组静美的雨后风景画。《奶奶家的大猫和小猫》中，画家似乎有意用绵软的轮廓柔化着情感的锐度，就像生活始终以它的宽厚容纳着我们的所有任性，并等待我们最终接纳它的怀抱。

从这个角度看，这套由知名作家秦文君与三位富有才华的年轻画家合作的图画书作品，也为读者描出了一道缩微的人生图景。那是我们每个人都会经历的生活世界：家里家外、人与自然、集体与个体、热烈与宁静、欢乐与痛苦……作家和画家用文字与色彩的合奏，带我们去认识、体验、欣赏人生不同片段独一无二的美，以及从它们的彼此交会和碰撞中升腾起来的“生活”这个字眼所蕴藏的丰富深厚的内涵。我想，阅读和领受这笔墨色彩中的生活之美，本身也是一种美的生活。

（原载2015年12月9日《中华读书报》）

视觉奇观中的冒险之旅
——读图画书《深夜入睡》

《深夜入睡》是图画书中的“爱丽丝漫游奇境记”。在这部作品里，平面设计师罗纳德·孔乔以充满魅惑力的视觉语言为读者编织了一个迷离神奇的梦境，或者说，一场梦境般迷离奇妙的历险。

与卡洛尔笔下以爱丽丝为主角的那场著名的奇境漫游一样，这次历险的起点，也是一个再普通不过的日常生活场景：夜深了，我们的主人公正在自己的小床上睡觉，长夜安宁，一片阒静，只有窗外偶尔传来猫头鹰的一两声“嚯嚯”，或许更增添了这夜的静默。偌大的房间里，除了主角睡着的小床，空无他物，朴素的黑白主色渲染出一种不无单调的现实感，不禁令人想到，此时此地，除了规规矩矩地睡觉，还能做什么呢？

然而，沉寂的黑暗里，是什么令床上的小人儿忽然张大了眼睛，继而站到窗台上去瞭望？下一个瞬间，他的小小黑影已经飞奔在草叶茂密的山坡上。随着画面气氛的由静转动，其色调也由朴实的灰白忽地转向奇丽的鲜妍。原本黯淡的草叶散发出青碧的光芒，干秃的树冠则摇曳着彩绸样的火红。开裂的树干透出火焰般明亮的橘色，似狐似鹿的神兽正从火焰间不慌不忙地迈步走出。悄无声息间，一场盛大的视觉奇幻之旅已经启幕。

罗纳德·孔乔用没有文字的画面来呈现、讲述这场奇妙的游历。在宽幅的双页画图上，我们跟随着主人公的身影，上天入地，穿林过海，走过一片片奇异的领地，目睹了一道道奇特的景观。在一大片土地上，一朵朵青翠的缨子下结着比屋宇还要巨大的萝卜状根茎，其间耸立着一栋方正的小红房子，它的烟囱里升腾起炊烟，那是一身长毛的巨人正准备用餐；在一处高高的峭壁，一块长伸而出的岩石底下，倒悬着一座石头小屋，那应该是屋里正倒吊着休息的蝙蝠人的小巢；接着由高空往下降落，飞经一幢高楼的某个窗口，瞥见长着彩羽翅膀的鸟人正在屋舍里对话；这一落，直落到极地冰川上一座北极熊像的王冠里，那儿竟是一座城池，四个武士般的姑娘正持剑守卫一只状若企鹅的怪鸟；下一站是有着滚滚岩浆的火山丛，那里的一间猫脸小屋里，住着猫女和她的猫伙伴们，都瞪着他们蓝宝石似的大眼睛……

当我试图用这样的语言来描绘这些画面的内容时，却深深感到了文字表达的某种冗赘与无力。因为画页上，所有这些是在令人目眩的视觉意象、色彩和构图中得到统一呈现和展示的，各个场景的奇异感都在画面展开的刹那被全部点亮，那种瞬间扑面而来的视觉和情感冲击，也只有视像的艺术才最做得到。这或许正是作家选择用无字书的方式来编织这个奇幻故事的原因之一，在这里，文字的加入似乎反而会搅扰读者沉浸于其中的幻想氛围和意境。

《深夜入睡》的第一亮点，无疑正是这种“看”的艺术。作家将文学的想象与图像的观看巧妙结合，营造出这一个个迷离的视觉奇观。然而，“奇观”一词却并未道尽这个作品的全部艺术，因为它毕竟不是一本画册，而是一本图画书，对于后者来说，除了绘画，还有叙事；除了“观看”，还要“行动”。正是在叙事化的行动中，图画书将展示和证明它有别于一般绘画艺术的独特价值。

这一价值在这部作品中得到了有力的诠释。我们看到，在整个神奇的历险旅程中，我们的主人公不只是一个旁观者，也是一个积极的行动者，正是他的行为有力地推进和创造着整个故事。画面上，令人印象深刻的是他的奔跑姿态。这个角色就像是一个静不下来的孩子，对一切都充满兴奋的好奇，迫不及待地想要遍览周遭。于是，他总是匆匆忙忙地来到一个地方，一番胡乱倒腾之后，又匆匆忙忙地离开，顺便带走一点小小的留念。这一举动以奇妙的方式推进着故事情节的发展。他从巨人的餐盘里偷吞了一小撮毛发，下巴上随即长出了尖尖的胡须，在随后的旅程中，这撮胡须成了一个具有高度辨识力的标记；他从蝙蝠人的石屋里顺手取走了一把黑色的雨伞，正好借这柄“降落伞”飞离悬崖；在北极熊王冠的城池里，他用这把雨伞偷换了其中一位守卫腰间的长剑；在猫女的小屋里，这把长剑又帮助他得到了一颗宝石似的猫眼；为了躲避猫儿的追捕，他跳进水里，来到章鱼的小屋，带走了章鱼心爱的游泳圈，从充气口吸了满满一腹空气，摇摇晃晃地升上半空；随后，他又降落在了蘑菇人的树上小屋，偷走并吞食了一枚亮晶晶的蘑菇，全身闪闪地飞了起来……尽管主角的形象在画面上仅呈现为一个小小的黑色剪影，然而，透过这一系列的举止，一个精力充沛、敢于冒险、充满古灵精怪想法的生动形象，却从这剪影里立体地显现了出来。从始至终，没有文字来说明这个角色究竟是孩子还是成人，但满溢于画面叙事间的这份生机勃勃、俏皮可爱的孩子气，毫无疑问地宣告了这是一个属于童年的故事。

发现的旅程既属于主人公，也交给了读者。当我们的目光跟随着主角的奔跑出没于这些风格奇谲的场景之间，我们也在寻找那个小心地隐匿于画面各处的小小身影。这既让我们分享了主角历险的紧张与兴奋，也提供了一种有趣的视觉发现游戏。在层叠繁复的色彩和意象间，你或许难以一眼就看见那双与巨人的熊皮袄子巧妙合为一体的黑色脚丫，那个从直柄伞翼的折叠阴影中略略伸出的黑色脑袋，那由茂密的树冠间无声垂下的细长双腿，那对在猫女和猫咪们身后隐约闪动的黑白眼眸，以及那张从章鱼弯曲的黑色触臂边缘悄然探出的黑色侧脸。如果观察得再仔细些，你还会发现，在王冠上的城池里，当隐身树丛的主角悄悄伸出手来拔走女守卫悬在腰间的佩剑并换之以此前偷来的雨伞时，前页画图中并未系剑的守卫，到了这一页，腰间忽然多出了一副腰带与佩剑。这是作家不经意的错漏之笔，还是另藏了故事的玄机？正在享受这场视觉发现游戏的读者，当然也不会错过这样有趣的细节。所有这些图画语言特有的视觉玄机，大大增添了画面阅读的趣味，也延伸了故事解读的意味。

与上述故事情节与叙事氛围的转换相呼应，这本图画书的色彩与画页构图保持着同步的切换节奏。基本上，小黑影主角“观看”到的异景均在阔大的全幅跨页中得到呈现，而他采取行动改变现状的过程则以连续的分割图得到描绘，前者提供并烘托了视觉的铺展，后者则表现并凸显了动作的延续。同时，前一类画面多用鲜亮显眼的色彩，以突出幻景之绮丽；后一类画面则采用与图画书首页现实场景相近的朴素色调，仿佛也将现实的元素悄然引入到了这一如梦似幻的历险旅程中。在真幻莫辨的氛围里，我们难以说清，故事的主角所经历的究竟是身在梦中的一场幻境，还是真有其事的一次游历。

这种似真还幻、似幻还真的故事感觉在图画书的结尾得到了进一步的呼应与升华。在这结束的画幅上，时钟嘀嗒，天色渐明，同样的房间里，我们的主人公还在恬睡，一切仍如从前，仿佛那些幻景从未在现实里发生过。但分明又有些什么不一样：在初阳的光芒里，我们看到主角原本伸出被子的黑色双脚已经变为肉色；而紧挨着双脚的那段毯子下沿，也由此前的灰白黯淡转为五彩缤纷。我们的目光由床头移向地板，那里有火红的颜色正从沉暗的黑格子上显影而出。再想一想，那座藏着彩色布谷鸟的时钟，又是何时出现在卧室墙上的？你当然可以说这一切本来就是现实，黑夜遮蔽了它，而阳光的到来重新照亮了它。但你一定也很难拒绝这样的想法：这是我们的主角从幻境归来后留下的真实痕迹。是的，一切幻想并非虚妄，它的神奇，它的炫目，它的无边无际和异彩缤纷，本就是这世界和生活可以拥有的另一重面貌。

我们都知道，对童年来说，拥有这份信仰是多么重要的一件事情。

（原载《深夜入睡》，山东教育出版社2016年11月版）

电子图画书：图画书创作、出版与研究的新趋向

随着数字媒介日益覆盖并深入儿童的日常生活，数字童书正在成为当代儿童图书创作、出版、阅读和研究领域的新焦点。在这一背景下，电子图画书作为一个新兴的当代电子童书门类，由于它有效综合了现代图画书艺术与电子媒介的双重优势，正在全球数字童书出版领域受到关注。在欧美发达国家，当代童书出版和阅读研究已开始将电子图画书列为图画书出版的一个基本门类。有研究者认为，"（集文字、图画和操作互动于一体的）电子图画书是多年来儿童文学界最令人振奋的一项革新。"[①]在原创图画书及数字童书持续盛行的出版语境中，了解当前电子图画书的基本现状、出版特征、艺术问题、未来趋势等，无疑能够为数字时代的本土童书出版提供前沿的借鉴与思考。

① Junko Yokata, William H. Teale. Picture Books and the Digital World: Educators Making Informed Choices[J]. The Reading Teacher, 67（8）, May 2014, pp.577-585.

一、数字童书阅读与出版新潮中的电子图画书

电子图画书兴起于全球数字童书出版的大潮中。尽管传统的纸质童书仍然是童书市场当仁不让的主角，但电子媒介在儿童日常生活中强大的覆盖力和影响力，早已开始撬动童书出版界的关注热情。2012年3月18日，第49届博洛尼亚国际童书展开展前夕，第二届奥莱利“出版媒介变迁”会议也在博洛尼亚举办。此届会议主题为“儿童电子出版素材的艺术、技术与商务”，其主要话题即聚焦于电子童书的发展。[①] 当年的博洛尼亚国际童书展在关注“电子童书”现象若干年后，开始增设博洛尼亚拉噶兹数字童书奖，鼓励这一领域的创新艺术实验。同年6月，在中国北京召开了由接力出版社等主办的“童书数字出版研讨会”，与会者就数字童书出版的一些基础问题展开了探讨。2017年5月，在日本东京大学落幕的国际电子童书展览，也是近年来日本较为发达的现代童书产业领衔世界电子童书业的一项重要活动。与书展合作运营的电子绘本奖，2017年共收到来自全球32个国家的299件参赛作品，在世界电子童书界引起关注。

这一切意味着，数字媒介带给传统童书出版事务和阅读生活的新契机，正越来越多地进入人们的视野。而对于数字童书的当代发展来说，理解并寻求以下两个问题的突破，显得至为关键。第一，数字童书如何确立自己相对于纸质童书的独立形态和身份，而不是仅仅充当将纸质童书简单地挪移至数字平台的媒介角

① John A. Sellers. TOC Bologna: Digital Kids' Publishers Try to Chart the Path Ahead[OL]. See http://www.publishersweekly.com/pw/by-topic/childrens/childrens-industry-news/article/51129-toc-bologna-digital-kids-publishers-try-to-chart-the-path-ahead.html.

色？第二，数字童书如何将其媒介特性融入童书文学性的表现，进而参与创造一种独特的数字童书艺术？前一个问题关系到数字童书的形态独立性，后一个问题关系到它的艺术独立性，两者之间又彼此关联，相互推动。

正是在这一语境下，电子图画书领域的创新探索引发了一批当代童书作家及出版人的关注。在一些研究者看来，电子图画书的出现可能为数字童书的发展提供了艺术突破的一个路径。兼有图画书创作者及童书软件设计、研究者身份的贝蒂·萨金特致力于电子童书的研究课题。在她看来，电子图画书的创作开发正在成为数字童书领域一个富有潜力的艺术课题。在儿童图画书的艺术逻辑与电子媒介的技术特征之间，原本就有着特殊的亲缘关系。萨金特以图画书中包含动画、音效设计的立体书、翻翻书、视觉发现书等为例，指出“多年来，图画书作家、插画家、编辑和出版人一直在合作致力于向读者呈上富于交互特征与多重媒介特性的精美作品。”[①] 而这里的交互性与多重媒介，也正是电子技术最擅长的媒介手段。

上述观点并非没有道理。如果说在一般印刷图书与电子媒介之间确乎存在着某种难以调和的文化矛盾，那么图画书作为一种特殊的现代童书文体，其图文合作的表意方式，尤其是图画作为一种特殊的叙事语言在文学表达中的运用，实际上已经在某种程度上改写了传统印刷图书的一般叙说方式。

首先，与一般印刷图书多以文字为基本的表意符号不同，图像在图画书的表意中占据了重要位置，与此相应，图像阅读也构成了图画书阅读过程的重要部

① Betty Sargeant. What is an ebook? What is a Book App? And Why Should We Care? An Analysis of Contemporary Digital Picture Books[J]. Children’ s Literature in Education.（2015）Vol.46, No.4. pp.454-466.

分。这使得图画书与同样以图像为重要表意符号的电子媒介产品之间，在语言符号层面具有了一定的亲近性。尽管图画书中相对静态的插图阅读与电子媒介以动态图像为主的视像读图仍有显著的不同，但图像本身无疑构成了两者之间可能的对话与融通的重要基础。

其次，由于现代图画书充分运用了图像语言的独特表意能力，在同一个画面空间里开辟出多元的叙事线索，从而打破了传统文字叙事的线性逻辑。同一个画面可以容纳多个叙事分支的同时展开，这些分支之间可能彼此相关，也可能互为并列，从而在文本内造成一种多声部的叙事效果。这种冲破传统文字表现逻辑的叙事力，恰恰也是电子媒介所强调的媒介特性的一部分。

再次，在儿童文学的各个文体中，图画书最为重视和强调儿童读者的参与。大量需要读者动手操作以呈露部分故事内容的立体书、翻翻书等游戏类图画书，实际上是鼓励读者在游戏的互动中与作者共同完成故事的讲述和创造。一些图画书除了文字和视觉语言的运用，还会同时融入听觉（人语、音乐等）、触觉（各种质料的媒材）等多重媒介手段。这种多媒介、互动性的文本特征已经走出传统纸质读物的边界，而与电子媒介的特性有所交合。

正是由于图画书在语言方式、文本形态等方面表现出的与电子媒介的亲和性，电子图画书的创作和出版，成了当代数字童书艺术寻求新的发展与突破的一个重要试验场。

二、电子图画书的新探索：从电子书到应用软件

电子图画书的初级形态，是将纸质图画书的内容以逼真的虚拟纸本样式呈现在电子屏幕上。成立于2002年的国际儿童电子图书馆（ICDL）即致力于通过图画

书原作扫描的方式为公众提供免费电子书的阅读服务。这类静态的电子图画书在纸本图画书基础上制作而成，它的媒介形态虽然是电子的，图书性质却仍然是印刷的，只是将纸本图画书的内容“挪移”至数字媒介的平台。随着软件技术，尤其是触屏技术的不断开发更新，电子图画书开始更多地突破纸本图画书的限制，将声像、动画等电子语言添加、吸纳入图画书的叙事进程。这类电子图画书以纸质图画书为蓝本，依其内容适当展开数字媒介的技术设计，从而为图画书的阅读增添新的乐趣、经验或便利。

随着电子图画书观念和技术的进一步发展，它越来越不满足于亦步亦趋地跟在纸质图画书后头。当代电子图画书创作者和出版者们思考的课题之一，即如何使电子图画书进一步脱离纸质图画书的电子版本身份，在电子媒介的技术发挥和创造中，使其具备纸质版本无可比拟的表现优势，而不仅仅是提供声音、动画等的点缀。于是有了萨金特所说区别于一般电子书（e-book）的图画书应用软件（Book App）的出现。在萨金特看来，这类软件试图将纸本图书与动画电影、电子游戏等电子媒介语言统合到图画书的表现过程中，而不只是将纸本图画书“搬”到屏幕上，也不只是简单地加上一些技术性的声像游戏。比如芝麻街工作坊根据约翰·斯通与迈克尔·斯摩林的图画书《书本尽头有个怪兽》制作的同名应用软件，即是通过文字、动画、声音与互动操作的共同合作来完成故事的讲述。[①] 2012年，国内接力出版社与法国伽利玛少儿出版社合作，从知名的法国儿童科普系列图画书“第一次发现丛书”中选取《七星瓢虫》《走进森林》两册，开发了“瓢虫”与“森林”两款应用软件。我们看到，这两款呈现为应用软件的电

① Betty Sargeant. What is an e-book? What is a Book App? And Why Should We Care? An Analysis of Contemporary Digital Picture Books[J]. Children’s Literature in Education.（2015）Vol.46, No.4. pp.454-466.

子图画书，虽仍以纸本作品为基础，却在很大程度上改写了原作的表达方式，更多地运用电子媒介特有的语言，来展示、传递相应的知识内容。

以“瓢虫”为例，我们可以看到这类电子图画书的主要优势和基本特征。首先，由于软件采用了立体动画技术，纸本书中需要多个页面来讲述的昆虫知识，在软件里，仅以一个动画页面便能得到充分的呈现。其次，在图画书的讲读过程中，读者以手指操作的方式参与到了各个知识点的发现和互动演示中。推转瓢虫，使它的身体旋转起来；轻触瓢虫，使它的翅翼张开或合上；让瓢虫们跟随手指的位置爬动起来；导引它们吃掉美味的蚜虫等。在另一些页面上，读者在朗读者的提问下从画面上点选不同种类的瓢虫，软件将就读者的表现做出纠正、鼓励、表扬等回应。在这样的操作互动中，儿童读者体验到了学习和游戏的双重乐趣。再如获2017年博洛尼亚拉噶兹数字童书奖的法国电子图画书《哦！》，利用电子媒介的表现特性，将纸质图画书中常见的色块游戏和形状知识“玩”出了新趣味。该软件由简单的形状和色块起页，在读者手指的导引下，这些看似极简的基础形状会随位置的移动，在页面上衍生为一系列相关形状的生动事物，同时也隐约构成一系列故事的线索。阅读过程中，儿童既可体验视觉变幻的妙趣，也可学习生活中的形状知识，同时还能参与故事的创编讲述。

这种与游戏操作相结合的阅读，构成了电子图画书区别于一般电子书的重要特征。萨金特用一句话来概括这种不同：普通的电子书是用来“阅读”的，而电子图画书软件则是用来“操作”的。[①] 或许可以说，读者与作品之间的操作性“互动”（interactivity），以及以此“操作”为核心的阅读参与和创造精神，正

① Betty Sargeant. What is an e-book? What is a Book App? And Why Should We Care? An Analysis of Contemporary Digital Picture Books[J]. Children’s Literature in Education.（2015）Vol.46, No.4. pp.454-466.

是当代童书电子化进程中最受重视的一个要素，也是数字童书试图发掘的电子美学的一个核心要素。这是一种由身体上的直接参与而激发起来的特殊快感。作为应用软件的图画书将这种互动的趣味空前醒目地发掘和展示出来。在一些最新的图画书应用软件中，读者不但可以在人机互动的操作中控制故事情节的展开，还可以通过在触屏上直接输入文图讯息的方式，为故事增添自己创造的新内容。获得2017年日本国际电子童书展电子绘本奖二等奖的丹麦电子图画书软件“大熊穆尔”，虽由纸质图画书《一头名叫穆尔的熊》改编而来，也充分运用了原书插画家安妮·凡斯寇的插图艺术，却通过将AR技术融入图画书软件的设计，使读者得以在操作中身临其境地体验主角大熊的生活，从而为电子图画书的互动体验开辟了又一探索的新域。为了鼓励虚拟现实技术在电子图画书领域的创意运用，自2017年起，博洛尼亚拉噶兹数字童书奖下又增设VR/AR奖。“大熊穆尔”也是首届VR/AR奖的获得者。

电子图画书软件对于纸质表现方式的不断突破，持续刷新着人们对儿童图画书的概念、形态和叙述力的理解。2017年年初，谷歌公司推出名为Toontastic 3D的应用软件。这款面向儿童的动画场景制作软件，同时也可看作一个属于儿童自己的动画故事编辑器。打开程序，儿童用户可在特定的模式语境下，根据想象随心所欲地绘制动画，编述故事。使用过程中，其语音、动作等均可被程序自动获取为动画故事的创编资源，更可通过电子摄像头，将自我形象或生活中的任何现实物品与动画形象进行融合。该软件因此获得2017年博洛尼亚拉噶兹数字童书奖。这类新型电子图画书形态的出现，再次拓展了童书界对于电子图画书艺术可能的想象。

有意味的是，这种作品与读者之间的身体“互动”，恰恰也是当代图画书领域受到关注的一种先锋艺术手法。不少图画书作家借此克服纸质阅读的静态限制，通过画面上的“互动”创意设计，引导儿童读者积极参与到故事的讲述和意义建构中，以强化“我”与故事之间的联结感，同时增添创造参与的趣味。荷兰童书作家、插画家夏洛特·德迈顿斯的《跟我走吧》，克罗地亚童书作家、插画家薛蓝·约纳科维奇的《企鹅比斯在哪里？》等作品，均致力于在静态的纸本画面上为读者开辟叙事参与的空间。纸本媒介约束了这类互动意图的更高实现，而在某种程度上，当代电子图画书接过了图画书领域的这种新潮探索，并且运用电子媒介在操作方面的技术优势，将这一互动的美学发挥得淋漓尽致。

至此，我们可以说，电子图画书的发展迎来了一个新阶段，在这个阶段，从媒介手段、文本形态到审美趣味，电子图画书均获得了相对于纸质图画书的某种独立性。也正是在此基础上，谈论作为一种新型童书样态的电子图画书及其独特美学的可能，才从我们的视野里浮现出来。它以生动的方式回应了《美国儿童文学学会季刊》原主编理查德·弗莱恩在2010年的一篇论文中提出的富于前瞻性的“儿童数字诗学”一说，亦即“电子媒介以其特有的符号、图像、声音、技术等元素直接介入儿童文学作品的文本创作与接受过程，继而极大地改变儿童文学文本的传统面貌及其带给儿童的创作与阅读体验，由此促成一种新的儿童文学美学的产生”。①

三、反思与展望：从互动性到以文学为中心的互动性

然而，从普通的电子图画书到更具文本独立性的图画书应用软件的开发，远

① 赵霞：《思想的旅程——当代英语儿童文学理论观察与研究》，江苏凤凰少年儿童出版社，2015，第158-159页。

不意味着这一新的儿童文学美学的完成。毋宁说，它的自我建构的当代进程，才刚刚开始。如果说当代电子图画书从“操作”和“互动”的电子媒介特征中发现了纸质图画书不能替代的某种表现能力和审美内涵，那么对于这一新兴文体样式的发展来说，另一个随之而来的重要问题是：如何使电子图画书在充分运用电子媒介特性的创作探索中，不至于仅仅演变为某类具有操作性的儿童电子游戏。换句话说，如何使电子图画书在“操作”和“互动”的游戏中，仍然充分葆有其作为童书的文学本性与艺术魅力。

比之技术层面的创新，这个问题才是当下电子图画书发展面临的最大挑战。电子图画书的开发者与研究者们已经意识到，这类童书要在市场真正得以立足和发展，仅有“操作性”和“互动性”是远远不够的。相反，当这种“操作性”和“互动性”的趣味是建立在忽视作品文学特性及文学品质的代价之上，这一童书新形态的探索也许将很快走到尽头。这也是为什么有研究者认为，“尽管数字技术的进步令人兴奋，但对图画书电子版本的激情可能最终会消退。”[①] 针对电子图画书的典型忧虑，即是其“互动”操作与文学阅读之间的龃龉。主持位于美国伊利诺伊州的童书教育中心工作的横田顺子与伊利诺伊大学识读中心主任威廉·梯勒在合作发表于2014年的《图画书与电子世界》一文中细析了电子图画书的特点，其中谈到，电子图画书包含的游戏与影视元素，可能导致儿童读者在互动操作的关注中偏离叙事中心，进而妨碍其学习与叙事理解的发展。文中既列举了电子技术与图画书艺术成功结合的创作案例，也以实例来说明电子图画书滥用及误用技术元素导致的缺陷。比如一个由知名图画书《彼得兔的故事》改编的软件，设计前沿，制作精美，一些细节却偏离了文学阅读的初衷。软件其中一页配合设

① 丹尼丝·L.马图卡：《图画书宝典》，王志庚译，北京联合出版公司，2017，第131页。

计了由页面顶端缓缓下落的浆果，用手指点触果实，它们便会噼啪爆浆。在另一页上，下落的树叶在落地前，可被触屏放大。诸如此类的设计，“虽令孩子操作起来乐此不疲，就支撑故事整体性而言却糟糕至极”。[①] 这样的例子并非个案。在这里，游戏的操作既非文学叙事的必要部分，同时又干扰、打断了文学的阅读。

这提醒我们，如果电子图画书想要成为真正具有文学身份的儿童“图画书”，而不是以“图画书”为名的儿童电子游戏，它的发展就不能以牺牲或后置其文学核心为代价。若不能将蕴含在“操作”和“互动”中的数字美学内涵与文学的形态融为一体，以前者来支撑、丰富后者的表达与创造，电子图画书作为童书的身份和价值恐怕难以获得更高的实现。反之，若能进一步克服、解决“操作”与“文学”、“互动”与“阅读”之间的上述矛盾，使之更好地相互促进，彼此融合，进而建构成一种充分以文学性为核心的电子图画书美学，电子图画书乃至整个数字童书的发展，或将迎来一次重要的艺术跃进。

近年国内电子媒介与软件技术的发展日新月异，为包括电子图画书在内的数字童书发展提供了有益的媒介条件。对于原创数字童书的发展来说，尚处初级探索阶段的电子图画书或许是一个值得关注的突破口。基于本文的分析，对于原创电子图画书的未来发展，有以下三点建议。

第一，关于电子图画书的创作模式。在充分意识到媒介技术对于电子图画书发展的基础平台作用的同时，我们也应充分认识到，电子图画书不仅是技术童书，更是文学童书。新媒介技术是这类图画书带给童书领域的崭新元素，却远非

① Junko Yokata, William H. Teale. Picture Books and the Digital World: Educators Making Informed Choices[J]. The Reading Teacher, 67（8）, May 2014, pp.577-585.

电子图画书艺术的决定因素。因此，电子图画书的创作生产，一方面需要考虑如何在紧跟电子技术变革潮流的同时，尽可能降低技术成本，使之适应于图画书生产消费的一般标准。另一方面，电子图画书的开发也应由技术作者与文学作者共同参与、深度合作。通过这样的合作，文学作者使技术作者更完整地理解文学表达的方式和意图，技术作者则使文学作者更充分地把握数字表达的特征和能力，双方合力促成作品的最终完成，从而使技术成为以文学为核心的大放异彩的技术，文学亦成为借助技术之力的焕然一新的文学。

第二，关于电子图画书的艺术可能。电子图画书的发展，还应当深入理解、掌握现代图画书的艺术秘密。由于图画书在文本形态上相较于一般童书的特殊性，图画书作品的文学性亦有别于一般儿童文学作品的文学性。文字与图画的简单叠加，远不足以解释图画书的艺术特性与魅力，由复杂、丰富的图文关系造成的复义叙事趣味以及借此完成的对于童年情感思想的独特表达，才是图画书成为当代童书创作和出版热点的根本原因。作为一种同样重视视觉语言的童书门类，电子图画书在继承和发扬图画书的图文关系艺术方面有其天然的优势，但如果创作者缺乏对这一图画书艺术知识的掌握，便容易在创作过程中轻易丢失这一本有的文体艺术优势。因此，电子图画书的作者、编辑等不仅需要熟悉文学创作的普遍规律，还应当自觉地在数字技术的开发运用中思考促进，而非抹平这种图文关系的丰富性、多层性。如果电子图画书能够运用电子媒介的独特表现力，在图文关系的开发上另辟蹊径，有所创新，则将对电子图画书以及整个当代图画书艺术的发展，做出重要的新贡献。

第三，关于电子图画书的文本价值。我们应该清醒地看到，电子图画书（包括数字童书）的兴起和发展，其价值并不在于取代纸质图画书，而在于积极探索新媒介时代图画书艺术扩容与创新的一种可能，为新媒介环境下的儿童读者提供更丰富的阅读趣味和体验。迄今为止，纸质图画书的表现力无可替代，但在某些情境下，电子图画书的表现优势也十分明显。例如，就知识启蒙类读物而言，借助电子媒介的多媒体和超文本语言的电子图画书，能够极为形象、生动、完整、系统地展示和解说相应的知识内容，并在即时的互动中有效促进儿童读者对知识的领会掌握。根据笔者观察预测，在未来的数字童书市场，电子图画书的形式在知识类童书领域将发挥重要作用。

事实上，电子图画书的原创试验和领地拓展，不妨也从知识类读物入手，累积经验，再逐渐迁移。在技术跟进的同时，尽快推进从观念到艺术的本土启蒙，电子图画书或将成为原创数字童书的下一个亮点。

（原载《中国出版》2018年第7期）

第四辑

作家与作品

另一种规训
——作为教育故事的杨红樱童书

一

早期儿童文学诞生于社会对儿童实施规训的需求，直至今天，上述显在的教育意图仍然牢牢地寄居在这一文体之内。在此过程中，人们对于儿童规训本身的概念以及规训方式的理解也在发生变化。当既有的文学规训意识和话语越来越趋于消极和失效时，许多当代作家在致力于探寻通往积极意义上的儿童社会规训的另一种更合理也更有效的文学路径。

作为新世纪最具市场召唤力的畅销童书作家，杨红樱也是怀有上述追求的儿童文学写作者之一。她的那些通常被指认为是娱乐童书的儿童文学作品，其精神上的终点其实并非娱乐，而是儿童的社会教化。它们参与书写着本土儿童文学的一种新的规训取向，它不是普通意义上的寓教于乐，而是试图从纯粹的童年趣味中探求文学教育的可能，尽管在杨红樱的作品中，这一探求并未完全成功。

提出这一点并非要为杨红樱的畅销童书写作进行辩护，而是期望从杨红樱儿童文学创作的文本现实出发，来揭示和描述其真实的文学面貌。我认为，对于杨红樱的大部分儿童文学作品来说，面朝儿童的教育关怀构成了运行在文本之下的一个驱动力量，它影响了这些童年故事基本的价值取向，也影响着作品中童年形象的塑造和呈现。在杨红樱的作品中，这一教育关怀表现为作家在充分认可童年独立的意志、权利、尊严等的基础上所提出的对于当代儿童社会规训方式的重新企划。参照世界范围内儿童文学的发展现状，这本来不是一个多么特殊的文学事件。但是，它恰好发生在当代中国儿童生活转型的关键时期，并呼应了当代儿童在现实生活中的权利增值，由此激发起儿童的积极共鸣。在商业路径的配合下，它最终引发了一场规模空前的童书畅销潮流。

自杨红樱成为新世纪童书界炙手可热的畅销书作家开始，对于这位童书作家的批评一直与其作品的畅销现实如影随形，而这些批评在很大程度上也是对于以杨红樱作品为主要代表的童书商业化现象的一种警惕和回应。在新世纪中国儿童文学的创作队伍中，杨红樱并不是一位新人，早在20世纪八九十年代，她就以小学语文教师的身份开始了持续的童话写作。她的第一部长篇童话《度假村里的猫儿狗儿》曾收入江苏少年儿童出版社的“中华当代童话新作丛书”，于1993年11月出版。但这一时期，杨红樱的创作还没有引起儿童文学界的太多关注。直到21世纪初，她的以“淘气包马小跳”系列为主要代表的儿童小说创作在市场所获得的巨大成功忽然将她推上了童书行业的金字塔尖，作为儿童文学作家的杨红樱及其作品才真正成了一个引人注目的话题。杨红樱童书的持续畅销引发了市场对于杨红樱童书的某种“神话化”的过分尊崇，并由此催生了大量名义上的跟风作品。针对杨红樱的批评正产生于这一特定的童书创作和出版潮流之下，它包含了批评界对于商业运作过度介入童书领域的不满，以及对于由此而来的儿童文学美学生态失衡现象的忧虑。[①]

这一过程逐渐催生了对杨红樱童书的一种根深蒂固的看法，亦即杨红樱的儿童文学作品主要是娱乐化的童书，它缺乏严肃的文学性和思想性的基底。[②]上述看法导致了这样一个矛盾的现象：一方面，杨红樱的童书或许是新世纪以来拥有最为广大的儿童受众群体的本土儿童文学作品；另一方面，由于这些作品在评论界遭遇的诸多争议，它们又在很长一段时间里遭到主流童书推荐体系的疏远。2011年4月，杨红樱早期创作的短篇童话《寻找快活林》入选“中国小学生基础阅读书目”当年11月，作家在接受《羊城晚报》记者采访时就这一消息表示：“我觉得有点意外，因为大多数书目都不选我的书，呵呵。”当记者就此追问“为什么很多书目都不选您的作品？一直以来，孩子们都很喜欢您的作品”时，她答道：“书目都是成人选的，每个人都有自己的尺度、自己的喜好。不管别人怎么评价我的作品，孩子的评价在我心中才是至高无上的……”[③]这一并非完全切题的回答，透露了杨红樱的童书在批评界的某种尴尬的接受现实，而这一现实与前面提到的看法之间又有着互为因果的内在关联。

但是，在我看来，杨红樱的许多童书不仅仅是娱乐性的，也包含了严肃的教育责任意识，就书中对童年生活所提出的诸多指导而言，她的不少作品读来更像

① 2008 年 10 月和 11 月，学者刘绪源先后发表《批评能跟着畅销转吗》《杨红樱现象：商业童书和批评标准》二文，针对市场对于杨红樱童书的艺术拔高以及商业童书的艺术垄断现象提出了尖锐的批评。这是儿童文学界对于杨红樱童书的具有代表性的批评声音。

② 《人民日报》对于 2010 年中国作家富豪榜的评点，即将包含杨红樱在内的前十位上榜者的作品与严肃文学划开界限，认为它们反映了当前中国阅读市场的“娱乐化、功利化倾向”。见《人民日报》2010 年 11 月 16 日。

③ 《作家杨红樱访谈：不要剥夺孩子阅读的自主权》，《羊城晚报》，2011 年 11 月 2 日。

是教育故事。尤其在她的早期创作中，其试图改善童年现实的意图要远远大于其试图取悦童年心性的目的。甚至杨红樱的作品开始畅销的原因，首先也是由其特殊的教育意图促成的，而不是直接来源于它的娱乐性。毋宁说，这些作品之所以呈现出娱悦儿童读者的文学面孔，恰恰是由于受到作者教育观影响的缘故。从这个意义上说，杨红樱并不是一个儿童文学传统的离经叛道者，而是这一传统的忠实维护者。与此前的许多童书作家相比，她的特殊之处仅仅在于，将长久以来过分向成人意志倾斜的教育规训的天平，朝着儿童的一面又加了砝码，而且加得不少。可以说，在一个富于童年转型意义的时代，正是杨红樱对于儿童教育的理解为其写作提供了重要的文化依托，进而成全了其童书的市场成功。因此，仅仅从商业化的角度来理解杨红樱的写作，是不够公正和全面的；同样，仅从商业营销的视角来理解这类童书的畅销，也是不够客观和完备的。

二

近三十年间的“应试教育”现实构成了新时期以来中国儿童最为普遍和基本的一个生活背景，也参与塑造着当代童年最为广泛、深刻的一种生存体验。与相近时期的许多中国儿童文学作家一样，杨红樱的不少童书都表达了对于这一日益畸变的儿童教育现象的批评。她出版于1998年的童话《那个骑轮箱来的蜜儿》（以下简称《蜜儿》），其中不少情节就是针对应试教育或应试教育的产物有感而发。故事中飘然而来的仙女蜜儿尽管是以保姆的身份出现在女孩孟小乔的世界里的，但在称职的现实教育者缺席的情况下，这位多少模仿自英国作家特里弗丝笔下著名的女保姆玛丽·波平斯形象的女主角，恰恰扮演了一位理想的代理教育者的角色。

这一教育者的身影几乎没有在2000年之后杨红樱的任何一部作品中缺席，它或者附着在特定的故事角色身上，或者以隐含作者的身份，支配着故事叙述和情感传达的基本精神走向。出版于2000年7月的《女生日记》，原本就是作家为自己成长中的女儿所写的一部生活和教育手札。小说借女生冉冬阳的家庭和校园生活故事来表现当代少年所面临的身心成长、亲情友情、青春期的朦胧感情、教育现实、社会环境等问题，既充分表达了对少年的理解，也为他们给出了诸多具有现实操作性的生活指导。这部作品以及其后出版的续集《男生日记》，都透着十分清新、正统的教育讯息。

应该说，在儿童文学界开始反思当代教育现实并致力于还原一种质朴、真诚的童年关怀的尝试中，杨红樱并不是最突出的一位儿童文学作家。在她之前，秦文君的《男生贾里》《女生贾梅》，黄蓓佳的《我要做好孩子》等作品，较早就已开始触及当代少年的各种真实、当下的教育和生活问题，并开始呼唤对于童年的尊重和理解。严格来说，《女生日记》在题材和风格上并没有比这些作品走得更远。

但随着写作的推进，杨红樱的笔法开始有所转侧。她出版于2001年的小说《五·三班的坏小子》，在故事风格上发生了一些微妙的变化。正如这部小说的标题所暗示的那样，作家开始有意在作品中制造和渲染一种属于当代少年的特殊的“坏”，尽管这里的“坏”仅仅是对儿童游戏天性的一种还原，在这一点上这部小说仍然延续了《女生日记》的精神，但它对于“坏小子”的理直气壮的肯定，却直指与传统教育观念中的“好孩子”大相径庭的一种童年价值判断。

“坏小子”是“淘气包”的前奏，它传达了这样一种对于儿童教育的理解：在教育过程中，对于童年充沛的生命力、创造力的尊重比之对于形式化的教育规训的顺从具有更高的合法性。因此，就作为教育对象的儿童来说，暗藏叛逆之创

《五·三班的坏小子》

造力的“坏”往往胜于循规蹈矩亦步亦趋的“好”，因为前者比后者更具有促进个体成长的潜能；而真正富于成效的儿童教育恰恰在于发现、发展和导引儿童的上述天性，从而促成一种更健全的儿童发展。这一观念既是《女生日记》中强调尊重童年的现代教育观的一种演进，也是以林格伦为代表的20世纪西方经典儿童文学童年观的一种影响映射。

而“坏小子”和“淘气包”正是杨红樱得以撼动儿童文学市场格局的标志性作品。对于大多数读者来说，以“马小跳”为代表的儿童游戏者也比以“冉冬阳”为代表的儿童成长者更体现了杨红樱儿童文学写作的独特性。在对于童年现实的积极判定上，“淘气包马小跳”系列比《五·三班的坏小子》走得更远。它不但肯定了儿童游戏天性的价值，而且肯定了与此相连的童年文化相对于成人文化的优势。整个“马小跳”系列是以这样一个富于隐喻内涵的故事作为开头的：马小跳在自己百日生辰宴上一记愤怒的跳跃，启发了他的父亲马天笑长年以来“昏昏沉沉”的脑袋，让他成了一个成功的玩具设计师，从此改变了他平庸的命运。这一场景奠定了“马小跳”系列大部分作品的精神基调，它所凸显的是儿童相对于成人的某种文化优势。在这里，杨红樱此前小说中常见的处于上位的成人教育者似乎退隐了，取而代之的是由童年自行主导的一场自由的狂欢。

不过，尽管从“蜜儿”“冉冬阳”到“坏小子”“淘气包”，作家所褒扬的儿童个体看似从符合传统规训要求的“好孩子”逐渐转向了逆传统而行的“坏孩子”，但这些角色之间的童年价值距离并没有我们想象的那么大。如果说在《女生日记》等作品中，杨红樱已经表达了对于既有教育规训方式的问题式反思，那么她的那些以“坏小子”和“淘气包”为主角的故事，则更试图通过另一种迂回的路径，来探寻对当代儿童实施教育规训的更可行的方法。

三

杨红樱是一位对儿童教育怀有想法的作家。这些想法不但糅进了她笔下的儿童角色和童年生活中，也常常直接流露在这些作品的叙述文字中。在《蜜儿》的续集《神秘的女老师》（2004）中，作者借仙女教师蜜儿之口表达了对儿童教育的诸多反思："在学校，学习的目的应该是发现他们的潜能，行动的目的应该是发挥他们的潜能，教育的目的应该是鼓励他们善于运用他们的潜能。""为了分数和名次，一个个鲜活的生命把自己变成学习的机器……这是一群迷失了自己的孩子们。""也许有许多的父母都不明白，正因为他们的爱子心切、望子成龙，用拳拳爱心残忍地剥夺了属于孩子们童年的欢乐。"

这并不是一些多么独特的教育见解，它们夹杂在儿童故事的片段之间，甚至带上了某些阻滞行文的扭捏感，但它们的确以一种朴素、恳切的方式道出了当代中国儿童教育实践的一些基本问题以及它给儿童带来的身心压抑。因此，在《五·三班的坏小子》、"淘气包马小跳"系列等作品中，作家试图从以下两个基本方面来表现教育应有的精神：一是对于儿童自由的游戏天性的欣赏和肯定，二是对于儿童独立的情绪意志的尊重和理解。通过对"坏小子"们、"淘气包"们的肯定，这些作品旨在反驳现有儿童教育体制的偏颇，顺应、投合儿童的精神现实，以此来疏通阻塞严重的儿童规训事业的河道。

正是凭借着这样一种富于现实针对性的教育理解，杨红樱在她的儿童文学写作中打开了一个朝向儿童的世界，也打开了儿童对于这个世界的认可。例如，在《开甲壳虫车的女校长》（"淘气包马小跳"系列）一书中，作家以一个虚构的故事表达了自己和孩子们对于学校教育的某种"理想国"式的期待。小说中的新校长欧阳雪针对既有教育体制做出的包括推迟学校作息表上的上学时间，增加体育、音乐、劳动等学生喜爱的课程，将课外生活和文化实践引入课堂，为家长开设周末课堂等一系列革新措施，其目的正是为了“把童年还给孩子”“把快乐还给孩子”。这类作品中所表达的对于童年生活的理解和尊重，成了最常被儿童读者们所提及的阅读快感之一。

然而，对于“坏小子”“淘气包”的所有鼓励乃至“纵容”虽然冲破了传统教育体制加诸儿童的精神重轭，却并未冒犯儿童教育规训的基本精神。相反，故事里的这些孩子是在享受自由和快意的过程中，被慢慢地，也是自愿地导向着规训的终点——杨红樱笔下的“坏小子”们，最终将成长为当代社会中更称职的“好孩子”。

作家借文学的想象表现了这一规训方式的完满成功。在《五·三班的坏小子》中，“坏小子”们所带来的重重麻烦被表现成了少年剩余精力的释放和创造力挥发的某种外化，它虽然时常搅乱正常的教育秩序，打破日常的教育规约，但并未对教育的规训要求构成丝毫内在的威胁。相反，对于这种表面上的违规行为的许可恰恰换来了“坏小子”们对于隐在规训者的心甘情愿地接受。当然，这里的规训不再仅仅关乎狭隘的考试分数或抽象的学生守则，而是更多地指向儿童个体身心的合理发展。于是，在少年游戏者的嬉笑打闹之间，我们也看到了少年彼此之间真诚的理解、宽容、关怀和扶持，以及少年与教育者、与世界之间积极的互动。同样的策略也显现在“淘气包马小跳”系列的后几部续集中。在《寻找大熊猫》《巨人的城堡》《超级市长》《跳跳电视台》《侦探小组在行动》《小英雄和芭蕾公主》等续册中，作家并没有进一步加强渲染该系列前几册中形成的那种浓郁的童年游戏和娱乐氛围，而是试图将儿童从单纯的游戏欢乐中牵引出来，在童年时期与周边的社会生活之间建立起丰富、积极的关联，并鼓励儿童凭借自己的力量参与和改造社会生活。毫无疑问，这是一种远比围绕着应试需求而展开的狭义教育更完整、更合理、更富于积极意义的童年规训。

不可否认，商业上的畅销直接导致了杨红樱文学声名的提升，但将这一提升仅仅归因于商业运作，对于“一直说儿童文学的作家肩负着社会责任”的杨红樱来说，的确是一个不小的委屈。在一次访谈中，杨红樱这样表达了这份委屈：“在我的身上发生了两个误区。一个误区就是没有人去认真地读作品，只是说因为我的故事浅显搞笑，小孩子才喜欢。另一方面，出版社见到利益，就找一帮人，让他们照着杨红樱那样来，造成了大量跟风。大量的跟风作品充斥市场，结果所有的账都算到我身上。”①

杨红樱的委屈不是没有道理的。“淘气包马小跳”系列开始畅销之后出现的大量应市场需求而急就的类似作品，基本上缺乏杨红樱对于童年和儿童教育的那样一种严肃、负责的思考，以及对于儿童文学写作行为的责任意识。它们摘取了杨红樱作品中最为吸引儿童读者的那个文化因素，亦即由开明的教育理念转化而来的对于童年生命和生活方式的积极认定，以及与此相连的童年幽默精神，但仅仅是在十分皮相的层面上沿用了对于儿童现实生活的喜剧式呈现，而并未有耐性去琢磨和吸收其本源性的教育思考。如果说在新世纪畅销童书的市场狂欢中，杨红樱的畅销作品的确扮演了重要的启蒙角色，那么整个市场对于这些作品的精神根底的关注，则显然是缺乏的。以杨红樱为代表的新世纪童书畅销现象，其起点并不仅仅在于商业文化，也在于童书本身的思想和文化内涵。这或许是今天的畅销童书行业需要格外予以反思的。

① 《我的世界里只有孩子——儿童文学作家杨红樱访谈》，语文建设，2010年，第5期。

四

可惜的是，随着作品畅销的继续，杨红樱并没有把这一创新的探求持续和深入下去。或者说，杨红樱本人也没有意识到自我创作观念有反思和深化的必要。从《女生日记》到“笑猫日记”系列，作家对于儿童文学的教育意义的理解始终停留在最初的层面上，也就是对于儿童生存现状的善意，朴素的同情、理解和关怀。在2000年以来各类报刊的大量访谈中，杨红樱的自我创作说明反复强调了这一点。但是这一单纯的观念本身并不足以驱动更深层次的文学写作。我们看到，“淘气包马小跳”系列的后期作品并没有显出比前期作品更令人兴奋的文学质素，它们总体上停留在一种较为浅层的童年趣味和幽默上，而未能像“淘气包埃米尔”“小淘气尼古拉”等经典儿童小说那样，进入到对于童年世界、成人世界以及社会人生的更为开阔、深刻、智慧的思考和表现中。

事实上，整个“淘气包马小跳”系列在观念和风格上并不是一以贯之的。该系列第一册《贪玩老爸》所使用的并非纯粹的儿童小说创作手法，它的不少片段其实是借天马行空的童话形式写成的，比如发生在马小跳一家和懂得报恩的“犟乌龟”之间的故事，以及马小跳吹着泡泡糖飘到天花板上的情节。严格来说，这本起始之作更像是童话和小说的一个奇特的混合。显然，杨红樱开始写作马小跳的故事时，还没有想到它后来会成为一个如此绵长的系列。因此，在写作之初，除了对于童年生命发自内心的肯定和欣赏之外，她还没有想好究竟应该把马小跳系列定位在一个什么样的文学风格上。在我看来，正是这样一种纯粹出于作家本人生命感悟的童年情怀，使得她在叙写“坏小子”和“淘气包”的故事时，能够较为自然地进入到童年生活的生动现实之中，并准确地把握和表现孩子独特的生命感觉。然而，当这种感悟在未经更深刻的自我反思和提升的情况下试图拓展自身，介入更广阔的社会现象呈现和社会教育话题时，它就很容易退化为一种面向童年的形式老旧的简单说教。比如出版于2009年，以汶川地震为背景题材的《小英雄和芭蕾公主》（“淘气包马小跳”系列）与《那个黑色的下午》（“笑猫日记”系列），仅仅是将汶川地震中发生的各样事迹挪到了小说和童话的叙述内容中，不但故事的文学性大为削弱，也带上了明显的牵强说教的痕迹。在这样一些作品中，作家对于儿童教育的理解退回到了她自己在此前的作品中曾经批判过的那个功利性的教育规训传统中。

导致这一现象的原因，恰恰也在于作家本人的教育观念问题。我认为，杨红樱的童书创作包含了作家从身为母亲和儿童教育工作者的切身体验中获得的对于儿童教育精神的质朴而又珍贵的领悟，但这一领悟的深度始终是有限的。早在杨红樱开始专注于表现童年游戏天性的时候，这一问题就已经露出痕迹。以《五·三班的坏小子》为例。这部小说在书写了“坏小子”们的各种童年狂欢之后，是以一个充满传统教育规训意味的结局来收尾的，它集中表现了这样一个军训表演的场景：当经过军训磨砺的五·三班学生在“魔王”教官的口令声中齐刷刷地扑倒在泥泞的地上，又齐刷刷笔直地站起来时，与此相配合的是广播里“播音员满怀激情的声音”：“这就是我们的钢铁战士，他们有不怕苦、不怕累、勇往直前的战斗精神，风雨算得了什么？满地的泥浆算得了什么……”随后，当瘦小的男生“豆芽儿”匍匐在泥泞的地上艰难地“在敌人的炮火中前进”时，广播里又响起播音员“满怀激情的声音”：“前进吧，勇敢地向前进！曙光就在前头，胜利在向你招手……”以一个彻底成功的军事规训场景来表现孩子们最后的成长，这其中充满了意味深长的内涵，它在形式上收编了此前所有的童年游戏，并明确宣告了作家的立场——所有的游戏都是一种教育的迂回，是为了把童年更顺利地带回到正统的规训目的之中。

相近时期出版的另一部以一年级男孩为主角的儿童小说《小男生杜歌飞》，在表现了主角杜歌飞的种种淘气行状之后，同样是以一个充满传统教育规训气息的“入队”仪式来表现他最后的成长：

> 还有三天才开元旦庆祝会。杜歌飞每天对着家里的穿衣镜练行队礼。他把身体站得像小松树一样直，右手五指并拢，高高举过头顶：“时刻准备着……”
>
> 有一天，杜歌飞看见镜子里那个行队礼的人，突然有了长大的感觉。

不难看出，无论军训还是队礼，都是一个具有高度隐喻性的身体和文化符号，它所对应的是一种以个体对于集体规则的完全服膺和顺从为终点的教育规训体系。而这正是杨红樱试图在其作品中加以批判的那个旧教育体制的根本特征。在这里，批判者与被批判方的区别仅仅在于，前者通过向童年许诺“自由”和“快乐”的方式，将这一强制的规训变成了一个自愿的过程。以此作为结局的小说手法意味着，作品中对于童年游戏的文化纵容仅仅承担着一种类似于兴奋剂的暂时调节作用，它最终的目的乃是为了更顺利地在儿童身上育成传统教育体制所要求的“驯顺的身体”（福柯语）。显然，仅仅以这样一种方式来理解和诠释儿童教育的目的，恰恰显示了作家本人教育思考的有限度，或者说，由于缺乏更为深厚、宽广的历史、文化和生活理解的支撑，作家对于儿童成长的理解虽然在一定程度上超越了既有体制的规约，却远未能抵达教育精神的深处。

当杨红樱专注于儿童校园生活内容的呈现时，她对于儿童教育现实的切身思考和对于童年心性的深入理解在很大程度上掩盖和弥补了这一问题。然而，一旦她笔下的故事稍一脱出普通校园生活的范围，便很容易因其教育观的乏力而失去对故事文学性和思想性的驾驭。整个“淘气包马小跳”系列写到后来，当作家试图将针对儿童的规训导向更广阔的社会生活时，杨红樱对于自己作为儿童教育者的身份意识就以一种不易觉察的方式越过了她对于自己作为儿童文学写作者的意识；而与此同时，她对于故事艺术本身的专注，也开始越来越让位于她对故事规训意义的关切。这导致了“马小跳”系列越写到后面，其文学性的浓度反而愈益稀释，后来以童话形式继续这一题材的“笑猫日记”系列，与杨红樱的早期童话相比，已经看不出文学层面的明显优势。在我看来，持续推动着“笑猫日记”系列畅销的不再是作品本身的新意，而是经由“淘气包马小跳”系列累积起来的庞大的固定受众和巨大的品牌效应。从近一两年间杨红樱出版的新作来看，由作家的名字所代表的符号资本仍在持续上升，但其作品的文学和文化质量却在疾速下滑，在这个过程中，作家原先所致力于探求和表达的对于儿童教育规训的前位理解，也逐渐退化为了一种缺乏思想和艺术生气的训诫式教化。

这是一个奇怪的悖论。杨红樱童书的文学突破是从她对于当代儿童教育的理解突破开始的，但这一教育意图又在一定程度上反过来阻碍了其文学探索的进一步展开。在新世纪初特定的童年文化环境下，一种朴素的开明教育观念为儿童文学的美学突破提供了特殊的文化支撑，但随着这类创作的不断展开，它也很快耗尽了其作为一种精神资源的潜力。如果这一观念本身不能借由与文学的结合得到新的拓展或升华，那么它也将无力再为文学带来新的艺术驱动力。而这种观念层面的拓展或升华，恰恰是杨红樱迄今为止的儿童文学写作所欠缺的，也是整个当代儿童文学界实现进一步的美学提升所亟须的。毫无疑问，来自童书市场的接受热情常常会遮蔽这一需求的必要性和迫切性，而穿越这遮蔽则需要比单纯的“为儿童写作”更高远的智慧。

（原载2012年第6期《文艺争鸣》）

乡土的伦理
——论王勇英的儿童小说及其现代性书写

王勇英擅写乡土题材的儿童小说。她本人的乡土童年记忆及生活经验为这一“文字间都带有乡野味”[①]的书写提供了独特、丰沛且生动的素材和感觉的资源。这些记忆、经验一面在作家的情感和文字里被日益摩挲得润泽而闪亮，另一面也将它的触须悄然伸入今天的童年生活世界。两者的融合为儿童小说的乡土叙事提供了新的文学视野和艺术可能。

我们很容易辨识出她笔下的乡土并非一般意义上的村野庄落，而是在地理和文化上均更为偏远、边缘的少数民族居地，它也因此更鲜明地指向现代人在想象中深切怀恋的那一方远离尘嚣的自然故土。但另一方面，当现代文明的强光探照入这一千百年来沉寂静默的原始领地时，后者的姿态又是开放而非封闭、包容而非抗拒的，它甚至以一种朴素的神奇本领，转化、吸纳着来自现代世界的尖锐能

① 王勇英：《青碟》自序，中国少年儿童出版社，2015年。

量。如果说在工业文明兴起后的现代文学传统中，一切乡土书写必然会触及现代性的艺术话题，那么王勇英的儿童小说或许为我们提供了当代生活视角下理解现代性的另一种路向与思考。

一、乡土书写中的现代性思考

现代文化和文学史上，“乡土”一词本身即是包含鲜明现代性指向的地缘概念。[①]在现代社会生活的大背景上，这个语词及其所代表的地理文化空间，典型地体现了现代性进程中村落与都市、自然与技术、传统与现代的分裂和对抗。

当王勇英把她的创作目光移向乡野，移向那些仍在自然山水的怀抱里吐纳呼吸的古老土地时，她也就不可避免地提起了这个分裂和对抗的现代审美课题。不论是《弄泥木瓦》中的客家村落大车、《木鼓花瑶》里的广西边城山江，还是《雾里青花泥》中的云南小城丙中洛，以及《乌衣》里的壮族山村秋池，当它们以典型的异域地貌和文化身份出现在大多数读者面前时，那里清丽温润的山水，别具风情的建筑，粗犷淳朴的民风，历时久远的民俗，在被细细描画为“风景画”和“风俗画”的同时，无不勾起现代人浪漫的乡愁。坐在泥炉灶上的泥瓷药煲里袅袅升腾起迷离的烟雾，烟雾里凝结的是变得从容、缓慢的时间，还有这时间里酝酿出的淳厚甘美的人情。从村头到村尾排开的宴席，设的是树叶盛的彩色团饭，手掌大的腊肉、熏肉，宽口小泥缸里的野菌汤，竹编大托盘里的炒菜……路人只要坐下来，便是祝福。日复一日，年复一年，青巾老妈背着竹筒去神水泉

① 英国学者迈克·克朗在《文化地理学》一书中论及都市生活感受的变迁，认为“其中的核心是现代性这个概念”，而“要知道这是什么意思，我们可以对照村落与城市的观念”。参见迈克·克朗《文化地理学》，王志弘等译，第71页，台北巨流图书有限公司2003年版。

接水，又以仪式般的庄重接下桃叶上的晨露，祈愿自然灵力能治愈青麦子的眼睛。这样的场景带我们从充满功利的俗务生活里退身而出，回到那天真、自然的原初生活以及单纯、质朴的原乡世界。从这个意义上说，王勇英的这些以边城少数族裔生活为主要背景的写作，无疑承续着沈从文式“边地”书写的艺术传统和精神。

然而，这些保留着民间生活传统面目和风俗的边远村落，却又显然不同于20世纪30年代沈从文笔下那座遗世而立的“边城”。将近一个世纪过去了，现代文明的洪流早已侵入并开始搅动这方看似古老宁静的水土。它们的美既因现代生活的陪衬而更为诱人，也因现代文化的冲击而变得疑虑重重。随着一个个文本的展开，现代乡土生活的这种两面性逐渐得到展示。一方面，在为现代化潮流迅速淹没的广袤国土上，这些古老的边地无疑最为充分地保存了属于传统乡野生活的那种与自然相贴的生活感觉和气韵，并以此自然状态抵抗着现代工业和技术对人的日常生活的异化。另一方面，在强大的现代化进程面前，异化的命运似乎变得不可避免，而它的抵抗又是那样微乎其微。我们从中看到了现代乡土世界的普遍困境：“商业的激流太强大，早已冲入深山老林中的村寨。青年男女差不多都离开闭塞的山村，到外面的城市去打工。……没有年轻人的村子，多少失去了几分生气与活力，让村子显得过于沉寂，仿佛还有那么一抹悲伤的情绪，这种情绪成为许多村庄共同的面容。”①在这样的土地上行走着一个个“最后”的身影：最后一个补碗匠，最后一个狩猎者，最后一个烧火老嬷……他们渐行渐远的背影倍添乡土的寂寥。

由此现实之镜返观最初呈现在景观视野里的乡野生活，那原本带着乌托邦色彩的原乡图景，却在此刻恍惚成了一种感伤的哀悼，正如“悦耳明亮”的“鸟儿

① 王勇英：《木鼓花瑶》，中国少年儿童出版社，2016，第33页。

的歌声”衬出的却是村子的“孤独、空寂”①。小说《乌衣》里，秋池村的一群老人和孩子在城市化的“围剿”下做出的悲壮而无奈的抗争，正映出了今天乡土世界最现实的命运。②

在儿童生活的层面上，王勇英写出了现代化进程带给乡土生活变迁的这种普遍性，也写出了它的复杂性，后者将她的乡土书写进一步推向深处，也将这一书写中包含的现代性思索开掘至一个更深的层级。作品中，现代化背景下的乡土世界所遭遇的困境，首先是年轻一代村落成员的外出及其身份异化带来的传统乡土居民群落的萎缩，其次是城市化建设对乡村土地的蚕食导致的传统乡土居住空间的窄化。这是降临于千万万当代中国乡土村落的真实景况。然而，作家并未为了烘托文学表现的效果而刻意锐化乡村与城市、传统与现代的对立以及这种对立造成的悲剧结果，尽管那是乡土文学写作最普遍的主题之一。相反，她写出了当代乡土生活面临的现实困境，也写出了在这一无可逆回的时代潮流中，同样是由现代化进程带给乡土生活的另一种光亮。

看得出来，面对这一复杂的社会、文化和生活难题，作家本人也处在探索和思考的进程中。《乌衣》里，与现代化进程伴随而生的城乡对立一度演变至某种生活战争的状态。整个过程中，作者也在为这场战争寻找和解的出路。唐未迟这一跨越城乡隔阂的儿童角色的设计与安排，便在很大程度上包含了缓和双方矛盾对立的意图，但这个形象的观念性显然要大于它的生活性，而小说最后借“民歌节”“特色民居城区”等现代发明物来解决那在城市化进程中变得日益尖锐的城乡矛盾的办法，多少也简化了现实的复杂。

① 王勇英：《木鼓花瑶》，中国少年儿童出版社，2016，第33页。

② 王勇英：《乌衣》，新蕾出版社，2017。

这种尖锐的对立在王勇英的儿童小说中并不常见。更多的时候，我们看到的是乡土世界如何以它特有的温厚宽怀，于淡淡的怀旧的惆怅中接纳着新的生活转变，并从这种转变里默默吸收新的生活营养，就像《弄泥木瓦》中的大车乡毫无扭捏地接纳了他铺商街的到来，祖传中医的弄泥阿爸在行医时也不避讳使用西药。[①]正是在这样的接纳中，现代性的另一副面孔朝着我们慢慢转了过来。在《雾里青花泥》等作品里，它以既更体现乡土和传统的尊严，又更尊重现代生活经验的方式，得到了富于深长意味的表现。小说中，质朴、虔诚的青巾老妈与善良、懂事的盲女青麦子在仙境般的青雾村中相依为命的故事，无疑构成了一道温情而迷人的边城生活景观。但作家并未任由一种外来观赏者的目光掩盖青麦子生活中真实的痛楚——虽然她远超常人的敏锐感官给她带来了关于这个世界的生动无比的各种想象，但她仍热切地渴望着看一看这个世界，看一看把她带大的最亲爱的奶奶。[②]对于艰难生活中的生命之美的赞美，没有掩盖艰难生活本身的问题，这是对一种朴素而重要的生活常识的尊重。

就从这尊重常识的生活感觉里，乡土与城市、传统与现代的分裂和对抗迎来了一个重要的和解契机。青巾老妈从自然信仰和乡土传统中寻求着让青麦子复明的可能，这寻求的姿势充满美感，但它最终并未促成神迹的发生。青麦子是在现代技术的帮助下才被生身父母找到，也是在跟随父母进城之后，借助现代医疗技术才治愈了盲症。在现代性的权力地图上，它似乎召示了现代相对于传统、技术相对于自然的理性优势。然而，谁能说青巾老妈淳朴的善良和虔诚的单纯不曾在更深刻的意义层面参与青麦子命运的塑造？在这里，传统与现代尽管分属殊途，

① 王勇英：《弄泥木瓦》，福建少年儿童出版社，2011。

② 王勇英：《雾里青花泥》，晨光出版社，2016。

却为同一种关怀汇聚到了一起。于是，现代的光芒照亮了古老的乡土世界，而乡土的温情则赋予现代技术以柔软的光晕。最后，当青麦子选择回到青雾村，回到已逝的青巾老妈和她所属的这片土地，这已不再是一个简单的回归乡土的姿态。她最终仍是属于乡土的，但就在这个乡土形象的身上，现代的种子已经深埋在了她现在和未来的生活可能中。

二、巫魅幻想里的现代性隐喻

在王勇英的作品中，更为生动、奇巧而深刻地体现了上述现代性矛盾及其出路的作品，是她的幻想题材少年小说系列《巫师的传人》。在我看来，这可能也是作家迄今为止艺术质量最为上乘的儿童文学作品。这是一部同样展开在少数族裔边地生活背景上的幻想小说，与《弄泥木瓦》《木鼓花瑶》《乌衣》等现实生活题材的作品相比，它的自然和乡土情结非但不因幻想的参与有所冲淡，反而借幻想的翅膀以更独特的姿势飞翔起来。如果说小说中充满神秘、悬念的情节本身即是对现代技术理性统治的一种天然反叛和反拨，那么在幻想的故事里得到重述的那些遥远、神奇、难以理性地言说清晰的巫术文化，则更为鲜明地张扬着与马克斯·韦伯所说现代文化的"祛魅"之维相对的审美精神。

传统的乡野环境提供了培植这类幻想的天然沃野。但《巫师的传人》作为一种幻想叙事的独到之处在于，它的幻想不是在单一的想象维度中展开，而是始终在现实与虚妄、理性与幻想，同时也是在乡土与城市、传统与现代的摇摆不定中迟疑前行。这种摇摆和迟疑，再生动不过地诠释着现代人的某种基本生存感觉和状态。

名为鸟麻的夜盖寨巫师，本是一名时尚而普通的都市少年，还有一个潇洒中带点俗意的都市名字“舞风”。他在父母离异后得知自己身世的秘密，从城市回到生身父亲所在的部落，却意外被寻找巫师传承者的夜盖寨人选中。作为一个经受现代理性文化培育并懂得运用此理性熟稔处理和应对生活变故的现代少年，他以自信的理智对抗着这一身份及其对应的传统文化的包围，哪怕无奈继承下巫师的身份，仍对这一切怀着善意的应付和玩笑的态度。初遇前来寻找传人的夜盖寨首人，他毫不掩饰自己的惊讶与轻蔑：“我以为科学的万丈光芒早已照亮中华大地，把人们的迷信观念驱除了，没想到在鸟麻这个地方还残留有这种陋俗。”并试图以“科学的观念”去启蒙对方。①在月巫师的古墓前，他听说历代巫师离世前会来这里留下壁画的预言，即在心里本能地回应：“以后，我不太可能一直生活在鸟麻，我要上大学，如果有条件，我还想到国外去深造，然后回国工作，至少也会留在我习惯的、喜欢的某个城市里生活。”进而真诚地提议：“要不，我现在提前把以后要画的壁画先画好吧。我觉得我不太可能到老了，在临死前还跑回来画画。”②这种理智对幻魅、实务对虚想的批判和挑剔，几乎时时存在于鸟麻的语言和思想中，并在文本里造成了一种充满情味和张力的叙事幽默。

然而，比幽默本身更为奇妙的是，它所激起的那些当时看似平淡寻常的回诘，却在未来的时间里缓慢而无声地散发出它的深意，并在这个过程中悄然重塑着那原本向它发出诘问的理智。随着故事情节的推进，我们看到的是，主角的理智力越是强大清晰，他在不知不觉中承受的重塑力也越是深入凝实。试图解开谜团的鸟麻在理智的分析中一步步探问神秘事件的真相，却也在一步步沉入这个被人们遗忘的生命世界。从“怀疑”“不可能”“不相信”的“哑然失笑”，到在“真实”“喜悦”“奇妙”的感受中“像傻瓜一样咧嘴笑起来”，伴随而来的是

① 王勇英：《巫师的传人》，中国少年儿童出版社，2015，第25~26页。

② 王勇英：《巫师的传人》，中国少年儿童出版社，2015，第56页。

生命感觉在世界的“复魅”中得到滋润和丰富的深度愉悦。

或许，在现代生活的大布景上，小说的幻想与它借以施展的巫术文化一样，本身就是一种与“药”有关的隐喻。《巴澎的城》里那位以日益退出现代乡土生活的传统艾烧法为孩童祛病的“烧火老嬷”巴澎，在孩子们眼里便带上了“巫师”般引人幻想的神秘气息。①而巫师鸟麻在不情愿中走进巫术的世界，初衷也是为了治愈孩子和朋友的奇症。小说中，这一“治愈”的效果是双重的：对病患而言，它带来了身体的健复，而对鸟麻本人以及包括他在内的现代孩子和成人们来说，它还代表了一种与割裂的世界重新合一的精神健复。自然与传统的强大修复力在幻想的语境里被发挥得淋漓尽致，也从幻想延伸向更平实的生活。就像在《雾里青花泥》里，青麦子如同一枚从城市遗落到乡土的种子，她的不幸也被这片氤氲着自然巫气的土地坚实而温暖地包裹起来，等待最合适的时机，融化消解为生命的滋养。

但正如乡土的未来不在于抛弃现代，世界的“复魅”也并非抛弃理智和知识，重新沉入原始丛林和古代生活的黑暗中，而是走到一个更广大、丰盈、完整的生命场域，去重新看待和认识这一切的位置。《巫师的传人》中，由现代文明赋予鸟麻的理性思考力和辨识力从未遭到真正的祛除。相反，正是这一理性能力使鸟麻这个形象身上始终葆有现代少年的独立精神与自由意志，也正是这种精神和意志使他走在巫术的幻境里从未迷失自我。被重思的是理性那种对身外世界的视而不见和自以为是，它是对理性本身的一种积极的清理，也是对生命感觉的一种正向的修复。阅读王勇英笔下的故事，我们会感到，面对现代文明的尖锐入切与技术理性的功利天平，那与自然世界和我们最贴身的传统相连的生活里，似乎

① 王勇英：《巴澎的城》，福建少年儿童出版社，2011 年。

蕴含了一种神奇的柔化力。不论经历多么激烈的冲撞，它最终总能够以它平实的宽容接纳现代生活闯入其中的莽撞身影，接纳并吸收它新鲜的活力和创造力，同时悄然融化它骄傲的戾气。

三、童年关怀与成长精神

我以为，在王勇英落笔写下这些展开于乡土背景上的现实或幻想故事时，现代性话题在她的作品中所得到的呈现和书写，其深度并非来自一种自觉的观念探寻，而是更多地源于一种朴素的生活领悟。而这领悟除了与作家本能的艺术才华和文学智慧有关，还与她的写作所指向的根本的关切点有关。这个关切点就是童年以及从童年的土壤和根须向上生枝发叶的人的成长。

事实是，当我们站在童年和儿童成长的立场上来看待、思考现代生活及其现代性问题时，我们的关注一定不会仅仅停留在文化风景的单纯书写或文化现实的单向批判上，而是会从一个孩子生存与成长的最切实具体的需求出发，进一步思考这些风景、现实在他的现在、未来发展中可能和应该扮演的角色。这一朝向“此刻”与“未来”的关照和远眺，必定会带我们超越各种观念的抽象或有距离的观赏，回到童年最踏实的生活地面上来。

小说《木鼓花瑶》里，有一个经由童年视角得到呈现的生活细节，至为生动地诠释着童年立场的这种朴素的去蔽性质。现代少年木鼓行走在偏远的山江城花苗村，慢慢接收着这里的自然和传统向他发出的各种陌生而新鲜的信息。与初到鸟麻城的舞风一样，对这片土地来说，这是一个代表现代都市文明的外来者。他看待它的目光先是充满优越感的挑剔，继而转向歆慕的观赏，但一直要到他逐渐感同身受地领会到乡土生活之美与艰难的复杂交织，乡土世界在一个成长中的少年的精神地图里，才真正成为一方有着真实生活温度的领地。从山坡上，木鼓远远望见一群乡村孩子提着自制的油灯放学回家，一种牧歌般的观赏情感顿时被强烈地激发起来。不一会儿，这个城市少年也在夜色中“用手指钩住细细的铁线，提着这只用旧口盅做成的提灯，心里欢喜不已，感觉很新鲜，就连那股刺鼻的松油味闻起来也觉得舒服”。①然而，就在他提灯走上夜路的时刻，他才开始意识到一个生活在这里的孩子的真实感受：风太大了，豆大的灯火被吹得摇曳不已，时明时暗，火苗随时可能熄灭，得不断用手去护，还要担心野兽出没，“根本就不可能再有心情去欣赏一路上的夜色，更没心情听风和夜虫唱歌”，原先那份空洞的羡慕顿时被更复杂的感叹所取代。②

这一细节以及它所揭示的生存视角和生活图景的加入，使小说的乡土叙事在伦理和价值上获得了一种重要的完整性。田园牧歌是它真实的一面，艰难窘困则是它真实的另一面，只有将这两面扣合在一起，我们才能更好地理解作为一个文化地理范畴的乡土相对于童年成长最为本真、深刻的意义。对于儿童个体的成长来说，那份根源于自然的单纯的牧歌情怀是不应被现代生活割裂的人性的重要内容，也是现代童年亟须寻回的生存诗意。而与此同时，那由于艰难生活造成的对童年生命的现实剥夺与可能伤害，则也是现代文明有职责去反思、改造和改写的内容。站在现代人生存发展的立场上，这个逻辑同样成立。因此，《木鼓花瑶》里的现代都市少年在乡土的行走中获得了生命体验的审美扩张，而山乡女孩花瑶则带着自然山水和传统生活赋予她的单纯与活力，走向了更广阔的现代生活。这两个形象叠合在一起，才是完整的童年。同样，在《巫师的传人》里，少年舞风（乌麻）从都市来到乡野，复归于一种自然灵性的生活，但这生活恰因与他身上

① 王勇英：《木鼓花瑶》，中国少年儿童出版社，2016，第 78 页。

② 王勇英：《木鼓花瑶》，中国少年儿童出版社，2016，第 78 页。

的现代灵光相融合，才显出一种有别于一般乡土景观的生机与魅力。他的象征现代和传统的双重名字，正是对这一完整意义上的童年和人的成长的最佳隐喻。在这里，来自“风景”和“风俗”的美的魅惑依然存在且无可替代，但它最终告诉孩子的是如何经由这美的路径，走向更宽阔深厚的文化与人生。

这是一个朴素的主题，也是一个深刻的主题。在王勇英的儿童小说中，它的深刻性就藏在作家朴素的叙说之下。因此，当我读到《巫师的传人》第二部结尾处，回归山林的城市女孩升月发出“我不想上学。我认识的字已经足够了。我只想在这里安安静静的，像一棵树，像一棵草，像一朵花，倾情于山水，回归于自然，还原我最本身的生命”的感慨，做出“把一切都抛下，全心归于深山小寨”的选择时，[①]禁不住想要说出我的担忧。作为故事里形形色色的角色之一，升月的这番自述没有任何可指摘的地方；但作为故事终极趣味的某种透露，这种简单的回归如果成为小说叙事趣味的基本方向，或许将大为减损这个作品一直在努力建构的那种丰富、深刻的现代生命的感觉。“巫师”系列的故事还远未结束，而我希望王勇英不要丢掉小说里这一最为独特的精神和价值，它可能正在为现代乡土背景上的童年书写提供一种新的典范。在这里，现代性的分裂和对抗仍然存在着，但分裂和对抗却不再是我们生活与文化的最终归宿。从乡土到城市，从传统到现代，不一定是非此即彼的抉择，它们或许还可以共同筑起通往更丰富的自我和人生的“特拉比西亚之桥”。

这当然是一种理想的想象。但只要我们还记得，文学从来不只是描绘一个地方和一种生活，它还构建着我们立身其中的这片土地和这土地上生活的样貌，那么这份寄托于可爱的文学世界里的理想，也自有它独一无二的可信价值。

（原载《南方文坛》2017年第3期）

---

① 王勇英：《巫师的传人2·花语风声》，中国少年儿童出版社，2016，第198页。

一个少年和他的1937

历史上的1937是一个承载了艰涩的民族记忆与复杂的历史情思的年份。一场同时与民族存亡和世界局势相联的战争，使这段时间里的一切人事都落入厚重的历史光影下。这一切，似乎注定了它无法成为一个普通的年份标签。

所以，第一次翻开殷健灵的作品《1937·少年夏之秋》，我不自觉地怀着这样的揣想：从1937年的历史帷幕背后走出来的夏之秋，会不会是另一个我们已经熟悉了的战争中的少年英雄？

而这样一个期待的落空，让我们看到了《1937·少年夏之秋》独特的文本存在意义。

小说在一段开阔的民族历史记忆的背景上，展示了一个少年在突然遭遇人生变故后的艰难而又弥足珍贵的成长经历。故事起笔于一个真实的历史事件：1937年8月14日，淞沪会战第二天，一枚炸弹误落上海大世界游乐场门前十字路中心，造成四百余人死伤。正是从这一历史事件所提供的创作灵感出发，作家展开了关于都市少年夏之秋命运的叙写。

对夏之秋来说，战争以一种极其偶然而又残酷的方式改变了他的命运：发生在大世界门口的惨剧使他失去了父母、丢失了妹妹，从一个家境宽裕的“少爷”忽然间成了被弃的孤儿。他被势利、市侩的舅舅、舅妈送到寄宿学校，学校解散后回到家，却发现自己不得不以年少的身躯撑起被舅舅败落了的家。在飘萍般无根的生活中，对于寻找失散的妹妹的信念，日益成了夏之秋精神的支撑。这是小说最为重要的一条线索，它或隐或显地贯穿于夏之秋的一切遭遇和行动中，将小说略显浮散的情节拧在一起；也正是在这一寻找的过程中，夏之秋的身体和精神不知不觉地实现着成长。

小说借历史来铺叙普通的人事，也借人事来述说一段特殊的历史。发生在1937年及其后四年间的历史是小说情节得以展开的一个必不可少的背景依托，但历史又始终是隐藏在平凡、真切的人物命运背后的。20世纪三四十年代的上海的影像，是从百花巷里蛋格路上轮子滑过的声音里，从方浜路上挤挤挨挨的破烂房屋间，从普通都市少年对于战争现实的遥远而又贴近、好奇而又懵懂的领会和体验中，慢慢地浮现和拼贴起来的。善良、能干、淳朴的女佣阿香，友善、正派、积极的恺生和世杭，风流而又有些“十三”的烟纸店老姑娘阿桑，心怀贪念同时又良心未泯的药店伙计傅全，怀着不为人知的精神挣扎的苦痛走在普仁中学里的赵校长，栀子花样美丽、勇敢的女教师苏尔瑞……这各式各样的人物走入夏之秋的命运里，既推动着小说情节的前行，也绘就了20世纪三四十年代上海的一幅浮世生活图景。

我想说，对于很长一段时间以来钟情于少女成长小说的创作，并以柔婉、细密的心理表现见长的作家殷健灵来说，这样一次题材、构思和风格方面的新的尝试，显示了她自我挑战与突破的勇气和文学自信。为了写作这部小说，作者做了大量的资料收集和案头准备工作，除了很长一段时间埋头图书馆熟悉史料外，也从老人们的口述中去寻找七十年前上海的踪迹。小说所述及的各样人事、物件及其叙述语言，均透着那个时代所特有的生活质感。

但作者在后记中也承认，对于这一段相隔久远的历史，始终有着“无法亲手触摸的隔膜”。细心而又挑剔的读者，会从小说的不少历史细节处发现作者自己所说的“伪纪实”的现象。它们有的是历史语言的错置，有的是历史时间的错位。比如在“恺生”一章中，从20世纪30年代的少年叙述者口中说出了“老外”这样的当代名词。再比如从“秋寒”一章起多次被提及的《哈克贝里·芬历险记》，以这一译名为题的中译本的最早出版，事实上发生在1954年。类似的“硬伤”并不影响小说在总体上的叙事推进，但它对作品所着意还原的历史现场感造成了一定程度的破坏。事实上，作者本人在创作前后也一直对作品历史呈现的准确性怀着这样的忐忑。这是历史题材小说创作中一个普遍存在的问题。它揭示了进入历史叙事的危险和难度所在，但从另一个方面来说，也是这种进入的勇气的一个证明。

在少年夏之秋的故事里，殷健灵向自己也向她的读者们展示了这样一种说故事的才华，在这里，悬念的紧张编织与情节的奇巧设置，是与人间生活所呈现出的那样一种流云般偶然、细沙般琐屑的生命质感结合在一起的。据作家自述，她创作这部小说的其中一个动机，是为了展示少年儿童小说的另一种“新鲜的面目”；与一般的当代少年生活相比，它要“更宽广、厚重、旷达”。阅读《1937·少年夏之秋》，我们可以说，作者对于自我以及整个少年小说创作的这样一种突破的探索，是富于勇气和意义的。

（原载2010年3月26日《文汇读书周报》）

另一种童年
——读儿童小说《我是白痴》

《我是白痴》是一部智障题材的儿童小说。在二十一世纪出版社推出的“彩乌鸦中文原创系列”中，它是唯一一部由台湾作家执笔的作品，也是对大陆读者来说题材上最为特别的一部。小说以智障男孩彭铁男为第一人称叙述者，这样一个叙述声音所提供的认知位置把我们带离了正常人的观察和思维习惯，转而进入一个智障孩子眼中的世界。小说所讲述的是与日常生活那么贴近的童年人事，然而小说所呈给我们的这个视角又让这些熟悉的人事忽然变得迷离起来，需要我们不时停下阅读的脚步，随着主人公的眼睛去重新学习理解世界、理解生命的另一种视角。

这是文学手法上一次成功的陌生化。作家对于一个智障孩子思维方式的把握真实、精准而又充满文学的趣味；透过他的视角，一些普通甚至有些恼人的童年生活场景和事件竟然变得新鲜、幽默起来。因为只懂得从字面意思解读语言，在面对日常语言中普通人习以为常的抽象、隐喻等修辞时，彭铁男的回应常常令人忍俊不禁。比如当同学不无恶意地讥讽他还在“吃奶”时，他很认真地澄清道：“他大概不知道，我已经没有在吃奶了，现在我都吃面。”当老师用“甲”“乙”“丙”来讲解数学题目时，不能理解这些抽象概念的他认为只要找到那几位名唤“甲、乙、丙”的人，“可能数学就变懂了”。有的时候，彭铁男的“误解”也在不经意间构成了对现实的某种幽默的嘲讽。例如，在他看来，校长颁发的奖状实在是一张“印满字”的“没有用的纸”，与它相比，“图画纸比较好，两面都能画人”。尽管小说的主旨并非是借智障孩子的视角来实行现实讽喻的功能，但这种隐藏在文本内的曲折深意，的确为小说的阅读增添了许多趣味。

但趣味却远非作家书写的终点。如果说在一部分成人文学作品中，带有智障意味的儿童视角常常是作者借以实现叙事技法创新的一个支点，那么在这部小说中，作家所专注的显然并非某种文学表现的特殊手法，而是一个智障孩子真实的生活悲喜与精神哀乐。小说里的“我”被许多人蔑视地唤作“白痴”，也因为这“白痴”的身份遭受到许多欺辱。他因为永远记不住课堂知识而令老师头疼，他的智障身份也给父母家人带来了莫大的烦恼。但智障到不明白“白痴”是什么意思的“我”，却以自己“智障”的真诚和善意对待着身边的一切人事。“我”总是什么也学不会，却仍然很努力、很积极地去面对每一天的各种生活任务；“我”似乎什么也做不了，但就在老师“浪费社会资源”的责备声里，那个每天快乐地奔走于厨房和教室之间为同学和老师打开水的身影，却令我们有一种眼眶润湿的感动。男孩彭铁男的世界简单而又透明，那里面有属于一个智障孩子的真实得有些滑稽但又真诚得令人动容的梦想。

显然，作家是把一个智障的孩子真正认作一个有尊严的童年生命在写作着。小说从不以彭铁男的智障、好笑来有意地取悦读者，而是以他所拥有的那样一个明澈如清水、敦良如璞玉、承受痛楚而不自知、不自知却又能自我充实的童年灵魂，触动着每一位读者的心灵。也正是出于对童年生命的尊重，作者从不有意粉饰或者丑化“我”作为“白痴”身处其中的生活现实。她所描绘的童年生活环境不是单面的、人造的，而是同时与人性的温存与冷漠、高尚与卑下、理想与现实等矛盾的复合体骈生在一起。彭铁男的老师们可以十分耐心地为他补课，但也会为了拉上一次月考的班级平均分数，安排人为的“缺考”把他弃置一旁。彭铁男的妈妈从不掩饰自己对这个弱智孩子的失望与无奈，但她也会一面骂着“不要给他气死就好”，一面悄悄把彭铁男送的会褪色的纸花一直放在围裙口袋里“看了又看”。彭铁男的妹妹打心底里为自己有这样一个哥哥而感到“倒霉”和丢脸，但当她跌倒在路上时，她也会为那个走过来心疼自己的哥哥而一边瞪起眼睛，一边由衷地笑起来。

作者也在这样的现实表现中敦促我们反思社会对一个智障孩子的关怀。她提请我们注意，很多时候，我们所理解的“关怀”其实并不像我们认为的那样正当和正义。往人性更深处看，我们会发现，这种“关怀”往往更多的是一种怜悯，而不是一种真正的同情。小说里的老师与校长要同学们“不可以轻视白痴”，然而当他们在“我”面前毫无顾忌地提及“白痴”“可怜”这些字眼时，却从未意识到这同样是一种轻视和侮辱；漂亮班长林佳音从不以“白痴”的蔑称与彭铁男相对，甚至十分乐于在课堂内外照顾他，但她只是知道“所有的事，我全部帮你做”，却从不理解有的时候，“我”其实并不愿意这样“被轻松”，“我”也有自己想要真正学会的事情。正是这样一种从关怀的初衷出发抵达的误解，比完美的关怀远为深刻地揭示出我们童年理解中的某些痼疾。从这个意义上说，我认为《我是白痴》较澳大利亚女作家帕特里夏·赖特森（Patricia Wrightson）的智障题材儿童小说《我有一个跑马场》（I Own the Racecourse!）实现了一种更为深刻

《我是白痴》繁体字版

的童年现实批判。我想，以这样的现实描绘和批判所透露出的对于童年的这份理解，是真正有深度和有智慧的。

《我是白痴》的繁体字版在1997年5月即由台北民生报社出版，其间虽有若干片段入选大陆的一些儿童文学选本，但直到2009年9月，它才随着二十一世纪出版社“彩乌鸦中文原创系列”第一辑的推出而全面进入到大陆读者的视野中。这是一套颇值得一提的原创儿童文学系列丛书。“彩乌鸦”是奥地利女作家埃迪特·施莱伯尔-维克（Edith Schreiber-Wicke）笔下的一个童话形象，受到这一形象的启发，从2002至2007年间，二十一世纪出版社以“彩乌鸦系列”的名称先后译介出版了20种德语儿童文学作品，这些作品以其高密度的经典性、可读性与独特的思想内涵，引发了国内读者与研究者的持续关注。从2009年秋天起，二十一世纪出版社开始连续推出作为“彩乌鸦”品牌延伸的“彩乌鸦中文原创系列”，至2010年春天，已先后出版张之路等七位作家的七部儿童文学作品。该系列追求文学性与可读性并举，致力于打造“一口气读完，一辈子不忘”的原创儿童文学精品。显然，这是一个美好而又充满难度的出版宗旨，关于它的判断也并不仅仅属于当下，而是需要更久远的时间的证明。但我们或许可以说，包括《我是白痴》在内的这七部已出版作品所集中展示的原创中文儿童文学的艺术品质与美学高度，使我们对这样一个宗旨所付之的出版实践，充满了热情的期待。

（原载2010年4月23日《文汇读书周报》）

《贾里日记》：都市少年的成长笔记

20世纪90年代初，当秦文君笔下的男生贾里最早与读者见面时，都市少年的形象在儿童小说中的现身还远没有今天这样频繁和炫目。对于那时候的读者来说，“贾里”系列所呈现的当代都市中产阶级家庭少年的日常生活，让我们感受到了一份格外新鲜的故事、文字与情感的气息。那里面明快真诚的童年愿望、充沛丰足的童年精力、幽默率真的童年情感表达，以及因为脱却了物质生活的压力而变得格外轻盈自由的童年的身体与精神状态，标示了一种新的当代童年美学在儿童小说中的迅速生长。

看得出，作家秦文君也十分钟情于自己所创造的这一少年形象。继《男生贾里》之后，她又继续写作和出版了《男生贾里新传》，让小学生贾里开始了他的初中生涯。在后来出版的《贾里日记》里，最初的小男生已经长成一个有些沉着、有些稳重，甚至还有些情窦初开的初三男孩了。在这部小说中，作家通过具有私密性的“日记”这一写作手段与方式，既让开始进入青春期的贾里得以更加无所忌惮地表达自己的想法，也让我们感到自己与贾里的精神世界之间多了一份亲密的关联。与此同时，以贾里为第一人称叙述者的日记内容与日记之外的第三人称叙述之间在情节与情感内容上形成了有趣的互补和照应。

应该说，从《男生贾里》到《贾里日记》，体现了秦文君少年小说创作风格的一种承继。这是一种带有轻喜剧风味的都市少年小说体式，它的童年观与情节内容、叙述方式都透出鲜明的“当代性”。《贾里日记》的故事设置在由肯德基、西餐厅、巧克力、冰激凌、网友、补习班等意象圈围起的当代都市童年生活布景之上，而作家在作品中所表达的对少年的自尊心、创造性与情感体验方式的尊重与护爱、对一种充满动感和朝气的少年剩余精力行为的认同与赞赏、对一个自我感觉良好的少年叙述声音的称许乃至纵容，则使得这些故事在童年精神的层面上也具有了名副其实的“当代性”。

但我们也应该看到，在秦文君笔下，这种对都市童年的当代描绘与童年精神的当代理解，是始终与一种深厚、久远的文学关怀的传统交织在一起的。作家并不容许小说的文字沉浸在一种以游戏为借口的内容与内涵的浅浮中。在这里，当代都市少年特有的坦率与真诚表现在既毫不压制、掩饰自己的愿望和对于自我利益的关注，又对周边的世界、人事怀着一份质朴的善意和初生牛犊式的正义感。我们看到，《贾里日记》中的主人公常常在日记里肆无忌惮地表达对父母、妹妹、同学、老师的诸多意见，但他的“偏见”并不是无来由的，而是与他的自我认同、他身为人子和长兄的那份责任感、他对朋友无所保留的忠诚与义气等童年的精神尊严结合在一起的。他因为妹妹的缘故对绰号“小奥特曼”的男生产生了敌意，但在一个合理的解释下，他的这份敌意化为了对于“小奥特曼”真诚的欣赏；他十分不满老爸“霸道”地打消了他中秋节与朋友聚会的念想，但当他第一次意识到爸爸对自己的欣赏时，这份不满也无声地消融在了他对爸爸的重新理解中；太过“幼稚”的他掉落在自己挖下的陷阱里，不得不以低分屈居英语C班，然而这种被欺的懊恼很快蒸发在“我要球”老师风趣的英语课堂里……

正是这样一种对童年的理解与关怀赋予小说以一种轻喜剧之外的厚重。它使得秦文君一向以幽默见长的都市少年小说在幽默的姿态中自然地包含了一种含蓄的庄重。不论是贾里与鲁智胜夜擒偷车贼的忙乱场面，还是他与妹妹贾梅斗智斗勇的生活事件，在幽默的极致处，总有一份令人沉默的感动随着渗透进来。在鲁智胜为了保护女偷车贼与老爸“当街对抗”的行动中，在爱面子的贾里因为“心疼妹妹”而放弃了出风头的机会，以及“虎口被震得出血了，也一声不吭”的行为中，男孩们不无狼狈的姿势却令我们心头掠过一阵难言的温暖。作家用这样的方式告诉我们，尽管爱体面，爱潇洒，衣食无忧而又颇以自我为中心，这些生长在都市里的当代少年仍然可以是有坚守、有勇气、有责任感的。

我想说的是，当我们的儿童小说沉浸在当代童年自由精神释放的狂欢中时，这样一份关怀责任的承担是格外珍贵的。今天，都市童年已经成为儿童小说创作中一个十分重要的题材对象，但在表现充满当代气息的都市童年生存景况时，对于都市童年一部分原生态面貌的呈现往往理所当然地替代了从一个有责任感的作家的立场出发，对于这一童年现象所展开的更具深度的理解与关怀，从而消解了这一呈现可能具有的独特深度。如果说都市少年小说正在成为当代儿童文学创作中一个重要的门类，那么上述思考对于我们更完整地理解这类小说的文学与美学特质，更深入地把握其创作走向，显然是必要的。作为一部都市少年小说，《贾里日记》并不是无可挑剔的，小说中贾里之外的其他童年角色塑造得略显单薄，以及主要由校园和家庭区间构成的少年活动空间的限制等，让我们对作家接下来的少年小说创作怀有一份更高的期待。但作家以这部作品所展示的当代都市少年小说的文学现实与可能性，以及她在其中为读者精心编织的属于所有优秀儿童小说的故事阅读的乐趣，毫无疑问是令人兴奋的。

（原载2010年7月14日《中华读书报》）

文字里的生命意义
——评张之路《千雯之舞》

2011年年初，知名儿童文学作家张之路推出了他的长篇小说《千雯之舞》。这是一部具有典型的跨文类性质的小说，它综合了儿童小说与青春文学、幻想小说与传奇故事、寓教文学与通俗文学等多种文类的某些特征，并以汉字文化为取材与构思的基本依托，在这些文类的边缘交集处进行富于个性和自我挑战性的创造。但它显然不只是一部以新奇取胜的小说，在它天马行空的想象里，在它以文字叙写的“文字故事”里，还藏有某种深刻的生命意义。这使得《千雯之舞》同时成了一部作家本人所期待的“‘有意思’和‘有意义’的书”。

小说讲述了一个围绕着汉文字发生的奇幻故事：大学毕业生桑南受到一个奇异梦境的导引来到一座图书馆并成为这里的一名书籍审查员，也因此被卷入一场文字世界的战争里；而他参与这场特殊战事的过程，也是他化解三百多年前一场因文字而生的爱怨纠葛的过程。可以说，汉文字构成了这部小说的一个中心意象，而作家在小说中也充分调用了汉字文化的各个层面，包括其字类性质、字形特征、字体流变、构字方法等，它们既构成了小说内容的必要成分，同时也是推动小说情节发展的关键因素。这样一种富于文化意涵的取材对象与情节编排，使得《千雯之舞》的文化品格从一开始就格外受到人们的关注。在关于这部小说的各类出版与研讨报道中，我们多次读到这样的评介文字："它以小说为载体，向广大青少年读者讲述了中国文字的形成、发展和变化，向他们传授中国文化知识，通过生动的形象、完整的结构、曲折的情节，巧妙地把文字最基本的知识融入其中，最终目的是引导青少年读者了解中国文化，热爱中国文化。"

然而，仅仅从民族文化及其传承的角度来理解这部小说，显然是不够的。对于古老的汉字文化的着意呈现使这部作品拥有了别出心裁的文学立意与深厚凝重的文化内涵，但它并不必然能够赋予一部小说以裹挟人的情感的力量，而后者恰恰是每一次成功的文学叙事所不可或缺的要素。作为一部深具文化底蕴的儿童小说，《千雯之舞》最令人激赏的地方在于，它不仅在小说的形式里展示了汉字文化自身的独特传统与魅力，更借助幻想小说的手法，从这一文化形态中匠心独运地幻化出一个真切活泼的生命世界。在这里，每一个文字都是一个真实的生命，它与人间世界有着某种神秘的渊源，也分享着属于人世的一切情感、价值和意义。

由此，小说所讲述的文字故事并不源起于文字符号本身，而是由人间的两种至情所感发。一面是清代书生顾远谋遭遇考场黑幕，原本满腹才华的他不但乡试落第，更因病而狂，这份无处抒泄的怨气使他在得到字仙的帮助后误入歧途，以他人的性命发泄自己的怨怼，将无数人变成了他的纸上奇字；另一面则是诗书少女莫千雯受仗义少年杨天飒之恩，对他心生爱慕，继而在顾远谋的客店内舍命相救，却与少年双双殉难，上演了一段令人唏嘘的隔世恋情。正是这两种人间的极致爱恨构成了小说最为根本的叙事缘起，它催生了文字世界里的全部故事，也是驱动着故事里拥有了生命的文字采取各样行动的根本力量：“雯”字坚定地等待着曾许诺过的恋人的到来，“朵”字始终与“雯”字如姐妹般相互陪伴，“爽”字不惜历经千难万险去寻回失散的爱人“姿”字，“谋”字则带着难以消除的恨意搅动战乱，此外还有无数“难字”为了寻找和卫护自己的家园，投入到了正义或者不正义的各种行为中……

我愿意把作家张之路对于汉字的这样一种充满原始诗意的拟人想象，看作是召回古老的对于文字的尊重与敬畏情感的一个当代姿势。在一个文字正日益变成某种缺乏温度的印刷或电子符号的年代，这样的召回显然是充满意义的。它提醒我们认真和真诚地对待这一最初从人类的存在体验中生长出来、并被用以铭记这份体验的文化符号，因为它不是外在于我们的抽象的事物，而是我们自己生命内容的一种外化。“昔者仓颉作书，而天雨粟，鬼夜哭”，《淮南子·本经训》中曾以这样的神话语言表现文字带给人类的特殊意义，小说中也借蚂蚁奇兵与“铁云藏龟”部落的偶遇，表现了汉字在其诞生之初所具有的不同寻常的精神内涵。“万物有灵，情为字生”，从这个意义上说，《千雯之舞》对于汉字文化的呈现不但致力于解释汉字的知识意义，也以童话式的手法恢复着正在被越来越多的人所轻慢或忘却的文字的情感与生命的审美意义，而在今天，后者或许是更为迫切地需要我们去认领的一份精神遗产。

这样一种对于文字意义的再认识最终将把我们带向对于自身生命意义的某种反思。在一个日益扩张的符号的世界里，我们总会在不经意间忘却一些与生命有关的温暖的东西。而把情感的温度归回文字的姿态或许可以被理解为一种暗示，它提醒我们去发现那深藏在符号里的原初的生命秘密，去试着寻回它们真实的审美意义，以使我们不至于过多地迷失在自我事功的漫长路途上。作家张之路借《千雯之舞》的叙述者这样说道：“人为什么要写字，其实，字就是人的生灵啊！”我们也可以借此反问，作为行动主体的人，我们在自己的许多行为里，充分理解这种“生灵”的意义了吗？显然，这样的提问使《千雯之舞》的民族文化内涵越过了民族性的限制，而成了一种对于世界、人生和存在的深刻的质询。

（原载2011年2月25日《文汇读书周报》）

告诉你12岁想些什么
——读常新港新作《我们属龙》

20世纪美国小说家布思·塔金顿在其著名的儿童小说《男孩彭罗德的烦恼》中，不无戏谑地把男孩的12岁称为“一个值得苦苦熬盼的成就”，并笑言“一个刚满12岁的男孩就像一个法国人刚获选学院院士一样”。当然，只有12岁的少年才能体味与这份“成就”相伴而来的种种甘苦。这个“少年”包括塔金顿笔下的彭罗德，也包括常新港在其儿童小说新作《我们属龙》中塑造的五位少年主角。

对男孩来说，12岁是一个与躁动有关的年龄。在这个年龄，他们眼中熟悉的世界仿佛重新变得陌生起来，他们身边原本平易的生活忽然变得有些难以相处，与此同时，他们也会发现，12岁的身体仅仅是走在街上，也会无端地引来一些不安的猜忌，就像在《我们属龙》中，那位警惕的退休警察从聚在街边的这五个男孩身上，恍忽看到了“草原上的小狼”般的小小威胁。这当然不是一种令人愉快的感觉。因此，这些游荡在童年与成年的时间缝隙里的男孩们，尽管“肚子不饿，口中不渴，天不热也不凉，但是，就是觉得苦，十二分的苦”。这份“苦涩”感与即将来临的青春期有关，同时也打上了当代少年生活现实的独特邮戳。

所以，五个男孩中的张萌决心要为12岁的“委屈”和“不幸”“写一本书”：那个默默地与自己身体里面无法言说的怯懦相拼斗着的项雨，那个因为被老师公开误解和羞辱而对学校、对生活失望至极的武百，那个怀着对一个安定的家的渴望却不得不跟随父母辗转于不同城市之间的七省，那个生活上予取予求却从未能从中获得真正快乐的乌鸦，还有那被父亲专横的学业期望压得喘不过气来的张萌本人。与外面世界的波澜壮阔和现实人生的大起大落相比，12岁的这些烦恼看上去是如此的细小和琐屑，有时甚至显得微不足道；而与那些属于战乱、饥荒、斗争年代的沉甸甸的艰辛童年相比，丰衣足食的张萌们的这些委屈，又显得多么云淡风轻。有的时候，连小说的主人公们也忍不住自我感慨：“幸福的事情太多了，人就会忘记幸福。”

然而作者丝毫没有贬低这些委屈的意思，相反，他希望我们看到，每一个时代的童年都有属于它的艰难与烦恼，而且，对于亲身体验和承受它们的童年个体而言，这些烦恼本身并没有伦理上的高低之分。换句话说，小说主角们所面临的种种日常生活的烦扰，也是亘古以来童年始终身处其中的生存困境的一部分，它们在童年的心灵上所留下的情感印痕是一样深刻的。小说借七省之口这样说道：“只要是自己经历的不幸，没有大小。”问题的根源并不在于童年不幸的体现方式，而在于这种不幸的根本内容：“有哪一位大人真的在乎一个十二岁男孩子心里的难受呢？”毫无疑问，童年真正的生命感受被轻视和遗忘，这本身正是童年最大的不幸。我想，这是《我们属龙》所意在表现的一个基本题旨。

小说中，少年们对于上述“不幸”的反抗显得悲壮而又无奈。在爱好写作的张萌和功利主义的父亲之间不断升级的矛盾中，12岁的少年始终是弱者，他的精神只能借由一种“隐形笔”般的非正常方式秘密地生长。同样，面对来自师道尊严者的缺乏善意的嘲弄和羞辱，受伤的武百最后选择了逃离。这或许意味着，小说中的少年与其生活世界之间的对立在某种程度上是不可调和的，而在这种对立中，真正理解他们需要什么，以及能够帮助他们应对和解决这一问题的，也只有他们自己。这使得小说对于少年行动能力的肯定和张扬显得格外突出，也使得小说的整体叙事更透露出一种童年中心主义的旨趣。作品中全由五位主角的名字构成的章节目录进一步印证了小说对于少年自我的专注，也内在地呼应了前青春期的少年心理感觉。

但作者似乎还希望《我们属龙》在精神上能够越过单纯的少年生命书写而走得更远些。小说题名中出现的“龙”的意象，其主要的用意并不仅仅在于指涉年龄，也是作为一个与古老的民族图腾有关的精神符号。小说中，作为生肖的“龙”不但是中国式当代童年的一个标签，也成了本土童年精神的一个象征。因此，在小说“尾声”部分，作家有意为故事里的五个少年安排了一场与“龙”之间的文化寻根式的精神邂逅。不过在我看来，这一从童年的身外着意加诸童年的文化深意，倒使整部小说的精神显得游离和不自然起来。与作品中有关“龙”的文化隐喻相比，我更欣赏作家对于“12岁”的当代少年生活和心灵的把握与叙说。我相信，这样的叙说中所包含的那份理解对于童年来说，就是最重要的精神。

（原载2012年8月17日《图书馆报》）

硝烟背后的历史与童年
——读张品成儿童小说《有风掠过》

从提笔写作儿童小说开始，作家张品成从未放下他对20世纪三四十年代那段特殊的战争岁月的关切。对于这位军人家庭出身的作家来说，这份关切感或许早已经透入他的骨髓。从1993年的《没有儿戏的童年》到《有风掠过》，他为这份写作偏爱执着了近20年，而这20年对于张品成的写作而言，远不只是一个数字的概念。阅读他的这些儿童小说作品，最令我们印象深刻的并非是其庞大的规模，而是它们所展示的对于战争的历史以及这历史背景下的童年状况的独到理解和书写。这么多年来，张品成的战争题材写作虽以主流意识形态的历史观为基底，却一直在试图穿越儿童小说领域既有的革命战争叙事模式的坚硬壁垒，努力将笔触探入到战场背面那些细碎、生动的民间生活角落，以此来勾勒出他所关注的那一部分“赤色”童年的真实身影。这种叙事的突破是艰难的，有时甚至不易被察觉，但也恰恰因此而格外显出它的价值。

《有风掠过》让我们看到，在张品成的儿童小说写作中，这种突破不但在继续，而且在深入。小说的主角是来自那个年代不同阶层的一对少年朋友。乡村孤儿里六和地主少爷覃福庆为了一个很单纯的理由成了彼此交好的朋友，牵连着他们友谊丝线的，是里六驯养的一只会说话的八哥，名叫风儿。风儿给孤独的里六带来了一份意外的友情，又因为帮助红军队伍成功传递情报而使落单的里六成了“队伍上的”一员。尽管如此，在里六身上却并没有逐渐孕育出对于正在发生的这场战事的参与热情和对于“革命”事业的主动认同；相反，面对外部的争斗和时局的变换，里六的姿态始终是消极的，局外的。他不能理解红军到来之后，怎么就一夜之间分了覃家老爷的田地，“人家几世人伺弄了的，人家好不容易攒下的，说没就没了？”他也不能理解覃家老爷还乡之后发生的那场屠戮。他想要“入队伍”的愿望，只是出于一个瘸腿少年渴望被认同的尊严，它既无关仇恨，也无关战争年代某种被点燃的盲目的激情。

张品成曾直言自己的这类小说写作有意避开了单一的英雄主义，避开了正面战场的描写，但它显然并不回避英雄，也不回避战争。事实上，在这些小说中，平凡的少年主人公最后往往能够在自己开辟的“战场”上成为另一种“英雄”，他们孩子气的壮举也在不经意间构成了整个大战场的一部分。这方面最典型的作品可能是作家出版于1998年年底的长篇儿童小说《翱翔如风》。这部小说几乎不涉及战争的场景，而是集中笔墨叙述一群山里孩子保护一架坠落的敌军飞机及其飞行员的故事。小说对于乡村生活状态下孩子们身上的童真、童趣的关注，看来要远胜于它对战争、革命等宏大主题的关注，但前者又始终不曾离开后者所规定的题旨框架——正是这一群未脱稚气的孩子，在偏僻狭小的山村里做成了一件于“革命”有功的大事情。

与此相比，《有风掠过》或许是迄今为止张品成的战争题材儿童小说中最为彻底地放逐英雄情结的一部作品。这一点使它与张品成此前许多同类题材的儿童小说相比，发生了精神层面的某种挪移。故事中里六的形象没有能够上升为任何一种英雄，他的充满委屈而又无声无息的早夭是悲剧性的，后来证明，“队伍上”也没有留下关于他的任何记忆。故事结尾处，当福庆依照好朋友的遗言把风儿送往队伍时，被击毙的鸟儿进一步定格了里六的命运，这是一个完全悲剧性的角色，一个彻底边缘化的主角。假使如作家自己所说，他对于这类边缘历史题材的选取乃是“为了保持清醒而边缘化”，那么我们不禁要猜想，在这样的边缘化叙事中，是否包含着对于那个时代、那场战争下的童年命运更为“清醒”的洞察?

透过小说中另一个少年主角福庆的命运，我们或许可以得到更清晰些的答案。里六和风儿的死成全了福庆的反叛，这位怯懦的少年最后挣脱了父亲的威权，从身体到精神都改名易姓，投奔了“革命”的队伍。这一角色很容易让我们想起作家另一篇收入“赤色小子”系列的中篇小说《龙门》中的主角川三。阶层矛盾、少年情谊、父子仇隙，两部小说之间显然存在着构思上的亲缘关联。然而，在《龙门》中，小说的叙述有意无意间总在渲染“贫”与“富”、“无产”与“有产”两个阶层之间的历史怨怼。作品最后，少年川三以一场复仇的大火宣告了他与领养他的“伪父亲”之间深重的仇怨，也宣告了他们所分别代表的两个阶层之间的互不两立。但是对于福庆来说，与父亲的决裂远不是这样一种边角分明的仇恨可以解释的，从“覃福庆”到“洪水根”的变化也远不是为了投奔“革命”的理想。和川三不同，福庆不是以英雄的姿态出走的，他最后也没有成为英雄。“我有衣穿我有饱饭吃我也不愁好日子过，可我为什么要入队伍呢?他想了很久，一直没想清楚。”“没想清楚”意味着一种复杂的情愫，意味着那样一段历史留给少年的很可能不是激情，而是成长的困惑与难言的忧伤。这里面有比“革命”的意识形态深刻、复杂得多的内容。被官兵杀了的松举们和被砍了脑壳的覃家老爷，都是历史的一部分，要在这样的历史中做出“清楚”的决定，对于一个少年来说，真的不是一件容易的事情。

显然，《有风掠过》不是关于历史的“决定”的，它所关心的不是一代人的寓言，而是“一个人”的命运，是对于特定年代里有血有肉却又无可奈何的个体生存感觉的某种还原，在这样的还原里，隐现着历史的一部分被遮蔽的面庞。尽管它的书写不得不拖着战争意识形态的沉重影子前行，但这种书写的意义正在于此。

（原载2012年8月30日《文学报》）

穿越风暴的成长

从心理学上说，14岁已经迈入青春期的界限，这个年龄通常意味着个体身心成长的某个“风暴期”的到来。然而，对于14岁的女孩王佳来说，青春的“风暴”首先并不是从自我的身心之内酝酿和升腾起来的，而是起始于一个普通得令人猝不及防的生活事件。在一个明亮的中午，王佳扶起了一位摔倒在地的老人，此后，她阳光灿烂的生活忽然被误解、算计、委屈和生活意义突然断裂的痛苦所填满。她感到自己失落了一些“最珍贵的东西”；也正是在努力寻回它的过程中，王佳真切地体验到了“长大”的感觉。

这是孟晓云的报告文学《春城的一场暴风雪》所记录的20世纪80年代一份真实的成长图册。显然，这里的“暴风雪”既是实景的记写，同时更被寄予了丰富的象征意涵。对王佳来说，这个普通的中午不仅成了她少年生活中一个“暴风雪”般肆虐而过的记忆片断，也在她内心深处卷起一场精神的风暴。当单纯的生活忽然开始变得难以理解，清朗的世界逐渐显出其变幻莫测的一面时，14岁的少女从前用来观看人生的那个漂亮的水晶球被敲碎了。她需要很大的承受力，很多的勇气，还有身边许多人的帮助，才能把这些碎片重新捡拾起来。在这个过程中，她学会了如何透过不完美的裂缝，却仍然怀着真诚的善意，来更成熟地看待人生。从这个意义上说，这场特殊的“暴风雪”在少女王佳的人生经历中具有了某种“成年礼”的意味。

《春城的一场暴风雪》所涉及的尽管是一个社会公平正义事件，但其主要目的并不在于就这一外部事件展开生动的叙述或正义的评判，而是通过它来表现少年精神上的“成长”。换句话说，作者写作的第一目的并非进行社会的批判，而是书写少年的心灵发展。因此，作品的叙述文字往往更多地专注于表现主人公的心理活动和情感世界，对于许多情节的叙述则是大笔粗线条勾勒，这其中包括王佳被误解、冤枉的过程，王佳的父母为此四处奔走的过程，以及事实真相最后的澄清过程等。你可以说这样的写法有些“流水”，但它的确使得这篇报告文学有限的文字在聚焦上显得十分明确，亦即集中表现主人公王佳的精神成长历程。如果说在事件的叙述上，它确乎是有些单薄的，匆促的，缺乏节奏上的张弛感，那么在情感的表现上，它则是从容的，饱满的，伸向少年精神体验深处的。

这篇报告文学作品烙有它所诞生的那个时代的鲜明印迹。读到故事中学校老师和同学给予王佳的安慰和支持，官方机构、媒体对于王佳的认定和褒扬，以及来自各地的慰问信件用语，难免会令我们恍惚，生出一种时光倒错感。从今天的眼光看来，作品对于故事内容、蕴意的处理显然太过简单。但所有这些并不妨碍我们跟随作者的文字进入女孩王佳14岁的生活和心灵世界，并真心实意地为她的善良、淳朴和被渲染得有些不真实的“优秀”而感动，为她最后顺利穿越了人生的第一场大“风暴”而感到由衷的欣慰。

“风暴”过后，“王佳的世界宽阔多了，不再只是那一个小小的方桌”。然而我们也不得不承认，现实生活往往不见得会给我们这么容易的答案。公义有时不一定就能得到公正的回报。在这样的现实下，当代少年要应对的种种生活“风暴”或许比王佳的遭际远为复杂。因此，我愿少年读者们从王佳的故事中所获得的，不只是淳善的人性得到肯定、社会公义得以伸张的快感，更是对于愿意坚持和守护这人性与公义的精神的认同。

（原载《儿童文学选刊》2012年第10期）

幻想的深情
——读童话《空空如也》

“空空如也”是一座房子的名字，这房子多少有些怪诞的意思。它是一个密闭的空间，内里空无一物，唯有黏稠如浓墨的漆黑和寂静。它能大能小，随物伸缩，吞吐变化，容纳一切，只是，无论里面装下多少事物，整座房子依然空空如也。

这苍茫寂寥的“空”，一如故事中“我”失去爸爸后的心境。

童话《空空如也》有一个调子悲伤的开头，但叙述者小心地克制着这份悲伤的流露。“几个月前，我爸爸去世了，很长一段时间里，我都神思恍惚，打不起精神。”如此简白的叙述，似乎远不足以把读者卷入到“失去父亲”这样一桩重大人生变故的况味中。尤其当那座怪异的房子以不无滑稽的方式出现在“我”身后时，我们甚至从文字间嗅到了一丝喜剧的气味。这个跑步会喘气、尴尬会脸红、还会调侃使坏的房子，它的出现，仿佛要为整个文本揭开一道幻想游戏的帷幕。

只是这幻想的滋味有些特别。在它的轻灵、奇异与幽默中，始终缠绕着一道难以言说的沉重。“空空如也”内“安静得像坟墓”，“我”不得不凭借想象力抵抗周遭的虚无。暗室里幻想之花的绽放，甚至令黑暗的恐惧也变得轻盈起来，然而，它终究飞升不到自由的高度。阅读这段叙事的感受是复杂的。如果说发生在“我”与“空空如也”之间的角逐确乎带来了幻想施展的快感，那么与此同时，这快感也因某个未能解决的深层危机而受到明显抑制。危机无疑源自“空空如也”的禁锢，但它不只是“我”身外的“空空如也”，更是“我”内心的“空空如也”，后者才指向“我”真正无从摆脱的那个困境。

因此，“我”和名为“空空如也”的房子之间的这场竞局，其实也是“我”与自我之间的一次精神对弈。要破除这虚空的心灵囚笼，仅有想象力的支撑是不够的，“我”还需要一种比想象更贴近生命本根的力量。从父亲熟悉的身影、慈爱的目光和宽厚的手掌传来的暖意，诠释着这力量的内涵，它最终为“我”“深情地划过黑曜石般的夜空”，也带“我”破开了“空空如也”的困局。亡故的爸爸化为“闪亮的石子”陪“我”冲出禁锢的瞬间，克制已久的思念与深情在文本中蓬勃地蔓延开来，灵魂的疗伤也得以最终完成。

让我们再回到这则童话的开头吧。那起初令人疑惑的情感克制，原来不是悲伤不够强烈，而是它太过沉重，以至于现实的话语难以承受。于是，作者转了个身，借幻想的镜像来书写它。如果说幻想游戏本身绝非这则荒诞故事的终点，那么不经过幻想的路径，我们也无法抵达那个终点。就这样，幻想成全了深情的表达，而深挚的情感则让这幻想的躯体拥有了生命的厚重质地。

（原载《儿童文学·经典版》2015年第12期）

属于同龄人的不一样的世界

董宏猷的新作《一百个孩子的中国梦》，延续了近三十年前他的代表作《一百个中国孩子的梦》的写作体式与写作宗旨，即在“一百个”的选样中书写、呈现中国大地上正在发生和展开着的童年生活的丰富面貌。这是一种“群像式”的写作方式。书中涉及的百种童年，覆盖了不同的年龄阶段、家庭境况、文化背景、地域环境以及各种不同的童年生活内容，充分彰显了“童年”一词本身所内含的多元性。一百个孩子的身影叠合在一起，最终出现在我们眼前的，是一个难以简单的线条和语言来勾勒、描述的“中国童年”的复杂形象。从这个意义上说，《一百个孩子的中国梦》所采取的这种特殊的叙事形式，其意义之一在于它以一种非常醒目的方式让人们意识到，当代童年本身是复杂的、多维的，在同一时刻，各种各样的童年展开着它们各不相同的面貌。对于一个孩子来说，不论他此刻身处其中的是何种童年的境遇，通过阅读去了解、感受那些属于同龄人的不一样的世界和生活，也是一种视野和精神的必要打开。

这样一种写作的方式，无疑对作家本人的生活积累、知识储备以及文学把握力提出了挑战。我们知道，一个作家有他熟悉的生活，他也可以通过阅读、调研、体验等途径，去了解一些他原来不熟悉的生活。但当他面对多达一百种的生活方式和面貌的时候，要把每一种生活都充分地摸熟，写透，其难度是巨大的。作者为此做了大量创作准备。一个以采摘铁皮石槲为业的药农世家代代相传的“刷枝条”技巧，一个爱好围棋的孩子脱口而出的各式棋局术语，一个热爱“酷跑”的孩子率性做出的各种腾挪动作，这些看似不起眼的生活细节，考较的正是作家创作积累的功力。与此同时，每一种童年生活方式的变化带来的不只是作品叙述内容的变化，还包括复杂得多的叙述语体变化。不同年龄、不同民族、不同家庭背景、不同生活方式的孩子，各有不同的表达语体，要在写作中准确地区分、把握这些语体，殊为不易，稍不谨慎就会滑入话语的陷阱。

在《一百个孩子的中国梦》里，我们看到了作家对一些儿童心理、精神状态生动而准确的把握。比如表现“起跑线”竞争中当代童年生活困境的《我要快乐》，那个“乐乐！你今天吃了苦，将来的世界，你要什么就给你什么”的梦境，把弗洛伊德说的那种既碎片化又受到深层情绪支配的梦的感觉，把握和表现得特别生动，更写出了富足时代童年无可申诉的另一种压抑感。我们也会发现，在这一百个孩子的梦想和梦境里，那些有着作家更多、更深生命体验支撑的故事，往往更容易击中我们的心灵。题为“风雪红莲湖”的故事，来自作家童年和青年时代的生活记忆，文字间饱含鲜活的生命感与深厚的日常情感。那是唯有真切的生活本身才能孕育的文学温度。故事里的少年因为偷了莲蓬，被看守的人追踪而来。面对爷爷的呵斥，从起初因为羞愧而“低头不语”，到壮怀激烈地承认这件羞愧的事情，进而铿锵有声地交出赃物，其性情在此刻得到了最为生动的表现。而当他回到窝棚准备挨揍时，等待他的却是爷爷切好的红沙瓤瓜，“他的眼泪一下涌了出来”。无须过多的解释或渲染，一个也许塑造和影响了少年一生性格的事件，其力道与温暖都得到了充分的传达。

当然，在《一百个孩子的中国梦》里，我们也看到了一些过于从旁观和想象的角度来书写现实的故事。这或许是作家在选择“一百个”体式的同时，也已经选择了的那个无从躲避的难度。当作者试图将笔触伸向更多不同层面、不同境况的童年生存现状时，它的广度的铺开，不可避免地带来了深度的削弱。而在一百个相对独立的短故事中书写一百种各不相同的童年，作家对于每一种童年独特的内容、视角、心理和情感的进入，也很难保持在同一水平线上。例如，作为当代乡村社会一种日益普遍化和问题化的童年生存形态，农村留守儿童的生活、情感和梦想在董宏猷的这次写作中得到了格外的关注。然而，尽管作家对这一边缘群体显然怀有真诚的同情和关切，但其书写的笔触还是更多地浮在这类童年生活和精神的表层，相应的故事所叙说的留守儿童生活内容、感受等，也更像是由一个偶然、短暂的闯入者和旁观者提取出的一般生活画图，难以透入它的精神深处，发掘出当代留守儿童的童年更为真切、复杂的生活面貌与内涵。这其实也是当前留守题材儿童小说普遍面临的写作难题。对于董宏猷来说，这还仅是他需要着手处理的百种童年宏大版图上的一小片区，其总体难度可想而知。

或许可以说，《一百个孩子的中国梦》所包含的那个追求童年书写广度的宏大意图，使它不得不放弃了一些朝向深度的探问，因为后者只有可能出现在作家的身心曾深深沉浸于其中的生活经验和理解里。譬如前面提到的《风雪红莲湖》，由于有了作家最生动的生活体验和记忆的支撑，不但写出了一种鲜活、真切的童年感觉，也在充满生活质感的书写中带出了一种深厚的现代文化与现代性精神的反思。当越来越多的人们拿起防水服、高压水枪、长筒胶鞋等使得挖藕工作变得轻便的新式工具来对付这项传统的劳作时，少年和父亲在冰雪天里赤脚下到红莲湖挖藕的壮举，在其对“渔民们代代相传的规矩”的固执坚守中，也让我们看到了随着现代工具理性的普及而被人们日益遗忘的一种传统生活精神：当我们向古老的自然索取生存资源的时候，我们的身体为之付出的诸多辛劳，以及为之承受的种种痛楚，或许都是我们理应向自然奉上的献礼，它会让我们更懂得保持对自然应有的那份敬畏和感恩。读着这样的故事，我们会感到在童年这个看似轻巧、简单的词语和意象里，实在包含了丰富而厚重的文化深意。而这份深意的开掘，也令我们对董宏猷继“一百个”的广度之后的创作，充满了新的期待。

（原载2016年5月30日《中国教育报》）

雨君的书

很任性地以为，读郁雨君的散文集《蹲下来，抱抱自己》，应该选一个薄薄的阴天；明净里带一点点迷蒙，和暖里夹一点点润湿，倚着窗户安安静静地坐下来，就会有记忆的淡淡香味从舌尖生起。

然后一页一页细细地翻读，品尝天使落在头发上的甘美和怡悦，遥想从两道闪亮的铁轨延伸开去的杳无边际的世界；走过方芳散发着太阳味儿的快乐农场，再来听雨君把百般滋味的大学生涯从头细说……岁月在轻而且巧的文字中丝一样地滑过去了，一个孩子跌跌地向前走，记忆中的大象鼻子水壶，遥远的年历片，缤纷的花台灯，鲜黄的大木行李箱，黑白怀旧的同桌纪录片。年岁长了，身体醒了，歌声和舞姿在蓝天和星空下释放出来了，从渐渐丰盈的躯体里嗅到丝丝水果成熟的淳香；爱情也闪着银色的光芒照进来了，唤醒从未有过的甜蜜和哀愁、喜悦与感伤。一段成长的历史被铺开在悠悠素素的天地间，让我们不由自主地跟着雨君感叹：世界上再也找不到一件事比长大更有意思了！

阔气不属于雨君的散文，六七万字圈围起的只是几个小小女生的小小世界，然而调子却着实绵远悠扬。那个哇哇哭叫着抗议杀鸡的小方芳，等到“蜡蜡黄香喷喷的一砂锅鲜鸡汤端上桌，上面漂着绿油油的鸡毛菜”，挂着泪珠子吃着吃着也就真心实意地高兴起来了；那个失掉一弯黄月亮香蕉就像失却整个世界郁闷得“想死”的小女孩，见到一个撑满爸爸掌心的红苹果，立刻笑靥如花地扑向妈妈要小刀去了。第一次寄宿读书的女生，小心翼翼地捧着大大的天蓝色热水瓶，像捧着第一次离家生活的勇敢和慌张。为生生吞下代数课本封面的野蛮同桌内疚和担心得要死，直到他第二天满嘴油亮没心没肺地迟到在教室门口，差点激动得守不住眼泪；学会了对另一个同桌上课中途钻进墙角三角柜的行为装作视而不见，顺便不动声色地帮他带上柜门……所有这些故事有多么真实多么可爱多么好笑又多么叫人怀恋向往啊！当然不是每个女生都能有这样的经历，但是每个女生一定品到过相似的成长味道：小小的愿望，小小的秘密，小小的骄傲，小小的快乐。小小的人儿慢慢长大起来，慢慢懂得了“一点点潇洒的意思”，懂得如何在一个温暖、合适、漂亮的帽子屋顶下寻找漂泊的感觉，懂得河的这岸和那岸如何携起手来围成两个人的院子，懂得怎样修复和保护柔软受创的身心。雨君用笔尖圈起的这个女生守望花园，温暖、细巧、美丽而且坚固。女孩子们可以从她的书里读出许多同感，更可以从里面学到许多成长的经验：学着勇敢地表达自己，学着耐心地倾听他人，学着把善良和爱一路坚持到底。

雨君的文字属于质地轻盈风格淡雅的类型。一个字一个字咬嚼过去，也不见有什么特立的地方，可是穿串成一句就叮叮当当地敲出银质的光芒，一点儿一点儿隐隐地闪烁着，美得让人屏息。“一个星期，整整七天，才结一枚好日子的果实，可以让我们噙在口里，慢慢享用。”“再一抬头，外面已经打翻一大盆乌墨汁，铺天盖地的黑。”“暮色像滴在毛边纸上的水渍慢慢地渗进屋里。”“年轻，就像韭菜，割断了，齐刷刷地再长。”这样的句子，都是值得一次次反反复复品尝咂吧的。在一个小小的段落里冷不丁迎上这些词句，就像在摆满美食的餐桌上意外收到了未曾点过的佳肴，尤为欢喜和赞叹。炽烈诚挚的情感是隐在略带感伤的底调和诗化的回忆氛围下了，愈淡然而也愈真。尝试做一个有趣的试验吧：打开目录页，把大目录当作诗题，小目录看作诗行，心无旁骛地读下去，比如说：

《当时实在年纪小》：一个孩子朝前走/当时实在年纪小/大象鼻子/遥远的年历片/花台灯/第一只箱子。

是不是很引人遐想的一首小诗？

这是我在不知情的好奇下打开雨君这部集子的电子稿，初读目录时犯下的错误。特好笑，然而也很美丽！

轻灵的感觉翩然得令人陶醉，但一定不容易把捉。我是指在写作中。质地太轻了文字就缥缈游走起来，起先惊喜的目光跟着跟着就慢慢生出些许疲倦，这是集子后半部分作品给我的约微印象。比较之下，我更钟情于收录在前两部分的美文：《蹲下来，抱抱自己》《天使落在头发上》《方芳的农场》《一个孩子朝前走》……是性别意识尚未明显分化的早年时光，泥土一样纯朴，树叶一样清新，精灵一样神奇幻妙。我总觉得这里面有更多不仅仅属于女生，也属于所有童年、所有生命的共同质素，那是一种与天地世间相依相著的完整的生命感觉，是小小的热切的心灵用力向外汲取和不断得到充盈的过程，也是世界图像被一张张清晰地刻下，完好地保存，留待日后甜蜜、忧愁地提取和回味的过程。厚重殷实的感觉不是随随便便就可以加上去的，它需要时间和经验的双重积淀；雨君细滑如绸的文风因此染上了几笔凝重和浑厚。我很喜欢。

最遗憾的是，自己十六七岁的时候，没能读到雨君的文字；

总算现在赶上了；

还好啊还好，还好现在一样可以学着：找个安静的角落蹲下来，双臂环拢，轻轻地，轻轻地——

抱抱自己！

（原载《文学港》2016年第7期）

林焕彰的“猫”诗

英国作家菲利普·普尔曼在他的奇幻小说《黄金罗盘》中描述了一个奇异的世界。在这个世界里，每个人的灵魂都会外化为一种动物精灵。人与他的精灵之间保持着一种奇妙的依存关系，动物精灵的心性正反映了它所对应的个体的某些心理情绪和个性倾向。

读台湾诗人林焕彰先生的“猫”诗，令我无端地又想起了那个奇幻世界。如果我们也能够为自己的灵魂选择精灵，我想这位诗人或许会十分愿意与一个静静坐卧着的猫咪相伴吧。

林焕彰笔下的猫，有时安静有时活泼，有时单纯有时深沉。他的这些“猫”诗，有的是写给孩子的，有的是写给成人的，有的则是写给他自己的。对于阅读这些诗歌的感觉，因此也很难做出简单和统一的描述。但我总是朦胧地觉得，在这些穿行着猫影的纸页间，散发着一种特别的孤独的气息，它随着猫咪们懒怠或熠熠的眼神、蜷曲或蹑行的身姿，轻轻染过一行一行的文字。它或许夹带着淡淡的伤感，就像那只需要在天黑以前面对“一屋子的孤独”的猫咪那样（《猫，面对孤独》）；但它仿佛正愿意沉浸在这种孤独的情愫里。这种沉浸，甚至让孤独自身也变得高贵、自在和美丽起来。

林焕彰的不少“猫”诗其实是以猫为主角的自白，比如《小猫说》《我是猫，不！》《猫鼻子的歪理》《我的猫说》等，但更多的则是表现“我”与猫之间的交流。这种交流有时是“我”与猫之间的对白假设，有时是“我”尝试去揣测猫的思想，但细究起来，两者事实上都是诗人以猫为对象，站在“我”的角度进行的一种投射。诗人看猫，同时也是在看自己；“猫”诗也因此成了诗人与自己、与人生、与世界对话的一种方式。“我”喜欢体味猫的沉默、孤独和神秘，但很多时候，“我”的揣测与猫的沉默却形成了鲜明的对比——“坐在钢琴上的猫”并不打算回应“我”的问题，“我”只是自说自话（《坐在钢琴上的猫》）；被“我”认作“偷窥”的猫也无意替自己辩解，一切都是“我”自己的想法（《偷窥的猫脸》）。

猫总是不语地沉浸在自己的世界里，它的形象有如“诗人”“女人”“儿童”和“哲学家”（《我是其中的一种》），而这四类群体恰恰代表了四种性质的“孤独”：诗人梦想的孤独，女人神秘的孤独，童年存在的孤独，哲学家思考的孤独。但我以为诗人并非单纯地认同猫的孤独，相反，诗歌所流露出的情感还要复杂得多：觉察到孤独的“我”从猫的身上同样看到了孤独，孤独因此有了伴侣；然而猫沉默的孤独却进一步反衬出发话者“我”的孤独，孤独因此没有得到分担，而是更增一倍，“我”和猫的距离也被拉开；但猫也让“我”看到了“孤独”的个体的自在与自足，而这种自在与自足其实就存在于“我”自己的身内，猫就是“我心中的猫”（《我心中的猫》）……猫于是成了孤独者的慰藉和精神伴侣，它让我们看到了生命可以拥抱的自在的孤独之美。

自在自足的孤独也体现为对于自我存在状态和存在方式的坚执。诗中的猫咪们常常沉默地拒绝来自人类的解读，它们“拱起的背/无关鱼不鱼，云不云，风不风，雨不雨的问题”（《钢琴上的猫》）；它们“有不理你的美”，也有“懒得理你的权利”（《我是猫》）。猫可以静静地守着黑夜、孤独与寂寞（《猫和时间》），它们活在属于自己的彩色鱼的梦里（《小猫说》《我的猫和我的梦》《猫梦》）。猫的满不在乎的自我坚持的孤独，启示和点醒着诗中的“我”和诗外的我们。

与此同时，正是在这样安静、自足的孤独里，孕育和绽开了灵感和创造的花朵。在《小猫咪》和《纯黑的母猫》里，猫的意象既是诗人心中孤独情愫的象征，也是只有应孤独之邀才会到来的艺术灵感的指代。它在寂静的夜悄然降临，留下“整齐的文字”和“沉思”，又无声地离去。在我看来，诗人的这两首“猫”诗有着强烈的“元”诗歌的意味，也就是说，诗歌展开的同时也是对于其创作过程和规律的一种揭示。它向我们展示了生命的孤独所蕴含着的巨大的创造潜能。以猫为伴的诗人，其实是与自己的孤独相伴和对话着。

在西方，猫作为一种与人类相亲相近而又特立独行的生物，其意象受到过不少诗人的青睐。爱伦·坡、华兹华斯、济慈、波德莱尔、叶芝、奥登、纳许等诗人都曾将它的形象写入诗中。一些爱猫的有心人还将收集到的“猫”诗结集出版或设立专门的网页。焕彰先生说自己“很高兴当一位罕有的‘猫’诗人”。我们期待藏在他心中的那“几百万只猫”，能够为我们带来更多别样而丰富的阅读享受与启迪。

（原载《文学港》2016年第7期）

为了童年的理想国
——读汤素兰中篇童话《天上掉下个老奶奶》

刮着南风的日子里，从云朵上落下来一位奇妙的老太太，给地面上贫瘠、孤单的童年带来了斑斓、飞扬的生趣。翻开汤素兰的中篇童话新作《天上掉下个老奶奶》，仿佛嗅到文字间飘动着一丝熟悉的故事气息。我们或许想起了英国作家特里弗斯笔下那位乘着东风来到班克斯家的经典童话角色“玛丽·波平斯阿姨”。故事里的彩云奶奶就像玛丽·波平斯那样，用她奇异的本领和深藏的童心，为孩子们点亮了原本沉闷灰暗的生活。

但彩云奶奶当然不是玛丽·波平斯，汤素兰也并非要讲一个西点味儿的幻想故事。它的叙事起点不是中产阶级的温柔床头，而是“低矮潮湿”的现代“贫民窟”，这里的童年不曾体验过欢洽游戏和甜蜜的晚安吻的滋味，有的只是黑屋子里畸形的“安全”与孤寂：“当孩子们的父母出门去工作挣钱的时候，孩子们就被关在家里，为了不让他们乱跑，有的爸爸妈妈还用一根绳子把孩子拴在床柱上，像拴小狗一样。”在这一童话化了的对生活的夸张中，我们分明看到了正在今天的中国大地上艰难踱行的那个困境童年的身影。

因此，当汤素兰在她的幻想世界里注入对于当代城市贫民群体童年状况的关切时，她也触动了对于现代童话的发展来说意义重大的一个艺术议题。千百年来，童话轻灵的想象如同天边玫瑰色的浮云，它的奇丽的幻境带孩子们飞越负重的现实，体验心灵无边的自由。如果说这幻想的翅膀始终是童话艺术不变的核心，那么今天，如何使这双翅膀从日益远离社会现实和儿童生活的轻飘滑翔里走出来，去关注和表现当代童年更真实的生活经验与更真切的生活愿望，思考和探问当代人更贴身的生活伦理与更宽广的生存关怀，则是这一古老的文体样式面临的新的艺术课题。只有在与现实的血脉关联中，现代童话的幻想才不至于退化为对生活的消极逃避或掩饰，而将继续给予成人和孩子更好地回归、理解，进而改写现实的积极冲动与力量。

这种贴近当下的现实情怀，使汤素兰笔下的这个神仙故事以及它的一切幽默、奇想和展翅飞翔的狂欢，同时蕴含了一份温柔的深情与凝重的关怀。从彩云、白云、乌云神仙三姊妹的各施所能，到鲁班、夸娥氏等仙人的各显神通，我们看到了古老的传统童话意象在现代生活舞台上焕发出的闪亮光彩。从天而降的免费幼儿园、奇思妙想的白云宠物、神奇配方的彩云棉花糖和云朵面包……这些为孩子而盛开的幻想之花，它的朝天绽放的花盘将我们带向那个飞越现实的欢乐而自由的幻想国度，它的扎进大地的根部则无时不在提醒着我们这欢乐与自由的现实讽喻。“孩子们不是小狗，怎么能拴起来呢？”“如果我把幼儿园拆掉了，这20个孩子到哪里上幼儿园呢？”这类源自现实的朴素质询以及它们所代表的对现代童年命运的关切，既是这则童话幻想的起点，也指向着它试图抵达的那个现实关怀的终点。

像无数过去的童话故事那样，彩云幼儿园的传说也有一个美满的结局：孩子得到拯救，正义得以归位，世界重新和谐，人人皆大欢喜。这当然是童话里才有的梦想，但它同时也代表了现实中我们仰首企望的那个理想国。如果说梦想本身乃是人类特有的精神和权利，那么在孩子面前，这份精神和权利无疑应该得到充分的伸展和张扬。

（原载《十月少年文学》2017年第4期）

日常生活的幽默奇想
——读刘海栖童话《绿头发先生行医记》

《绿头发先生行医记》是一部构思颖异、想象奇谲的幽默童话。它的故事启幕于一个我们再熟悉不过的就医场景：诊所里，医生和护士忙个不停；病人们在靠墙的座位上等候就诊，多少流露出些不耐烦的情绪；救护车呜呜响起，医生匆忙出诊……如此常规的忙碌情形，使得童话开头仿佛不经意间提到的绿头发先生“留着一头绿油油的长发”的奇异特征，几乎完全淹没在了这寻常生活的语态中。直到看见这位医生的身影分明一次次奔出诊所去处理急务，却又仍然安坐在诊室看诊，那种从日常的土壤里忽然钻出的奇想的藤蔓，才叫我们大吃一惊，继而去回溯它的来由——在绿头发先生“一次比一次瘦”的身形里，究竟藏着什么样的秘密？这个秘密与他的神秘身份和神奇本领之间又有着什么样的联系？

这是童话里一个巧妙的伏笔。它像一个暗藏的谜面，悄悄埋伏在整个故事的叙述进程中，一直到故事快结束，才会向我们完全揭开。但与此同时，随着作品叙事的展开，有关它的谜底又无时不在文字间隐约闪烁。常常是在情节发展的某些节点，我们猛地悟到，此前一带而过的某个不起眼的小细节里，其实早已伏下了隐在的叙事暗号。比如绿头发先生的那一头“绿油油的头发”，表面上只是一项奇异的外形特征，其实则清楚地昭示着他身份的秘密。只要你读得够仔细，关于这个秘密的种种暗示，一直在文本里朝你眨着眼睛。例如，当绿头发先生一阵风似的出入诊所，候诊的人们纷纷评点和议论着他“越来越瘦”的变化，对话中，有人叹道：“瘦得就剩下一根啦！”读者或许会感到疑惑，为什么要用如此怪异的“一根”来形容一位“先生”的身量？一旦我们获知绿头发先生的真实身份，这份疑惑也就为微笑所取代。解开这些小小的叙事环扣的过程，伴随着一份智力游戏的愉悦，而这么一来，童话的阅读也增添了独特的解谜和发现的快乐。

《绿头发先生行医记》可能是迄今为止海栖童话中将伏笔的巧度和悬念感掌握得最为恰到好处的一部作品。而如果我们再把它放到整个当代原创童话艺术发展的语境中，从文学探索的角度来看它的特征与价值，那么其最为独特的艺术贡献还在于，作家在童话常见的拟人手法的运用中，就拟人对象的物性做了十分巧妙的创生与化用。明白人一定能读出来，这是一部主要以蔬菜、水果等植物对象为主角的童话。故事里的西红柿小姐、茄子先生、丝瓜太太、白菜女士等角色，包括绿头发先生本人在内，无一不是可对号入座的蔬菜品类。但作家在叙事中偏偏有意避开了对其蔬菜身份的直接指认，反而用“她的脸红红的、圆圆的，看上去像一个熟透了的西红柿”“说这话的人浑身上下都是紫的，看来血压的确很成问题”“这两个警察一个胖，一个瘦，胖的像柿子椒，瘦的像红辣椒”，还有“穿翠绿色连衣裙的女士”“留着莴苣头的老师”“青皮萝卜似的光头男子”等形象幽默的譬喻，造成一种写人拟物而非写物拟人的错觉。这一似人而物、似物而人的巧妙手法带来了奇特的阅读效果：你既觉得这些角色分明是物性十足的拟人对象，又觉得在他们的物性中真有着生命和情感的切实内涵。在童话里，我们见惯了太多将物的形象直接挪移到人类世界及其行为逻辑中的童话拟人，却很少见到将物性与人性如此巧妙地融为一体，且能令它们在拟人与拟物的模棱关系中演绎独特故事的艺术创新与探索。如果说“绿头发先生”的形象多少让我们想起了20世纪美国童话作家休·洛夫廷笔下声名远播的另一位怪医“杜立德”的传说，那么在拟人手法的运用上，海栖的这部新作无疑更让我们看到了当代童话艺术拓展与探索的新境。

这部作品也将海栖童话向来擅长的语言幽默提升到了一个更为纯粹和明净的层次。书中绿头发先生出场的片段，尤其值得一再品读。作者的叙述是清朗的、素朴的，同时又是活泼的、生动的；人物的对话是自然的、简白的，同时又饱含可爱的生趣和意味。那种日常生活的平凡琐细与童话幻想的灵妙奇异、舒展细致的场景铺写与一波三折的悬念起伏的奇巧对衬，给读者带来了十分享受的阅读体验。在《绿头发先生行医记》里，幽默的滋味是丰富的，多样的。它有时是凯斯特纳式的奇思妙想，比如水下电视台播出的各类奇闻趣事；有时是达尔式的游戏狂欢，比如巫婆学校里孩子们的创意捣蛋；有时是罗大里式的荒诞讽喻，比如“特种燃料”和“官瘾病”的反讽；而在作家夸张滑稽的笔触之下，我们也能感受到那份洛夫廷式的温情和暖意。也许可以说，在海栖先生的童话里，始终包含着一种朝向经典的努力意识。这些年来，他以不间断的童话创作默默实践着内心的艺术追求。这样一份持之以恒的写作热忱和理想，值得作为读者的我们奉上真诚的敬意与远大的期望。

（原载《中国图书评论》2017年第6期）

让童话的河再流过
——读陈诗哥《捡到一个童话》

初读陈诗哥的短篇《捡到一个童话》，脑海里浮起我钟爱的斯皮尔伯格的电影《铁钩船长》里的某个场景：曾是彼得·潘的中年男人坐在梦幻岛的简陋木桌前，望着面前空空的餐盘，木桌四周，孩子们正兴高采烈地从同样的空盘里“享用”美食。罗宾·威廉姆斯饰演的彼得，那一脸茫然的无奈，将一个成年人的精神枯涸状态演绎得惟妙惟肖。这一刻，多少人意识到，自己就像影片里的彼得一样，在日复一日的生活磨蚀中，忘却了年轻的创造力和飞扬的诗意。

《捡到一个童话》是一则献给所有在成长中开始遗忘的人们的救赎童话。无人留意的街角，那个蒙着“灰尘、纸屑、果皮、落叶、烟头”的“童话”的黯淡身影，是我们心里曾经留驻过的童话年代灵魂的象征。那时候，世界尚未接受经济价值和生存功利的度量，一声鸟鸣，一首歌，一片叶子落下的声音，都是最受珍视的事物。那时候，我们带着“王子”般的骄傲顾看、照料自己平凡的王国，心中充满了足意的幸福。

但那听上去是多么遥远的时候啊。当生活的负累日渐压弯我们的灵魂，像压弯了“那人”的背一般，这样的童话感觉也如退潮般从我们身上逐渐逝去。如同故事里的“那人”一样，我们走在路上，迎面而来只是生活的那副老旧面容：“一样的街灯。一样的士多店。一样的面孔，不管熟悉的，还是陌生的。一样的胡萝卜，摆在一样的西红柿旁边……”作家有意采用无名的“那人”来称谓童话的主角，但这无名反指向所有人之名。将“那人”笼罩其中的那种沉滞乏味的生活感觉，自然也就构成了对一种具有普遍性的现代生存经验的指认。

作家以这样的方式，带读者走进一场重新发现自我的旅程。“那人”捡回了像个柔弱孩子般的“童话”，照料它，护爱它。也是在这个过程中，他和妻子重新寻回了自己生活的“童话”——那种蕴藏在日常时间和普通烟火里的新鲜气息与诗意滋味。最后，生活依然是需要“金鱼牌酱油”和“麻雀牌咖啡”的普通生活，但当童话的河从我们心上流过，一种宛若新生的年轻、生动和光彩照人，被赋予了这平凡的日常世界。

你注意到了吗？作家在故事里从未切切实实地指“那人”为老人，尽管他的那副模样、那番姿势，很容易被我们视作一位老者。他是真的老了吗？还是因为背负着一个蒙尘的灵魂？正如故事结尾处，二人的返老还童，究竟是生命重始的幻想，还是魂灵重生的喻指？我喜欢这种真幻莫辨的奇妙境界，它让幻想与现实的边界融合在一起，也让童话和生活的影子交叠在一起。于此，作家不但越过生活的现实编织着童话的幻想，更透过童话的想象为我们讲述着生活的真谛。

（原载《儿童文学·经典版》2017年第9期）

狂想与温情

刘海栖的童话具有高度的文学辨识力。如果要以一个至简之词来概括这种辨识力的基本特征，或可借来苏联文论家巴赫金笔下的“狂欢”二字。那是一种作为诗学品质的狂欢精神。从童话意象到童话的语体，那种颠覆常识的想象，喧哗絮叨的幽默，狂野而接地的欢乐，毫无犹疑地将读者挟带进一种单纯朗亮的狂欢氛围。而在这些充满狂欢感的意象和语言背后，属于一切生命的那份张扬而欢愉的存在感，亦如日光下的水汽般自然地蒸腾和氤氲开来。

他的新作“豆子地里的童话”系列，也是这样一部洋溢着生命喜气的狂欢之作。一片黝黑无奇的豆子地，一群小不拉叽的鼠虫们，在自己的小世界里上演着各出“惊心动魄”的大戏。豆叶子下，一场“战争”正紧锣密鼓地展开，陆海空三军一一就位：蚂蚁骑兵，螳螂大刀队，青蛙鼓手，蝈蝈号兵，蟋蟀警卫，豆虫侦察兵，蜗牛坦克，西瓜虫手雷，瓢虫侦察机，蜻蜓轰炸机……只需对个中的角色扮演逻辑稍做联想，读者定会会意地笑出声来。豆子地里的草丛间，一个鸡蛋从天而降，它是田鼠盼想已久的美食，却也是其他豆子地居民想方设法要保护的对象，由此引发了一场轰轰烈烈的“鸡蛋保卫战”。可以看到，海栖笔下的童话角色们，无不有着强大的行动力。它们在故事里欢快地左奔右突，难得有停下脚步的时候；一旦身体的行动被暂时迫停，唇舌的交锋随即跟上，仿佛不如此，就不足以将它们体内满溢的生命精力充分宣泄出来。它们像节庆时节的连串彩灯，不论大小，都在尽力发散着内里的全部光芒。而这种看似永无止歇的行动力，正是其强旺生命力的直接投射。

与之互为映衬的是，作家在童话里写行动，写对话，亦如行云流水，酣畅淋漓。从原创童话中读到如此畅快舒展的对话，时有幽默的光泽一闪而过，真是一种享受。在最美妙的那些段落间，这些对话是鲜活的，直落的，带着脱口而出的自如和入耳即化的生动，同时又是饱满的，充盈的，有着耐人琢磨的滋味和引人遐想的余韵。他写一群虫子后悔刚发下的一个誓言，“他们发誓以后发誓前一定好好想想后果”，庄重的姿态里满蓄着轻快的调侃，两者缠绕造成的复义幽默，余音袅袅。他写一个老蜘蛛的絮絮叨叨，明明是一个老者言语上的拖沓啰唆，却又充满意在言外的幽默暗示，仔细回味，你能品出生活在一个老人嘴里的特殊滋味，也能读出属于一个老人的真实而生动的心理情状。他写豆子地附近活得漂亮、骄傲而自在的母鸡芦小花回应豆丫“是不是少下了一个蛋”的质疑：“别的事我都会忘，但这种事情不会忘！”此前得到一再渲染的“忘”与此处得到格外强调的“不忘”之间的幽默对衬与碰撞，使得母鸡下蛋这么一件家常之事，也给写得别具气象，神采奕奕。

在刘海栖的童话里，平淡的日常生活事物和事件被赋予了飞扬的表情与光彩。他的童话逻辑，也是由寻常中幡然而出新意。童话中，人与其他生物之间或可自由交谈，但这种交谈往往伴随着双方日常关系的改变，比如洛夫廷的“多立德医生”系列，通兽语的医生与动物之间实际上是家人关系；人与他物之间也可能仍然维持着现实中的生物链关系，在这种关系下，双方则大多言语不通，难以直接交流，比如E.B.怀特的《夏洛的网》，人与动物各居一隅，各行其事。“豆子地里的童话”打破了这两重逻辑的壁垒。初读故事，你会以为这里的虫子和动物们乃是活在人所不知的自己的天地里，但当它们乍然开口，与人交流，你在惊奇中也并不感到违和。田鼠多多圆多么忌惮人们用来掏田鼠洞的铁锹，却又那样忘情地跟豆娃大侃起田鼠洞的构造；公鸡黄爪子是一只普通的家鸡，打鸣，守家，最终可能被宰杀，但当它与人自如对话时，它又俨然是一副家长和智者的模样。在这里，寻常生活语境下人与动物的生存利害关系，与一种恍若原始状态般自然的万物有灵感奇妙地交织在一起。两相映衬之下，我们似乎看到，就在生活的一般模子里，从容展开着一场万物的盛大狂欢。

这场狂欢属于动物，也属于孩子们。他们是豆子地边上、一户乡村留守家庭的两个留守娃娃。我其实特别不想说，“豆子地里的童话”是一部涉及留守儿童题材的作品，因为一种题材的道德并不能用来证明一部作品的价值——况且，这部童话根本不需要这样的道德佐证，它用自己的文学力量吸引、打动着读者。但我又特别想说，在“豆子地里的童话”中，的确有两个留守家庭的孩子。生活的艰辛和孤独没有压低他们的颈项，他们像所有孩子应该做的那样，在游戏的狂欢里创造、享受着独属童年时代的那片丰美的生活风景，尽管在狂欢的远景处，隐隐约约的地方，作为读者的我们总能看到不经意间闪过的一抹淡然的忧伤，那是对所有童年都足以造成打击的生活挫磨：家境贫苦的艰难、父母远行的孤独……有时候，我们会感到，游戏的狂欢愈是张扬，它背后的伤感也愈是深浓。然而，也正因有此生活重负的背衬，童话里的狂欢游戏忽地拥有了另一重特殊的质量，在这里，童年的自我狂欢不再仅是没心没肺地玩闹，它也是一个孩子借以承受、抵抗生活中不能承受之重的独特力量。就像在《寻友历险记》中，铁皮蝈蝈因自豪于自己的歌声而选择留在城里，但在“我叫得真有这么好吗”的令人忍俊不禁的自负里，我们还从一只蝈蝈与一个独居老人相伴的生活场景中，看到了一团迷雾般的忧伤，和一份努力想要穿透它的阳光般的温情。

所有这些使刘海栖笔下欢腾跳跃的童话狂想，同时拥有了一份温暖沉静的生命底蕴。这种蕴蓄沉静的狂野、饱含温情的欢乐，是海栖这类童话的最为迷人之处。然而个中精准的艺术平衡，也是极难把握。比如《胜利大逃亡》中，豆娃灵机一动，用小便“造”成“大海”、建起“海军”的欢乐“壮举”，或许让我们想起了巴赫金所看重的拉伯雷在《巨人传》中着意表现的巨人庞大固埃的尿怎样淹没军营、怎样流成欧洲温泉的叙说。如果说在这里，以生命力为核心的狂欢精神是一致的，那么面对儿童读者，怎样使这种合理的身体狂欢呈现为更符合儿童文学趣味的审美表达形态，像达尔在童话《好心眼儿巨人》中写绝了的“下气可乐”一样，由儿童的寻常生理之事写出天真纯粹的童趣，进而由此童趣发掘、传递出生活的温暖情致，仍是一个大可探索的写作话题。我相信，随着作家童话艺术的不断精进，我们会看到这两者之间更为完整统一、妥帖独特的融合。而从这里，我们也将进一步见证海栖童话更独特的价值和更迷人的魅力。

（原载2017年12月8日《中国出版传媒商报》）

童年生活的光芒
——读《有鸽子的夏天》

读完海栖先生的新作《有鸽子的夏天》，很久了，我的脑海里还盘旋着山水沟街那一群孩子叽里呱啦、奔来跑去的忙碌身影。

这些年，很少有一部原创儿童小说能够激起如此畅快淋漓的阅读体验。作者把童年生活的一种滋味简直写绝了。那时我们的日子还远不能用富足这样的字眼来形容，但它却不能限制一个孩子创造他的日常生活的想象力和行动力。海子、二米、鸭子、二老扁，养鸽子、玩杏核、抽陀螺、抢菜……那样的推推搡搡、吵吵嚷嚷，却也是那样的欢欢喜喜、热热闹闹。一看到他们，我们就会想到，不论社会如何演进，生活如何变迁，在历史的角落里，总有一个永远的孩子，在那里不知疲倦地蹦着，跳着，玩着，笑着。

那也是我们每个人心里永远的童年。

小说的语言一如作者笔下的童年世界，朴素而鲜活，清亮而生动，趣味与幽默都酝酿得恰到好处。神气的二米和他的鸽子群一出场，我们仿佛听到了鸽子翅

《有鸽子的夏天》

膀的扑棱声，还有那渐渐地淡远又渐渐响回来的鸽哨声。在这个由视觉、听觉、触觉、想象等一齐烘托出的画面里，有一种切实寻常而又不可言状的气息，牢牢吸引着故事里的海子和读着故事的我们。

我想，我们每个人的童年，都曾或多或少地被这样的气息所笼罩，所浸润。

然而，在活灵活现地摹写童年生活情味的同时，作家从未忘记身为一个小说家的职责。小说里那些起初看似散漫的细腻、真切的生活片段和细节，都暗暗指向一个更核心的故事。整部小说由鸽子入笔，正写到酣处，却由“养鸽子对我来说是一件很遥远的事情”，一笔宕开，落至闲悠悠的“好在我们有别的事情做”的附笔。就在我们读着那些快乐而迷人的童年游戏，差不多要忘了鸽子这回事时，作家又将它不露声色地忽然端回到我们眼前。我们于此方知，一切闲笔，其实无不在为“我”的鸽子的出场渲染铺垫。这对鸽子随后的命运以及这个孩子的快乐和忧愁，是那样牵动着我们的关切。这期间，许多不经意的叙事伏笔，是要一直等到后来某个重要叙事片段的呼应和揭晓，才带给我们恍然大悟的惊喜。

小说中，鸽子事件既构成了故事的核心悬念，也导致了一个孩子世界观的危机。如何解除这个危机不只关系到故事过程的演绎展开，也关系着这个孩子的精神命运，后者使这部作品带上了些许“成长小说”的意味。成人角色赵理践是帮助“我”度过这场“成长”危机的重要指引人。这个质朴、敦厚的送煤工，用他的善意和温情，默默关切着贫瘠年代里一个孩子不为人在意的小世界。他与海子的交往，小说里写得那样简朴平淡，读来却总令人心生暗潮汹涌的澎湃。他的存在让海子和我们相信，在世俗生活的纷纭甚至不无狰狞的表象背后，有一种朴实无华和良善温厚，可能才是最终决定其运行逻辑的真正力量。

但我们也不要以为，一个孩子面对真实的成人世界和现实生活，全然是无助的，无奈的。我们还记得，那个在很长时间里始终以强权者、欺侮者面目出现的郭一刀，最后送给了海子“一小块猪肝”。在我看来，这个小小的、意外的礼物出现在小说的结尾，不但把童年应有的尊严还给了一个孩子，也把日常生活和普通人物应有的人情与人性，多少还给了郭一刀这个形象。谁能说清，郭一刀最后慨然归还鸽子，究竟是完全慑于赵理践“给他送不好烧的煤球”的担心，还是在心里同时也怀着对这样一个由孱弱中爆发出巨大勇气的孩子的认同乃至小小的敬重？

这样，《有鸽子的夏天》最终带我们走出善恶二元的故事与观念模式，走向了现实人生和日常人性更为丰繁、复杂、微妙的境况与滋味。它让我们看到，生活是难的，却也无往而不带着它温暖的底色。从胡卫华为鸽子流下的眼泪里，从鸭子为父亲砸着杏核的“啪啪”声里，从王木根乒乒乓乓打着鸽笼的身影里，这道温暖的光芒始终在轻轻地浮动着，摇曳着。它照亮了“我”与鸽子之间的这个故事，也照亮了我们立身于其中的这个世界。

这一点儿温暖，或许就是那充满着烦恼艰辛的生活之所以让人着迷、叫人珍爱的根本所在。

我相信，它也道出了童年之于我们的一种根本意义。

（原载《十月少年文学》2018年第6期）

童年是一个个奇妙的日子
——读子鱼“淘气姐妹花”系列

读着子鱼笔下这对姐妹花的淘气故事，我想起的是德国作家迪米特尔·茵可夫在他的儿童故事集《我和小姐姐克拉拉》中塑造的那对小姐弟。一样的稀里糊涂而又顽皮快活，一样的混沌懵懂而又天真玲珑，大概只有这样的家庭，才会走出这样的小孩。因为生活已经不需要这些孩子忧心柴米油盐，所以他们可以在舒适的屋檐下尽情翻弄自己的小世界。又因为生活总还不可避免地沾带着柴米油盐的烟火气息，所以他们翻弄的这个世界仍与我们熟悉的日常生活保持着亲切的联系。那是某种住在人间而又漫步云端的奇妙状态。平淡寻常的生活落在他们眼里，变得充满了别样的趣味。稀松见惯的对象与他们的感官相遇，也常会激起奇妙的想象。

他们就用这样的方式，把我们规规矩矩的生活搅得风波不定，一团忙乱，却也滋味十足，妙趣横生。为了尽情做自己想做的事，花瓜把家里的时钟统统取出电池，让它们的指针定格在六点，以为这样就能让“时间停止”，可以永远只看动画片，用不着再去做功课。这个举动耽误了爸爸妈妈和姐姐计划好的活动安排，结果自然弄得家里人仰马翻，手忙脚乱。她学着爸爸的样子在榕树下“想事情”，“花爸喝一口茶，花瓜就喝一口水；花爸在纸上画表格，花瓜就在纸上画图；花爸闭眼沉思，花瓜就闭眼小睡……”当爸爸的不无爱怜地望着身边的小跟屁虫。不过，当他忽然从花瓜模仿他的涂鸦里找到了自己苦思而不得的设计灵感，心情恐怕也有些复杂。“发呆是为了要思考”，那么最后，究竟是谁模仿了谁的“发呆”，又是谁启发了谁的“思考”？

透过童年的滑稽与幽默，我们看到的是习以为常的生活如何被一个孩子的目光和理解点亮，它使这一刻的当下仿佛从这个小孩身上汲取了童年时代永不枯竭的剩余精力，变得灵动、活泼，充满创造力。哪怕这种创造其实还是一团混沌的稚气，它的兴致勃勃和生机盎然，仍给这世界带来了迷人的生气。

当然，更多的时候，两个孩子是以她们古灵精怪的想法，在自己的小世界里搅动起一场场语言和思想的小小风暴。看着这两个未谙世事的小孩子正儿八经地琢磨和讨论起过去与现在、记忆与未来、时间与空间、人生与梦幻等宏大得几乎能把成人压垮的形而上学的话题，令人不禁莞尔。但仔细回味，其中却也有足以值当我们肃容以待的庄重。为什么有时候时间过得这么快，有时候却过得那么慢？为什么同样的时间，有的人感觉过得快，有的人却觉得过得慢？如果一切事情都放慢了来做，时间是不是也会跟着变慢？

如果说这样的思考未免还带着童年不更事的稚情稚趣，那么以下问题的提出或许会令我们不由自主地端正身体，收敛精神：在没有记忆的小时候，怎么证明那时的你曾经存在？我们的身体里是不是有“两个我”？“如果我长大了，却没有想法，我算是存在吗？”到底是“时间跟着我一起长大”，还是“不管你在不在，时间都会存在”？到底是“人生很短暂，像梦一样”，“泡泡破了，什么都没有”，还是“在梦里面玩一种叫作‘一生’的游戏，多么棒啊！管它什么人生如梦的。”两个孩子半懂不懂间的嘻嘻哈哈，让我们看到了童年的某种令人惊讶的哲思气质。它使这些小小的故事带上了独特的气息和韵味，也带我们进一步走向童年生命世界的阔大旷野。

花布与花瓜的故事还在继续。我期待着在接下去的故事里，那种灵气饱满、引人入胜的童年生活感觉，还能淬炼得更澄净一些。比如，从花布和花瓜口中不时蹦出的“讨厌”“无聊”“傻啊”“笨瓜”“幼稚”“有毛病”“好恶心啊”等词，及其对应场景多少透露出的任性自我、自以为是等情绪痕迹，未免有损故事本身的天真情味。这可能是今天童年生活中十分常见且极易传播的一类情绪感受和表达，正因为如此，一则儿童生活故事在处理这类现实的时候，尤其应该谨慎。一个儿童故事的重要价值不在于复制儿童生活的一切面相，而在于以作家精准的审美判断和独到的艺术智慧，传递童年世界里那些既真切现实又具有美感的生活、情感与思想的内容。或许，子鱼此书的创作重心在于发掘、表现童年思考的独特情态，但我相信，对这个世界来说，文学和审美的高级境界仍然是它追寻的终点。

这也是为什么在目前为止已经出版的系列故事里，我会由衷地喜欢上那则题为“怎么大家星期六都这么忙”的故事。花布与花瓜为了院子里的小提琴演奏会，正儿八经地设计和张贴海报，制作和分发门票。最后，乐曲、舞台、蕾丝边的白色礼服，一切就绪，邀请的观众却一一告假。面对空无一人的观众席，花布虽然有些伤心，还是决定把演奏会坚持下去。然而，花猫卡卡来了，花爸花妈来了，有时候会欺负她的邻居伙伴来了，花叔带着堂哥来了……“座位上大部分是没有门票的听众”，一个孩子的节日因此得到了拯救。这个故事里有那么一点儿童年的自我中心，最终呈现给读者的却是童年生命力积极的释放与确证；有那么一丝世故现实的阴影，最终触动我们的却是日常生活的明亮与单纯；有峰回路转的人生领悟与思索，最后却融化在了生命不经意的惊喜和温暖中。

花瓜的童诗以孩子气的朴素与洞察道出了此中微妙的滋味："有门票的大部分没来/没门票的都来了/这是一个奇妙的日子"。这"奇妙"里有童年面对世界的惊异与好奇，有童年结识世界的惊喜和欢愉，也有童年热爱、享受这个世界的足意和幸福。

但愿每一个孩子的童年，都能拥有这样奇妙的日子。

（原载《出版人》2018年第8期）

生命中永恒的底色
——读李东华新作《小满》

李东华是一位温雅谦和的作家和批评家。我喜欢她的作品，也爱读她的评论。她以这两副笔墨在文学的世界里游走，非但不使它们彼此损伤，反叫她的评论披上了鲜活的色彩，作品则沉淀下某种理性思索的厚重。

犹记得几年前的热暑里，翻开她的新作《少年的荣耀》，那种从历史的尘埃间捡拾而回，却依然鲜活如初的童年生活质感与氛围，瞬间将我卷入其中。我一面读，一面被东华了得的小说功夫所吸引，叙事张弛间，就连那些边角场景和人物都打磨得细致圆润，光亮照人。更进一步打动我的，不是这部小说由童年生活的小角度提起了战争和历史的大题材——我从来不认同创作上的题材决定论——而是作者以如此沉稳的笔法，在复现一种生动极了的历史童年生活的同时，也探向了战争和历史背后童年与人性的深思。在我看来，这份思考代表了同类题材儿童小说创作中一个重要的开拓点。

现在，眼前又摊开了她的这部清雅凝重的《小满》。

从许多方面看，《小满》都是一部典型的青春小说。青春心理的叛逆，身体意识的觉醒，纯净感伤的恋情，沉默私藏的秘密，还有少年时代眼中被不知不觉放大了的那种周遭世界与生活事件的重大性。仿佛是从某一刻起，自我、爱情、命运，这些充满分量的语词忽然重重敲打在了敏感的青春灵魂之上。于是，在一个少女平淡无奇和波澜不惊的生活外表之下，我们看到了如同深海洋流般翻卷激荡的灵魂的风暴。

东华没有把这个风暴期处理成某种塞林格式的心理独白或叙述实验，而是选择采用通俗小说的若干典型主题和结构模式，来书写一个青春期少女的心路历程。这也是她擅长的技法。她前些年的《男生向左·女生向右》《远方的矢车菊》《薇拉的天空》等少年小说，都带着青春题材通俗小说的某些烙印，也令她的故事因此具有了极强的可读性。在《小满》里，那些在时下青春文学中流行的母题依然清晰：习惯于站在聚光灯阴影里的平凡女主，怀着无人知晓的天鹅梦，不知不觉地走在蜕变路上；为这段成长提供背景和驱动力的叙事元素中，包括帅气优秀的白马王子、高贵漂亮的公主，突如其来的生活变故，出人意料的浪漫邂逅，以及总是错位的多角暗恋，等等。作家把这类小说特有的发现和营造生活悬念的能力运用、发挥得淋漓酣畅，明明是寻常巷陌的烟火生活，却是一波未平，一波又起，那种日常生活内在的戏剧性波澜，一下子就把读者带进一种欲罢不能的阅读快感中。

这样的小说，表面易写，实则难为。

易写的印象很可能来自它的角色和故事里透着的某种似曾相识之感——它们显然是有“类型”的。像古往今来的无数通俗小说一样，那些早已沉淀于我们集体原型深处的类型情结，为这类创作注入了永不褪色的魅力。在今天的大众文学和影视领域，很多时候，哪怕只是草率地动用这些类型的资源，都能赢得一个颇具规模的读者和观众群。

然而，它的难度恰恰也在于此。在类型文学强大的笼罩之下，如何使得诉诸它的写作不是落入平庸的复制，而是走向卓越的独创，不是跳进俗套的陷阱，却是完成天才的一跃，无疑变得异常艰难。比之另起炉灶的文学实验，这样的创作想要推陈出新，某种程度上其实更为困难，因为类型的力量越是强大，突破的限制便越是紧实。我有时想，在文学史的每一个转折阶段，必然会出现的那些有意无视或破坏规则、模式的写作姿态，除了借此探索新的技法，表达新的意义，恐怕也包含了从类型文学的笼罩下逃脱出去的强烈冲动吧。

这种难度的考虑对于那些仅以写作为生计的写手而言，是不存在的，但对于一个将文学珍而重之、视写作如精神引渡的作家来说，则可能成为攸关一部小说艺术生死的大问题。这里，关键不在于写作是否沿用了特定文学类型的机制，而在于它能否把熟悉的类型写得独一无二，令人过目难忘，把普遍的母题写得深刻隽永，引人回味无穷。这样的写作不但是对类型的援引和诠释，更是对它的丰富与升华。

我读《小满》，读到了这样的丰富和升华。它使这部作品带着“类型”的承重飞翔起来，成了一部独特的、令人眼前一亮的少年青春小说。东华对于少女成长的心思有着细腻、精准、真实、生动的捕捉与摹写。主角小美是从最普通的市井街巷走出来的无数普通女孩里的一个，拮据的生活把她打磨成了一个乖巧懂事却也眉眼平淡的孩子，家里琐碎的抱怨和争执则构成了她日常生活中不为外人所知的烦恼底色。但这是青春飞扬的年纪啊，最俗气的生活也不能将那个高贵的梦想踩在地上。

东华把这样一个少女平凡里的不甘、自卑中的傲气，拿捏得既充满故事的戏剧性，又尽显生活的真实感。一边是现实的镜子里那个“没有经过润色”的“草稿”般的当下之“我”，一边是虚构的空间中那个鲜妍明丽、光彩照人的想象之“我”，两者熔融的火候，其实并不容易掌控，它无疑太易滑向那在类型文学和影视中被演滥了的丑小鸭变天鹅的套路。但在这部作品中，作家对于一个普通少女真实的生活境遇与生活感觉的尊重和把握，每每化解了套路的危机，甚至在不知不觉中把它变成了小说艺术升华的一个触发点。

比如小美与汪诗帆在木户小村的河畔偶遇，以及随后他们在小美奶奶屋里的那一番交流对白。一个本该最浪漫的时刻，却遭遇了最不浪漫的现实，在两者的碰撞中，这部作品所意欲传递的那种独特的青春滋味和成长精神，再度被推高了一层境界。一个是在河边为奶奶浆洗“沾满屎尿的裤子”的俗世女孩，一个是被游人闲步指点为“水边的阿狄丽娜”的浪漫姑娘，恰如一个是山野间蓬勃的茼蒿菊，一个是庄园里高贵的玛格丽特花，这两个身影的交叠既凸显出此前小美自我认识中的某种错位，又在对撞中推动着这一自我认识的重构。同样为“阿狄丽娜”的幻象所吸引的汪诗帆，当他望着那个在全无半点浪漫的暗屋子里熟练地护理奶奶、烧饭做菜的小美时，他的朦胧爱慕的所指对象，究竟是想象中远离人间烟火的邱冰轮，还是此刻充满真实生活气息的小美？在这样的游移、碰撞和交融中，小美的文本形象及其自我认识，同时经历了一次重要的拓展。

从否定性的“这不是我”，到肯定性的“我是我”，《小满》既写出了对所有青春期少年都意义重大的一种精神成长的体验，也写出了这一体验可贵的深度。这里的“我是我”并非对于本我的心灵鸡汤式的廉价肯定，却是在自我内心的挣扎、反思和对抗中，选定通往另一个更好的“我”的道路。《小满》因此不仅是一部关于自我认识的少年小说，也是一次关于自我塑造的青春书写，后者使它在精神上进一步突破青春小说的流行类型，而带上了一种可贵的精神内省的气质。

且看小说首章，当小美得知自己意外考入重点高中、偶像兼好友邱冰轮却因家中突逢变故而未能顺利及第时，那一段看似不起眼的心理描写：“她的心就像一只水桶，被人从水里提起来，又摁下去，在狂喜和悲伤中穿梭。她当然替邱冰轮难过，但在内心深处——就连她自己都看不清楚的深处，仿佛一处洞穴的最里面，她未尝没有一种解脱感，一种难以言传的释然。”

朝向这个“连她自己都看不清楚的深处”的发掘和书写，构成了运行在小说行云流水的叙事底部的一道沉滞凝重的精神暗流。作品结尾处，当那个在心底里呐喊着“我比她好”的女孩说出那句“去找她吧”，同时不知所措地泪流满面，明明是一场不无稚气的青春之恋，却令我们为之泫然动容。因为我们清楚地知道，那不是一往无前的单纯之善，而是善恶之间的艰难抉择；也不是全然忘我的无私胸怀，而是从利“我”的本能中生长出的自我牺牲。在凡俗生活的语境里，何者更珍贵呢？

我以为，东华从“为赋新词强说愁”的小青春里，隐隐写出了某种凝视和越过人性深渊的大意味。

东华这类写作的文字，恰如她笔下的年少青春，朴素的缎面上压着唯美的暗花。在云淡风轻的叙说间，那种莫名而迷人的诗意、悠扬、忧郁和感伤，如晨雾般从纸页间弥漫而起，将你我包围：

> 风来了，漫山遍野的花朵在摇曳，摇曳着一片洁白，雪一样的洁白。
>
> 这是她的玛格丽特花。不，这是她的茼蒿菊。
>
> 再见，玛格丽特！

我想起了法国女作家弗朗索瓦丝·萨冈那一句旷世的青春宣言：“你好，

忧愁。”多少成长的悸动、彷徨、慨叹与怅惘，就在这样一声轻轻的问候和道别里，随着时光的河流悄然退去，却也在我们的生命里留下永远的底色。

（原载2020年6月19日《中国新闻出版广电报》，初次发表时有删节）

单纯而不简单的童年世界
——读涅斯特林格“弗朗兹”系列

“弗朗兹”系列是奥地利儿童文学作家涅斯特林格创作的一个儿童生活故事系列。收入该系列的许多充满幽默情味的小故事，为我们讲述了一个名叫弗朗兹的小男孩在从六岁长到九岁的过程中所经历的各式欢乐、烦恼和迷茫，以及他在努力应对每一个迎面而来的生活难题时所展示的童年天真的智慧、善良与美的力量。

涅斯特林格深谙儿童故事的编织艺术。在看似夸张而又恰到好处地渲染出童年生活天然的稚拙与幽默感觉的同时，她所讲述的每一则故事都包含了一次充满悬念的叙事游戏。故事里的弗朗兹每遇到一个生活中的问题，就像触动了早已安置在故事中的某个机关，使之开始沿着恶作剧或误解的轨道迅速滑动起来。比如，当弗朗兹在困倦中将算术作业统统写错时，围绕着作业本发生的一切倒霉的事情才刚起了个头儿；接下来，试图弥补过错的弗朗兹先后经历了“墨水杀手”失灵、作业本掉进浴缸、爸爸写的说明条被雨水洇糊、自己又因为紧张而在老师

Sonne, Mond und Sterne
Christine Nöstlinger
Geschichten vom Franz
Oetinger
Nöstlinger Babygeschichten vom Franz
Nöstlinger Neues vom Franz
Nöstlinger Neue Fußballgeschichten ...
Nöstlinger Fußballgeschichten vom Franz
Nöstlinger Krankengeschichten vom Franz
Nöstlinger Feriengeschichten vom Franz
Nöstlinger Pferdegeschichten vom Franz

“弗朗兹”系列，德文原版

面前失声等一拨接一拨的麻烦，直到最后佳碧帮他想出录音机的绝妙点子，才解决了弗朗兹的烦恼。

作为读者，我们是怀着复杂的感觉望着这一切发生的。很多时候，我们既盼望着尽快消除这种悬念的堆积膨胀所带来的越来越强烈的紧张感，又舍不得这份维持着故事的紧张感在某个极点忽然消失得无影无踪；既本能地期待着有什么事件来截断这一滚雪球般的情节运动，又不无好奇地想要探知它究竟会把我们带到想象力的哪个边界。而当作家在故事情节即将脱轨的刹那轻巧而又圆满地将它们收住时，我们的全部紧张的期待都化作了对于童年生活情味的由衷微笑和对于作品叙事技巧的由衷赞叹。

如果说“故事”的成功是这部作品最为引人注目的一个艺术亮点，那么在整个“弗朗兹”系列中，与充满喜剧感的故事并行不悖地运行着的，还有另一脉容易被我们忽视的精神的潜流。它表现为作品对看似简单的童年时空所能够容纳的复杂生活内涵的充分认知，对看似清浅的童年世界所需要应对的复杂生活问题的深刻体认，以及在这样的过程中，它透过童年所揭示给读者的有关人间生活的某种珍贵况味。

故事里的弗朗兹从来不是生活在一个真空的童年世界里。普通人可能遭遇的各种烦扰也在小男孩弗朗兹的生活中自然而然地展开着，其中包括一些似乎完全属于成人世界的纠葛。最典型的或许是“弗朗兹和姥爷的故事”：弗朗兹的一次冲动的打赌将一家人卷入了一场尴尬的“寻亲”遭际中，并给家里带来了一位不那么受欢迎的“姥爷”。故事的童年写作视角并未掩盖这一事件所指向的属于生活与人性的某些隐秘而又复杂的私心缺憾，作家甚至有意让这份缺憾在日常生活的场景中自然而然地展露出来。尽管作品借弗朗兹无意的举动让这份缺憾得到了可能的弥补，但它也忠实地保留并呈现了现实的无奈感。也就是说，在童年的单纯与现实的复杂之间，作品建立起了一个可信的平衡点，从而既充分张扬了童年的浪漫精神，也充分尊重了童年的生存现实。而显然，正是在这样一个没有人能够脱身的生活与人性的真实困境中，童年所代表的那份单纯的关怀才显得尤其珍贵和意义重大。

事实上，作品对于其中的童年主角弗朗兹的塑造，也毫不避讳现实生活的烟火气味。故事里的弗朗兹怀着十二分的单纯和真诚投入与身边的家人还有同龄朋友之间爱的交流与付出中，可当他明明白白地感到自己的感情在现实中受到伤害的时候，也会生出些小小的算计。在圣诞夜前夕，他将佳碧准备好的两份礼物调了个包，从而让自己得到了那个漂亮的手表，扳回了公平的一局；在帮“女生足球队”踢平比赛后，为了给之前看不起他的男生们一个教训，他居然顶住诱惑，第一时间拒绝了他们的邀请。有的时候，我们甚至会忍不住想，这个名叫弗朗兹的男孩可真不是个简单的孩子！但生活中又有哪一个孩子可以被简简单单看待的呢？作家用这样一种方式提醒我们关注童年生命与精神存在的某种“真实”状态，从而促使我们更为深切地领会到从这种“真实”中孕生出来的属于童年的真诚、单纯与善良的可贵——就像在领教了佳碧的所有缺点之后，弗朗兹仍然可以为了佳碧给予他的友情，一如既往地保持着对这位小女朋友的真诚、信任和爱护。

这就是真实的童年。它不是与世隔绝的桃花源，而是和我们每个人一样身处日常喧嚣的深处，并努力学着把成长的根须慢慢探进这个世界。正是在这样的过程中，来自童年的那份真纯自由的灵性之美，才成了照亮我们这个世界的其中一束光芒。

（原载2011年7月7日《中国教育报》）

自然知识的生命温度
——读《万物简史》

英国作家比尔·布莱森的《万物简史》（少儿彩绘版，接力出版社出版），是为数不多的真正体现了少儿科普写作艺术高度的读物之一。它也是迄今为止我读到过的最精彩的少儿科普读物。这本“简史”旨在向儿童读者介绍宇宙、地球和生命的过去与未来，显然，这个目标本身已经为其写作设定了难度。要以孩子宜于理解的语言准确地阐明上述三种大物象的来龙去脉，并不是一件易于完成的事情，更何况介绍这些知识本身就意味着要对许多彼此交杂乃至相互矛盾的观点和立场加以清理，并做出科学的判断与解释。

《万物简史》的写作体现了这种解释的魄力与智慧。在写作策略的选择上，作者并非依照知识的条目按部就班地解说宇宙、地球和生命的历史，而是从我们每个人试图理解世界以及人类自身的天然愿望出发，回溯“我们究竟来自哪儿，是怎么起步的”这一基本至极却又深奥至极的问题。该策略将客观的知识介绍与主观的探知兴趣紧紧联系在一起，可以想见，它也呼应并强烈地激发着少儿读者的好奇心。在此基础上，作者的梳理和介绍依次涉及了物理学、天文学、地质学、化学、生物学等学科的源起、历史及其重大意义。由于所有这些学科的发明及其研究对象、研究成果等，都是以与我们想要知道的切身问题密切相关的方式得到呈现的，因此，它们也自然而然地唤起了读者的关切意识和理解愿望。

当然，面向儿童读者清晰、明白地阐说类似宇宙起源这样一些遥远阔大的问题，还需要另一些更具体的表达策略。在这方面，《万物简史》的语言堪称表率，其表述往往既准确生动，又充满了迷人的幽默。在讲解有关原子的专业知识的同时，作者这样形象地解释原子之“小”：“500万个原子挨个儿排成一条直线，人的一根头发就能遮住！”

如果说以这样的方式介绍微小至肉眼看不见的原子，是《万物简史》的写作以大化小的典范之一，那么在面对另一些看上去宏大得难以把握的科学话题时，作者则十分擅长通过以小化大的解说策略，使庞大的宏观话题变得清晰而可感。例如，谈及人类在地球上的存在历史，作者举了这么一个生动的譬喻：如果把地球长达45亿年的历史想象成一个人双臂伸开的宽度，那么“从一只手指尖到另一只手手腕的距离，代表着寒武纪的长度。所有的复杂生命都在一只手里，只要用一把指甲锉，就能锉掉人类的历史”。如此简白通俗而又趣味十足的科学解说，使整部“简史”尽管充满知识的重量，读来却只觉晓畅清晰，轻捷快意。

而我最看重的，是《万物简史》在传授自然知识的同时，更展示了一种对待宇宙、地球和生命的深刻态度。“宇宙是一个多变和多事的地方，我们在宇宙里的存在是一个奇迹”，这个奇迹包括恰到好处的位置、大小、时间、引力、温度和湿度、大气层分布、细胞元素间精密的排列组合……试想，“只要离太阳近5%，或者离太阳远15%，地球上的一切都会化为蒸汽或结成冰块”，而“据我们现在所知，整个宇宙里只有一个地方愿意收留我们，那就是地球”。然而，面对这样的“奇迹”，面对这个成就并养育了我们的世界，“我们做得却并不怎么好”。“人类对其他生物来说是不是个坏消息？很遗憾，很可能是。在整个生物史上，自然灭绝的比例一直是平均每4年消失一个物种，但是现在，人类造成的灭绝比例可能高达那个数字的12万倍。”这样的提问和思考，把我们从对于我们自身存在方式的理解，更进一步带入到了对于我们自己生存方式的反思中。这反思带着我们自己的体温，是以生命的内在温度来深入体察世界的意义以及我们身处其中的价值与责任。对孩子们来说，这样的写作所提供的不仅是科学知识的吸收与领悟，更将把他们带向一种开阔的精神境界。

（原载2013年12月27日《文汇读书周报》）

第五辑

外国文学论略

阿多诺的“审美理性”与审美批判的智性之维
——兼论启蒙理性批判的一种当代路径

在作为一个群体的法兰克福学派中，阿多诺的美学思想或许是一个特殊的异类。尽管他的名字通常与本雅明、马尔库塞一起出现在审美救赎的美学知识条目下，但他的救赎规划却径直越过本雅明和马尔库塞的审美自由论与解放观，而直指向一种充满智性的不安定的审美反思。他在生平最后一部著作《美学理论》中集中提出的“审美理性”范畴，是对于传统审美理性范畴的一次颠覆和重建，也是对于启蒙理性的一次反思和救赎的尝试。长期以来，主要由于《启蒙辩证法》和《否定辩证法》的影响，阿多诺的思想被打上了鲜明的反现代性的烙印，他的弟子哈贝马斯对于他未能“公正对待现代性”的批判在当代尤其影响深远[1]；但这一批判却遮蔽了阿多诺思想中十分重要的重构现代性的理性维度，它突出地体现在上述“审美理性”范畴上。在阿多诺的整个思想“星丛”中，“审美理性”

---

① 凌海衡：《交往自由与现代艺术：重读阿多诺的审美批判理论及其政治意义》，中国社会科学出版社，2009，第6-8页。

西奥多·阿多诺

绝不仅仅是一个局限于审美范畴的概念，它提供了启蒙理性在批判和自我批判之后的第三次反思契机，在阿多诺看来，它也是现代理性实现其历史性的自我拯救的唯一契机；它就此传达出的审美批判的智性维度，对于我们读解今天的审美现象具有重要的现实启示意义。阿多诺的“审美理性”范畴受到西方不少研究者的关注，然而目前为止，国内尚未见到对于这一范畴的专题论述，因此，本文希望通过对这一范畴的分析梳理，有所助益于对阿多诺美学思想的学术探讨，并借此提供对于当代启蒙理性批判的一种思考路径。

一

1941年，背负着流亡者的身份从英格兰辗转来到美国的西奥多·阿多诺与年长八岁的文友马克斯·霍克海默迁居至加利福尼亚州南部洛杉矶的一个小镇，开始了著名的《启蒙辩证法》一书的合作撰写工作。就在他们的书斋背后，第二次世界大战的火光借着当时最为先进的科学技术的燃料迅速蔓延和吞噬一切；而在他们所不得不离弃的德意志故土，一场冷酷血腥的种族清洗正在现代技术与制度的双重支持下有条不紊地展开。《启蒙辩证法》成书的1941至1944年间，恰恰是一度乐观至极的现代文明经历其历史上最为严峻的惩罚与考验的时期。

毫无疑问，当霍克海默与阿多诺在《启蒙辩证法》中对迄今为止人类文明赖以立身的理性做出彻底的否定性批判时，发生在书斋外的文明之痛从不曾离开他们的视野。在写于1944年的《启蒙辩证法》的序言中，我们读到了这样激进的批判：“今天，人性的堕落与社会的进步是联系在一起的。”[1]它让我们不禁回

① 马克斯·霍克海默，西奥多·阿多诺：《启蒙辩证法》，渠敬东，曹卫东译，上海人民出版社，2006，第3页。

想起18世纪的另类启蒙思想家卢梭在他发表于1750年的第一篇广为人知的论文中对文明所做出的类似的激进论断："随着科学与艺术的光芒在我们的地平线上升起，德行也就消逝了。"[①]从1750至1944年，将近200年过去了，关于理性的反思绕行了一圈，仿佛又回到了它的起点。

卢梭对启蒙理性的批判是早熟的，它或许在现代理性身上留下了第一个难以愈合的伤口。其后，对于现代理性的建构与批判的探索是同步展开的。一方面，理性之思不断致力于为人类存在及其行为寻找和确立必要的规范；另一方面，理性的立法情结又日益导致了"理性的僭妄"[②]的致命症结。19世纪后期以来，启蒙理性遭遇到前所未有的重创；与此同时，对于理性的疗伤总是一而再、再而三地回到关于它的有效性问题的反思上。

在《启蒙辩证法》中，既有理性的有效性在一种文化符号学式的批判方式下遭到激烈的全盘否定。从"启蒙辩证法"对于启蒙理性的反叛中，我们看到了它与尼采的现代性思想之间深刻的文化承续关系。"理性乃是表面现象的哲学"[③]，正是在此基石上，尼采发动了对于现代理性极权的全面反攻。然而，尽管对于理性的过激批判一直是《启蒙辩证法》自身备受争议的方面，美国学者布隆纳在他的《重申启蒙》一书中则同时提请读者注意在霍克海默与阿多诺的启蒙批判规划背后，还曾有过另一个看来未被实现的"拯救启蒙"的设想[④]。它意味着《启蒙辩证法》虽然实行了如此彻底的理性批判，却同样没有放弃理性重建的

① 卢梭：《论科学与艺术》，何兆武译，上海人民出版社，2007，第26页。

② 徐岱：《批评美学：艺术诠释的逻辑与范式》，学林出版社，2003，第54页。

③ 尼采：《权力意志（上）》，孙周兴译，商务印书馆，2007，第161页。

④ 斯蒂芬·埃里克·布隆纳《重申启蒙：论一种积极参与的政治》，殷杲译，江苏人民出版社，2006，第3-4页。

积极愿望，这个愿望既与尼采的“新启蒙”有着精神上的同源关系，其最终旨归又大不同于尼采的方案。在此基础上，阿多诺再度拾起了卢梭之后“被浪漫派转嫁到艺术头上的使命”[①]，亦即审美对于理性的拯救——不过是通过另一个新的方案。在《启蒙辩证法》和在《美学理论》中，阿多诺用“审美理性”（aesthetic reason）来称谓这一拯救的途径。

在西方，尤其是在德国的哲学和美学传统中，审美理性并不是一个新奇的概念，一般来说，它是与诗性理性（poetic reason）、艺术理性（artistic reason）意义相近的一个范畴。在艺术认知学的层面上，审美理性指向审美活动作为一种广义上的理性活动的根本性质。例如，阿兰·辛格在其《审美理性：艺术作品与审思精神》一书中，就将审美理性主要看作一个审美认知的概念，并将其理论源头追溯至鲍姆嘉登与康德的美学理论，更进一步认为它的基本精神在古希腊的智性审美传统中就已存在了[②]。应该说，审美活动必然包含理性因素的参与，这本身并不是一个问题，问题在于当认知层面上的理性之域显然远不足以涵盖审美之域、而后者则日益构成相对于前者的突破与对抗时，一种审美与理性之间无休止的交缠便与美学的历史同时发生了。在鲍姆嘉登与康德的美学体系中，关于审美现象的理性分析事实上都包含了一个潜在的命题，即审美现象本身是作为理性的某种难以克服的“异物”而存在的。随着科学理性在现代社会的不断扩张及其所导致的理性畸变，作为“异物”和补偿物的审美被寄寓了某种理性疗救的期望，作为与科学理性相对的审美理性的概念正是在这一试图以审美补救理性的方案设计过程中逐渐成形的。对于上述审美理性范畴的较为明确的表述或许出自尼采。

① 于尔根·哈贝马斯：《现代性的哲学话语》，曹卫东等译，译林出版社，2004，第115页。
② See Alan Singer. Aesthetic Reason: Artwork and the Deliberative Ethos. University Park: Pennsylvania State University Press, 2003.

在《曙光》（Daybreak）中，尼采曾提及“诗性理性”（poetic reason）一说，他以此指代一种全然不遵从因果理性的生命冲动，借此可对理性展开审美的批判，以“重建阿波罗理性与狄俄尼索斯非理性之间的平衡”[①]。尽管尼采并未就诗性理性的概念本身展开更具体的分析，但它所包含的借审美创造力进行理性重构的意图，却在理性与审美之间造成了一个充满意义的调和契机。

阿多诺试图把握住这一契机。他的“审美理性”范畴带有尼采“诗性理性”的鲜明影子，但却比后期的尼采更注重它的理性维度。在《启蒙辩证法》中，审美理性第一次以相对于工具理性的独立概念出现在读者面前，但不仅仅是作为工具理性的对立面，也是霍克海默与阿多诺重建启蒙与现代性的整体理论规划的一个部分[②]。理查德·沃林认为“《启蒙辩证法》的基本理论倾向似乎主要取决于阿多诺的影响和癖性”[③]，如果事实的确是这样，那么，在其生平最后一本著作《美学理论》中，阿多诺再次透露并集中阐述了主要属于他本人的这一规划的一个重要观点，即主张以审美理性（而非工具理性）“作为现代性的理性内容之基础以及启蒙的积极理念之基础”[④]。

阿多诺对于审美理性的“理性”之维的关注，在一定程度上驳斥了哈贝马斯关于《启蒙辩证法》“根本就没有告诉我们如何才能摆脱目的理性的神话暴

① Giacchetti, Stefano. Critique of Rationality in Schopenhauer, Nietzsche and Adorno: Aesthetics and Models of Resistance. Doctoral Dissertation. Loyola University Chicago, 2009:86, 25.

② Schoolman, Morton, “The Next Enlightenment: Aesthetic Reason in Modern Art and Mass Culture.” Journal for Cultural Research, Jan. 2005, Vol. 1, No. 1: 43-67.

③ 理查德·沃林．文化批评的观念：法兰克福学派、存在主义和后结构主义．张国清译，商务印书馆，2000，第84页。

④ 同上。

力”[①]的批评。相反，“摆脱的策略”在《启蒙辩证法》中已经显露出某些特别的踪迹，而在《美学理论》中，这个策略则获得了一次并非体系化的，但却是多层面、有深度的复杂的呈现。从《美学理论》回过去看《启蒙辩证法》，我们有理由认为，《启蒙辩证法》中的激进姿态也是上述重建策略的一个构成部分。事实上，“阿多诺并不寻求对于工具理性的完全驱逐”，“他所关心的是对于工具理性的无限制的运用……同时，他也担心工具理性的运用越来越排斥其他思维方式”[②]。在破除工具理性的魔魅方面，阿多诺显然是不遗余力的。或许正是因为他的这一爆破太强烈、太引人注目，他对于一种新的现代理性的小心谨慎的建构尝试，倒容易显得黯然失色了。

二

《启蒙辩证法》的“笔记与札记”部分出现过这样一个不起眼的反讽：在论及工具理性支配下人类与自然的日益异化时，作者以充满讽刺的笔调叹息道：“在这个理性的地球上，已经不再需要审美的反思了。”[③]整部《启蒙辩证法》似乎都遵循了这样一种否定性的话语模式，它并非正面述说“对未来的积极展望”，而是以否定的方式“表述了对一种缺场之物的渴望”[④]。这样，对于上述

① 于尔根·哈贝马斯：《现代性的哲学话语》，曹卫东等，译，译林出版社，2004，第 131 页。

② Fontanella, Christopher A. On the Notion of Artistic Truth in the Work of Hegel, Heidegger, and Adorno. Doctoral Dissertation. Temple University, 2005:205-206.

③ 马克斯·霍克海默，西奥多·阿多诺：《启蒙辩证法》，渠敬东，曹卫东译，上海人民出版社，2006，第 234 页。

④ 凌海衡：《交往自由与现代艺术：重读阿多诺的审美批判理论及其政治意义》，中国社会科学出版社，2009，第 44 页。

否定性反讽的一个并无牵强的理解就是，它以否定言说的方式包含了另一个相对应的肯定论断，即以“审美的反思”来救赎世界的“理性”，已经显得刻不容缓。事实上，整部《启蒙辩证法》都在以这样一种否定反讽的方式，召唤着启蒙理性的现代救赎。

因此，阿多诺的审美理性概念在最根本的层面上指向一种新的理性精神的建构。在《美学理论》中，当他以审美理性的名义频繁提及理性一词时，他所说的“理性”已经不同于《启蒙辩证法》中遭到批判的那个理性。“审美理性想要修正弥补由艺术之外的工具或实用理性带来的损失”①，这句话的一个潜在的意义是，阿多诺的新理性规划是一种同时融入了审美理性与实用理性的理想（乌托邦）的新理性境界。在《美学理论》中，我们多次看到这样的表述：“艺术是批判理性却不离弃理性的理性，艺术不是前理性或者非理性的东西”②；“艺术是通过自身的理性来矫正外部世界的理性”③。可以看到，阿多诺的美学“并不是要以相应的审美理性替代工具理性”④，在他的美学体系中，审美理性是作为理性的一个尚未被充分实现的充满潜力的构成部件，获得其至为关键的范畴意义的。

只有理解了这一点，我们才会明白，阿多诺的审美理性概念的精神内核首先在于理性而非审美，它是以审美理性的清药来挽救迷鸩中的启蒙理性的尝试。

① 阿多诺：《美学理论》，王柯平译，四川人民出版社，1998，第490页。

② Adorno, Theodor W. Aesthetic Theory. Trans. Robert Hullot-Kentor. Minneapolis: University of Minnesota, 1997:55.

③ 阿多诺：《美学理论》，王柯平译，四川人民出版社，1998，第515页。

④ Giacchetti, Stefano. Critique of Rationality in Schopenhauer, Nietzsche and Adorno: Aesthetics and Models of Resistance. Doctoral Dissertation. Loyola University Chicago, 2009: 180.

说阿多诺“沉溺于对理性的任意怀疑之中”[①]，这样的批判是不公正的。在《美学理论》中，阿多诺多次言明，他所反对的是一种“过于狭隘的实用理性的算计”[②]，而他以审美理性的规划所寻求的，则是通过审美的途径来揭示继而抵抗“理性的僭妄”。

正是这一点构成了阿多诺的审美理性与德国启蒙运动和浪漫派时期审美理性范畴的最大不同。我们知道，承续自康德的席勒美学开启了一个审美自由的古典美学传统，它将审美相对于理性的意义寄托在一种由审美体验所带来的感性生命力的自足感与完满感上，相信在现代性的桎梏中，通过审美活动而实现的带有自由之美的生命感觉、生存体验等，将有益于推进个体与社会的现实自由。“正是通过美，人们才可以走向自由。”[③]这一传统继而在浪漫派美学思想中得到发扬。J. M. 伯恩斯坦在其主编的《德国古典与浪漫派美学》一书导论中以“审美理性”的概念来串联从古典主义到浪漫派时期的德国审美批评演进，他以此主要所指的正是上述来自古典美学的审美批评传统[④]。尽管他指出了这一范畴在浪漫派时期发生的某种新变[⑤]，但无论如何，这一时期“审美理性”的概念都与艺术作为实现主体自由之中介的身份紧密相连。这里，一个通常不被言明的事实是，审

① 于尔根·哈贝马斯：《现代性的哲学话语》，曹卫东等译，译林出版社，2004，第150页。

② Adorno, Theodor W. Aesthetic Theory. Trans. Robert Hullot-Kentor. Minneapolis: University of Minnesota, 1997:43.

③ 弗里德里希·席勒：《审美教育书简》，冯至，范大灿译，上海人民出版社，2003，第21页。

④ J. M. Bernstein. Introduction. Classical and Romantic German Aesthetics. J. M. Bernstein. Ed. Cambridge: Cambridge University Press, 2003:vii-xxxiii.

⑤ “如果我们仔细观察，便会发现从莱辛到耶拿派浪漫主义的发展与艺术现代主义向着今天的后现代主义景观的变迁之间存在着惊人的相似。”Bernstein, J. M. The Fate of Art: Aesthetic Alienation from Kant to Derrida and Adorno. University Park: Pennsylvania State University Press, 1992:viii.

美理性的意义在于通过感性与理性的“分疆而治”[①]和均衡调和，来试图造就一种人性的完善。

这一传统到了阿多诺这里，发生了一个十分重要的变化。如果说阿多诺并不否认审美的至乐体验在古典艺术中存在的合法性，那么身处现代性所日益结出的文明苦果之中，他毫不掩饰地表达了自己对于那种虚幻的、抚慰性的审美愉悦的厌弃。在《美学理论》的第一章，阿多诺即批判性地分析了康德的审美无利害艺术观，他认为在艺术史上，快感虽然曾是推动艺术进步的“一种解放力量”，但却并非艺术的终点[②]。他要求艺术以自己的特殊方式直接介入理性改造的现实。出于这一立场，他对于以情感的“净化”为旨归的、具有维持现实意识形态功能的审美升华说持有强烈的不满，认为它“剥夺了艺术的尊严，使其满足于成为真正满意感的代用品”[③]。在阿多诺看来，只有抵抗现实的压抑而非复制现实或虚构现世的幸福，才是艺术的真实性所在。在这个意义上，阿多诺要求现代艺术的内容及其功能在审美的形式中指向一种具有否定性的理性反思。

阿多诺不是不尊重艺术的自律，他的深厚的艺术修养或许使他比任何同时代人都更为深刻地理解艺术的自为本质。在《美学理论》中的许多片段，阿多诺都表达了对于艺术自律性的高调肯定，以及对“为艺术而艺术”的唯美主义艺术观的辩护。许多人注意到了阿多诺“反艺术的艺术观”对于审美感性愉悦的否定，但往往看不到，在阿多诺的审美理性规划中，形式快感恰恰是理性经由审美获得

① 席勒对于感性与理性两种“冲动”的要求即是“一个冲动不要侵入立法的范围，一个冲动不要侵入感觉的领域”。弗里德里希·席勒：《审美教育书简》，冯至，范大灿译，上海人民出版社，2003，第109页。

② 阿多诺：《美学理论》，王柯平译，四川人民出版社，1998，第25页。

③ 阿多诺：《美学理论》，王柯平译，四川人民出版社，1998，第238页。

自我救赎的第一个界点，关于审美的理性反思正是艺术的真理在此基础上继续辩证上升的结果。他这样说道："理性认知有其严重的局限，它没有对付苦难的能力。理性可把苦难归于概念之下，可提供缓解苦难的手段，但却从来不能以经验媒介来表现苦难。"①为此我们还需要艺术。然而，在一个最初诉诸感性愉悦的弗洛伊德式的理性疗救规划非但没能实现预期的目标，反而似乎被大众文化的狂欢所证伪的时代，这种愉悦本身也变成了一个需要继续逾越的阶段。在理性救赎的问题上，阿多诺格外关注康德关于理性的批判及其自我批判的论说，他在《论康德的〈纯粹理性批判〉》一书中给予康德"自我反思和自我批判"的理性以高度重视，但他认为康德的理性批判最后仍然统一在了主体理性的终点上，这是康德理性规划的最大缺陷，它未能最终解决理性的自赎问题②。在阿多诺看来，始于康德的理性的自我批判以及针对理性的感性补救都未能将现代理性从功利算计的迷途中解救出来。要打破这一困境，唯有再次重建理性的自我批判，但既不是通过主观理性的单纯反思，也不是通过虚假的感性快慰，而是通过诉诸否定辩证法精神的"审美理性"③。阿多诺以此要求艺术勇于承担起促使理性进行又一次新的自我批判与反思的契机。与此前的理性救赎方案不同的是，通过审美的否定，阿多诺放弃了对于一种最终能够取得平衡的理性均质体的追寻，相反，审美的不妥协抽去了理性可能获得任何同一性的机会，艺术由此得以永久地提醒理性

---

① 阿多诺：《美学理论》，王柯平译，四川人民出版社，1998，第33页。

② T. W. Adorno, Kant' s Critique of Pure Reason. See Stefano Giacchetti. Critique of Rationality in Schopenhauer, Nietzsche and Adorno: Aesthetics and Models of Resistance. Doctoral Dissertation. Loyola University Chicago, 2009:12-13。

③ Giacchetti, Stefano. Critique of Rationality in Schopenhauer, Nietzsche and Adorno: Aesthetics and Models of Resistance. Doctoral Dissertation. Loyola University Chicago, 2009:133-34.

自身的缺陷，从而不断推动理性的自我反思。在这里，艺术不仅是与现实相分裂的，同时也是与它自身相异化的——作为艺术，它自觉地追求一种形式的统一和完满，而同样作为艺术，它又必须断然拒绝这种虚假的统一和完满，以实现艺术最真实的现实关切意义："从现在起，一切艺术不可能没有反艺术的契机。这正意味着艺术要想对自身保持真诚，就得超越艺术自身的概念。所以，连取消艺术的思想也尊重艺术，因为它对艺术的真理性要求颇为重视。"①

阿多诺希望以这样一种置之死地而后生的方式，借艺术来恢复理性的自我批判潜能。他把审美理性视为现代理性在经历了批判的二次反思而失败之后，获得又一次新的反思的契机。这次反思的载体是艺术，具体路径则在于经由艺术作品而实现的艺术的"真理性内容"（truth content）。

三

"真理性内容"是阿多诺《美学理论》中一个关键的艺术概念，它指向阿多诺所说的艺术作品的真实性，进而也被他视为鉴定艺术作品之真伪优劣的尺度。"真理性内容"作为一个如此重要的范畴出现在阿多诺的美学理论中，乍看之下多少是有些令人惊讶的。从《启蒙辩证法》到《否定辩证法》，阿多诺对于一个统一的、确定的"真理"概念的批判姿态显得如此坚定而又决绝，以至于真理仅仅作为一个肯定性的名称，也不应当出现在他的言说体系中。

但也正因为这样，阿多诺关于艺术的"真理性内容"的论述显得尤其富于意味。对于艺术与真理相结盟的要求是一个肇始自苏格拉底和柏拉图的源远流长

① 阿多诺：《美学理论》，王柯平译，四川人民出版社，1998，第52页。

的艺术真理传统的一部分，黑格尔的以绝对理念为中心的美学体系或许成全了它在现代最为耀眼的一次出演。《美学理论》第五章即涉及对黑格尔精神美学的批判，但这一批判的目的并不在于质疑艺术的精神属性，相反，阿多诺对黑格尔提出的“艺术精神说”是激赏有加的。在他看来，黑格尔的问题在于把艺术精神放在了高于艺术本身的位置上，而阿多诺则认为，艺术之所以需要精神，恰是为了艺术本身。“美学不是哲学的某种应用，它本身就含有哲理。”①“由于艺术是一项本质意义上的精神活动，它不可能是纯然直观的东西，它总是对思想十分敏感，或者更确切地说，它自身肯定也有思想。”②“如果不显现出精神，或者说没有精神，艺术作品也就不复存在。”③对于艺术作品的理性内容的反复强调仿佛暗示着，在《启蒙辩证法》里看似积重难返的主体理性，现在将要回到它自我归正的道路上来。

这一道路与传统艺术真理观的本质区别在于，阿多诺不是试图到艺术的内容或形式中去恢复一种持存、永恒的客观精神，而是致力于在艺术作品无从克服的内外矛盾中建构其动态的、否定性的“真理性内容”。它在两个基本的矛盾层面上得到展开：一是艺术作品与外部世界的矛盾，二是艺术自身内在的矛盾。

阿多诺的全部艺术观都建立在一个基本命题之上，那就是艺术反抗现实，并从它与现实世界的持久对立中获取其存在的真实身份与意义。这里面首先包含了来自古典美学传统的艺术形式解放意义。的确，“形式（form）”二字对理解阿多诺的审美理性方案至关重要，因为在阿多诺的艺术观中，正是形式构成了艺术有别于一般现实并得以反抗现实的最重要的方面。“形式是对于在彼此的分歧

① 阿多诺：《美学理论》，王柯平译，四川人民出版社，1998，第163页。
② 阿多诺：《美学理论》，王柯平译，四川人民出版社，1998，第176页。
③ 阿多诺：《美学理论》，王柯平译，四川人民出版社，1998，第157页。

与矛盾中自持着的离散之物的非暴力综合，正因为这样，形式实际上是真理的展开”①；“所有真正的现代艺术均寻求形式的解放。……形式的解放是对现状的强烈谴责或诅咒。”②基于此，克里斯多夫·冯塔内拉在其题为《论黑格尔、荷尔德林与阿多诺的艺术真理观》的研究中认为，形式构成了阿多诺笔下艺术的“真理性内容”的第一个层次，亦即一件作品审美上的成功，它包括艺术作品的“整体感、细节强度、艺术传达与深度”四个方面。形式的自由揭示出现实的不自由，它因此成为艺术展开其真理的独特场所，以此为依托，艺术作品“真理性内容”的二、三两个层次——亦即艺术的社会批判内容与艺术作为社会批判之源泉的身份——才分别得以显现。③

阿多诺的艺术真理观最终效力于他的审美理性规划。克里斯多夫认为，阿多诺的审美理性是以审美的形式承担起对工具理性和交换价值的批判，与后者相比，借助于艺术作品的审美形式得以实现的审美理性体现了四个方面的对比优势：一是它尊重其构成元素的特殊性；二是它赋予其构成元素秩序而不强迫其就范；三是它综合其构成元素却不概念化个中关系；四是它有终点而无目的。④这样，阿多诺在审美的形式中读出了广义上的政治性内容，即艺术的审美理性是对现实中工具理性未能实现之目标的一种揭示。艺术“使人相信这个世界上存在着

---

① Adorno, Theodor W. Aesthetic Theory. Trans. Robert Hullot-Kentor. Minneapolis: University of Minnesota, 1997:143.

② 阿多诺：《美学理论》，王柯平译，四川人民出版社，1998，第 435 页。

③ 关于阿多诺的艺术作品“真理性内容”概念的三个层次的分析，详见Christopher A.Fontanella. On the Notion of Artistic Truth in the Work of Hegel, Heidegger, and Adorno. Doctoral Dissertation. Temple University, 2005:281-290.

④ Fontanella, Christopher A. On the Notion of Artistic Truth in the Work of Hegel, Heidegger, and Adorno. Doctoral Dissertation. Temple University, 2005:266-70.

不能交换的东西。鉴于艺术代表不能交换之物，所以一定能唤醒一种对充满可交换物世界的批判意识”。[①]

克里斯多夫对于阿多诺留在他未能最终修订完成的遗著《美学理论》中的断片式言说的连贯性阐释为理解阿多诺的艺术真理观提供了一个基础性的认识框架，亦即在阿多诺的美学理论中，艺术的真理性必然地存在于艺术审美理性对现实工具理性的抵抗中。然而他对阿多诺思想的解说并未脱出浪漫主义审美理性观的传统，因而最终未能将我们带向阿多诺审美理性范畴最深刻的所在。在阿多诺这里，审美理性朝向工具理性的救赎绝不仅仅以一个充满优越感的自信姿态出现。艺术一方面是以自身之审美形式上的“非暴力综合”反抗工具理性的暴力，另一方面更指向一个充满痛苦的自我否定过程。这就是艺术自身的矛盾。以自身审美综合的和谐与经验现实中的不和谐相对抗，这是艺术给予现实的第一记反击，然而当现代艺术毅然以其不和谐的形式进一步抵抗现实和谐的虚假性时，则造成了艺术对于现实的二次重创，“它既指出了幻想之虚假性，也指出了这一幻想所为之物的虚假性”[②]。也正是在这里，阿多诺的审美理性与马尔库塞的仍未褪去浪漫主义美学色彩的“新感性”分道扬镳了。阿多诺认为，在现实受到理性压抑的当代世界，艺术的审美综合本身即是一种自我指涉的“幻象”，是充满裂缝的整体。“在艺术作品所似之物与所是之物之间，存着的一种对立。艺术看似是一个整体，其中所有材料元素均构成为一个有机的整体形式，它的精神似乎是统一的；但它实际上全是一组异质的材料元素，它们根本不属于一个整合

① 阿多诺：《美学理论》，王柯平译，四川人民出版社，1998，第 149 页。

② Bernstein, J. M. The Fate of Art: Aesthetic Alienation from Kant to Derrida and Adorno. University Park: Pennsylvania State University Press, 1992:206.

体。”[①]与此同时，艺术更应当致力于表现而非抹平这些裂缝——“从未完满取得过审美和谐；它不是肤浅的修饰，就是暂时的平衡。在所有可以名正言顺地称之为艺术和谐的事物中，总包含着绝望和对抗的残余。”[②]换句话说，艺术永远无法取消自身内部主体与对象、个体与自然、形式与内容的矛盾对立，恰恰相反，艺术正是在这些矛盾对立的呈现中，显示了主体性与理性恒在的有限性。阿多诺因此盛赞勋伯格的无调性音乐而批评拘泥于传统的斯特拉文斯基，认为前者以其反调性、反传统和谐观的否定性审美形式传达了上述批判性的真理[③]。

《美学理论》对于艺术幻象的把握来自阿多诺在《否定辩证法》（1966）中关于概念形象之虚假性的认定，但它比《否定辩证法》多走了一步，即承认在幻象中仍然可能存在积极的意义。这一意义的关键在于，审美理性既包含艺术幻象的快感，也包含艺术幻象的痛感；快感来自审美综合中的主体性扩张，痛感则来自对于这种扩张之虚幻性的根本认知。与此相应，在审美形式的快感之外，阿多诺更强调审美欣赏中的一种“震撼”（shudder）体验。“作为有关生命经验的传统观念的反题，震撼绝不是自我的特殊满足方式；确实也无愉悦可言。确切地说，震撼提醒人们排除自我。而且，由于受到震撼，自我意识到自己的局限。”[④]这样，审美理性的解放就既不是主体吞没客体，也非客体淹没主体，同时也不是主客体之间机械循环、最后仍然归于统一的一般辩证法，而是在理性的运用中，一种对理性之有限性的无处不在的提醒。

---

① Giordano, John Thomas. The Destinies of the Work of Art: Aesthetic Theories in Hölderlin and Adorno. Doctoral Dissertation. Duquesne University, 1995:74.

② 阿多诺：《美学理论》，王柯平译，四川人民出版社，1998，第 193-194 页。

③ 王才勇：《现代审美哲学新探索：法兰克福学派美学述评》，中国人民大学出版社，1990，第91页。

④ 阿多诺：《美学理论》，王柯平译，四川人民出版社，1998，第 418 页。

这一点十分突出地体现在阿多诺对于自然美范畴的关注中。在《启蒙辩证法》与《美学理论》里，阿多诺明确召唤着缺席已久的自然范畴在人类技术与艺术领域的双重归来，然而，与浪漫主义的自然观和尼采对于自然生命力的高度颂赞与张扬不同，在阿多诺这里，对于自然的关注不但关乎现代理性对主体性的压抑，同时也关乎主体性在现代理性装备下的过度膨胀。自然范畴的回归既是对于主体性的确认，也是对于主体性的限制："大自然的尊严在于尚未人化这一特质，它凭借其表现方式来抵制一切有意人化的企图。"[①]正因此，阿多诺在《文化工业》等论著中极力反对只提供虚假的综合快感而无震撼感的大众文化产业，因为艺术作品之存在并不是为了给世界带来虚假的和解，而是为了呈现世界恒久的"尚未和解"[②]状态。在这方面，阿多诺深受恩斯特·布洛赫的影响。尽管"和解"（reconciliation）在阿多诺的哲学和美学思想中是作为一个潜在的重要终点被追寻着的，但是与黑格尔、克尔凯郭尔和海德格尔的和解方案不同，对阿多诺来说，最终促成"和解"的，只能是一种持续的不和解的精神。"艺术是幸福的允诺"，但却是"一种经常被打破而不能实现的允诺"。[③]

在阿多诺看来，这正是艺术作品的真理性内容所在，也是审美理性无从推卸的现代职责所在。

四

从阿多诺的不和解的哲学和美学里，我们隐约看到了后现代主义的思想幽

① 阿多诺：《美学理论》，王柯平译，四川人民出版社，1998，第132页。
② 阿多诺：《美学理论》，王柯平译，四川人民出版社，1998，第326页。
③ 阿多诺：《美学理论》，王柯平译，四川人民出版社，1998，第237页。

灵：一切都是可以批判和质疑的，只有对真理的否定才构成真理本身。无怪乎许多人从阿多诺的思想中读出了与反形而上学的后现代理论之间的某种仿佛天然的亲和关系。的确，在阿多诺的理性神话批判、非同一性思想与后现代主义的中心解构、多元主义等主张之间，似乎存在着某种一目了然的亲缘谱系关联。然而，对于阿多诺思想的后现代主义误读显然忽视了它们之间一个最为根本的不同，那就是阿多诺从未像某些后现代主义学说所激烈宣称的那样，放弃对于现代性和启蒙理性的期望。①

误解者里包括阿多诺自己的学生。阿多诺的否定辩证法和不和解的批判精神，滋养了20世纪60年代德国激进运动中的年轻一代，其中包括当时学生运动的著名青年领袖鲁迪·多茨克；然而它所导引的激进实践却与阿多诺的初衷背道而驰。1968年至1969年冬季学期，激进学生抢占法兰克福学派的社会研究所，为避免骚乱的发生，1969年1月底，阿多诺不得不求助于警察来驱赶学生。这一事件导致76名社会主义学生联盟的青年被捕，阿多诺由此成为学生运动的众矢之的。同年4月，在他的课堂上，一场由女性、鲜花和裸露的乳房装点而成的针对他的政治嘲讽剧将阿多诺逼下讲坛。至此，这位批判思想的导师被他自己思想的实践之子所完全抛弃。四个月后，他因心脏病突发在瑞士去世。

被误解的阿多诺，他的否定辩证法被拿去磨快了锋刃挑向现代社会的暗疮，但却很少有人注意到他在其最后的审美理性规划中对这一方法的一个重要维度的反复述说，那就是启蒙批判的智性维度。在阿多诺的规划中，审美理性对于工具理性的救赎以一个基本的精神条件为前提：哲学的反思与阐释。“只有受哲学洞

---

① 谢永康：《被误读的阿多诺——否定辩证法与后现代主义关系辨正》哲学研究，2007（9）：81-87。

见之精神的教导和指引，现实才将是完全合理的”，这是以阿多诺为中心代表之一的整个法兰克福学派批判思想的基底[①]。阿多诺在他的审美理性规划中对于艺术的“真理性内容”的反复论说与精细分析，对于艺术否定性的反思功能的苦心发掘与营建，充分显示出他对于审美批判的智性之维的高度重视。审美是对于既有理性的反动，但真正推进这一反动的不是盲目的激情，而是深刻的“洞见”。在这里，作为马克思主义者的阿多诺从激进革命立场中退了出来，恢复了一个思想者的身份，他的针对现实理性更正的审美理性规划因此在许多人看来“沦落”为了一个架空的乌托邦妄想。事情似乎是，阿多诺为理性的现实救赎断然牺牲了审美的快感，最终却既未能以审美的否定解决现实变革的问题，从而也未能以改变了的现实印证审美否定说的合法性。因此，有学者认为，“读阿多诺，既不可能去践行他的美学意味中的救赎幻想，也不是琢磨什么概念或记住什么观点，而是用平等的真思去感受一种新的哲学气势”[②]，这无疑是对于阿多诺蹈空式的哲学与美学思想的一种颇为有效的读解和开脱。

然而，在目睹20世纪前半期资本主义与社会主义制度的双重失败和亲身卷入人类历史的现代悖谬之后，身处与马克思的哲学时代完全不同的一个历史的“非常不幸的失败的废墟”[③]之中，重新召回久被冷落了的哲学智性，或许也是一个更富于责任意识的抉择。对于思想者阿多诺来说，历史行动的真实性较之行动本身更为紧要，而前者则与主导它的人类理性的真实性直接相关。他的审美理性规

① 理查德·沃林：《文化批评的观念：法兰克福学派、存在主义和后结构主义》，张国清译，商务印书馆，2000，第77页。

② 张一兵：《无调式的辩证想象：阿多诺〈否定的辩证法〉的文本学解读》，生活·读书·新知三联书店，2001，第5页。

③ 马丁·杰：《阿多诺》，瞿铁鹏、张赛美译，中国社会科学出版社，1992，第81页。

划的提出，正是为了将始于启蒙的理性重新有效地推回到一个能够对它自己的真实性负责的运行场域中。

阿多诺从审美出发抵达理性的规划将审美何为的古老命题再度推进我们的视野。如果说审美作为一种生命活动早已脱却其侍奉理性的工具性、辅佐性地位，那么审美与理性也始终是不相离弃的。审美活动在它的自律性中，仍然应当担负起对于理性的责任。基于此，阿多诺认为在当代社会，艺术要继续保持艺术之为艺术的责任，就必须走向反艺术，在他看来，反艺术，或者说艺术的高度智性化，是当代艺术得以继续以艺术之名存在的唯一途径。他的这一论断虽然不无极端，却以其极端的方式提醒着我们艺术在当代社会应当继续承担的智性职责。也正是从这一智性立场出发，阿多诺清醒地认识到了他的“审美理性”范畴在实行其效用的同时所必须承担起的历史局限性——“艺术并非是靠一种永恒不变的概念范畴被一次性界定的”[①]，它总是与它的历史情境不可分割地同生共存，因此，作为现代艺术之要求的审美理性将应历史之真实需求而生，同时也向历史的变革敞开可能。

当然，对阿多诺来说，艺术在联结哲学的同时，它自身仍然是独一无二的。对阿多诺来说，“如果艺术作品只是传达了认识，而缺乏丰富想象力的调停与变化，缺乏其独特的美与形式的表现，它就不再是一个艺术作品了。”[②]尽管他在《美学理论》中这样断言，“哲学和艺术在真理性内容上是有一致见地的”，“艺术作品那逐渐展开的真理性恰恰就是哲学概念的真理性”，“审美经验务必

---

① 阿多诺：《美学理论》，王柯平译，四川人民出版社，1998，第10页。

② Richter, Gerhard. “Aesthetic Theory and Nonpropositional Truth Content in Adorno.” New German Critique, Winter 2006, No. 97: 119-135.

转入哲学，否则就不是真正的审美经验”[①]，但这一乍看之下有如黑格尔美学观的改头换面的审美哲学思想与黑格尔美学的一个最大区别在于，阿多诺以审美理性的名义向哲学发出邀请时并不清退审美，而是反复强调哲学内容本身即是审美理性的一个部分，是审美形式的固有内涵。阿多诺的这一论证是有难度的，他就此展开的论述也因此显得总是充满了犹豫。在《美学理论》中，我们常常看到，当阿多诺强调艺术作品无可置疑的审美独立性时，他的一只眼睛总是不自觉地望向艺术的智性要求，而当他强调艺术之为艺术的哲学精神时，他的另一只眼睛又深深地关切着艺术作品作为一个审美自由体的得以安然保全。“绝对的负责导致艺术创造力的枯竭，而绝对的不负责任则使艺术堕落为娱乐，关于二者相综合的概念本身即已取消了这一综合的可能”，“艺术由此陷入无处脱身的困境”[②]。在阿多诺的规划中，这一困境是如此真实和难以摆脱，以至于我们在跟随他的审美理性乌托邦设计的过程里，也会不由自主地心生疑窦。

但这不应当仅仅被看作阿多诺的犹豫。他的犹疑式的、非整一性的话语交叠指向一种深度：在审美之美与理性之思的夹道里，一种真正意义上的结合是否可能以及如何可能？阿多诺的尝试显示了道路是极其狭窄的，但或许并非不存在。一方面，借助于审美的反思，一种与存在之责任感相关的哲学思考介入到审美理性的否定批判之中，于是，与否定辩证法的某种激进虚无主义相关的尖锐刺痛感消退了，另一个更为积极的理性建构的意图开始自我显形。在某种程度上，阿多诺是把审美理性寓于其中的艺术看作理性进行自我反思的独特场域的。“哲学的

① 阿多诺：《美学理论》，王柯平译，四川人民出版社，1998，第228页。

② Adorno, Theodor W. Aesthetic Theory. Trans. Robert Hullot-Kentor. Minneapolis: University of Minnesota, 1997:39.

最深层意图，必须借助于艺术来展示。”[①]这其中，艺术的独特性在于，唯有其审美存在方式才能为理性提供足以超越工具理性的反思契机。但另一方面，艺术的审美不应当被功利性地看作通往理性的架路之桥；相反，它本身就是理性的一个部分。也就是说，审美自身就是持有理性的责任的。

这就是阿多诺美学与当代意义上的后现代美学最根本的分歧。在主张以现代艺术的形式自由不间断地破除和超越现实的壁垒，揭露和控诉现实之欺瞒的同时，阿多诺强调的是一种来自智性的负责任的态度。从这个角度来看，他在《美学理论》中所展开的不无激进的审美理性规划，与整整一个世纪前马修·阿诺德在他的《文化与无政府状态》中提出的以文化信仰取代“机械工具信仰”[②]的规划在精神上其实是一脉相承的。当然，在亲身经历了现代理性的巨大创痛之后，阿多诺对理性的态度是格外审慎的。借助于艺术的审美理性，他对理性提出了这样的要求：它一方面试图以主体的身份把握世界；另一方面又总是意识到这种把握的不可能完全实现，从而保持主体的自我反思及其对于外部对象的敬畏和尊重。总之，主体远非无所不能，但也不是无能的。对理性而言，要寻找到这一主体性的合适位置，也是一个始终处在反思中的行动过程。这样，我们重又回到了康德关于启蒙的庄重定义中：“启蒙就是人类脱离自己所加之于自己的不成熟状态。”[③]在阿多诺看来，这一脱离的努力没有终点，它不断地要求我们拿出勇气和智性，来认识和反思人类恒在的“不成熟状态”。

① 朱立元主编：《法兰克福学派美学思想论稿》，复旦大学出版社，1997，第172页。

② 马修·阿诺德：《文化与无政府状态》，韩敏中译，生活·读书·新知三联书店，2008，第12页。

③ 康德：《历史理性批判文集》，何兆武译，商务印书馆，1990，第22页。

结 语

阿多诺在其《美学理论》中集中出示的关于现代理性的审美救赎规划使得审美不再是默默地坐在理性的阁楼上补缀理性之失的新娘，她从阁楼来到广场，高调地宣布了她作为现代理性之唯一救赎希望的姿态。正因此，人们对于阿多诺美学的关注也较多地集中在审美救赎这一话题上，从而使得阿多诺审美理性规划中的另一半—— 一种属于启蒙理性的珍贵的智性维度——被不知不觉地遗落一旁。然而，我们很快发现，随着无数“后”时期的到来，随着肤浅的后现代意义上的审美解放与反抗姿势的泛滥，我们所缺乏的并非单一的审美的反叛，而是真正具有智性意识和理性内容的负责任的审美活动。尽管阿多诺艺术观鲜明的精英主义色彩使它容易招致许多当代人的反感，而他对大众文化和艺术的感性愉悦所执有的偏见也是很值得商榷的，但他对于审美行为的智性维度的强调，却传达了一种关于审美与启蒙批判之当代精神的深刻的真理性。在这一智性维度正被继续遗忘的今天，对于阿多诺审美理性范畴的分析以及对于这一范畴的理性维度的重新梳理，或许有益于我们在当代审美的狂欢宴席中去意识和找寻一种缺席了许久的理性的责任感，以及一种对于主体并不能完全侵入其中的世界对象的敬畏感。在一个以表面上的崇尚自由和破除规则为文化口号的时代，这样的选择或许远不是令人新奇和兴奋的，但在我看来，它却是充满了真实的意义的。

20世纪末和21世纪初，似乎是出于对一个多世纪以来启蒙理性所遭受的重创的反拨，同时也是针对启蒙的意义被颠覆之后出现的精神失重现象，对于启蒙的重新界定与重新伸张作为一个新的课题被提到了学术探讨的层面上。包括布隆纳的《重申启蒙》、卡斯卡迪的《启蒙的结果》等在内的一批学术著作，试图接续起一个看似间断了的启蒙理性的传统，尽管这一传统事实上从未断裂。但与此同时，让我们不要忘记阿多诺在其迂回的理性救赎规划中对于一种抽象的、总体化的思维方式的自始至终的警惕与反感。“总体即是谬误”，这是阿多诺在《最低限度道德》《否定辩证法》等著作中反复强调的，也是他以其独特的非体系化的话语方式努力加以呈现和实践的。马丁·杰曾这样形容阿多诺的理论：“阿多诺高度怀疑任何从观念的表象形式抽象出它们的内容的尝试。他的艺术气质限制这种认识，即思想可以归之于一系列毫不含糊和直截了当的命题，这些命题不受它们的表述方式和语境的影响。”①因此，在某种程度上，本文对于阿多诺审美理性思想的整合式解读也不是完全“合法”的。它提醒我们，重新召回启蒙理性的当代规划，如果不是同时在理性的追寻中致力于留存和维护那些概念言说始终难以穷尽的细节与断片，同时许可并积极接受那些细枝末节却充满意义的异质与殊端，那么它将无力把迄今为止的启蒙传统推向一个新的历史成年阶段。

（原载《文艺理论研究》2012年第4期）

① 马丁·杰：《阿多诺》，瞿铁鹏、张赛美译，中国社会科学出版社，1992，第3页。

为什么是斯佳丽

我第一次读玛格丽特·米切尔的《飘》，对女主人公斯佳丽生出莫名的恶感。那时我刚进大学，此前所受的有限的文学教育，使我对文字中的人事培养起一种爱憎分明的态度。除了教科书上的作品，我也略读过些老师开给的名作，记得有《红岩》《钢铁是怎样炼成的》还有《卓娅和舒拉的故事》。小说中的英雄故事读得我掉眼泪。又开始私下读《红楼梦》。我们一群女伴聚在一起，一本正经地谈“红楼”，持的仍是既有的思维模式，总是大赞黛玉的高洁，对宝钗则不吝贬损，以林为正，薛为邪，林是有气节的主角，薛则是作陪衬的反角。

所以，斯佳丽这个19世纪美国南方种植园主的女儿，在我看来实在太缺乏主角应有的气质。她的自以为是的骄傲，她的自我中心的虚荣，以及她的幼稚而愚蠢的情感报复，使她的美貌都大大地打了折扣。相比之下，小说中外表柔弱却正直、坚强且良善无私的梅兰妮，在我眼里比斯佳丽更具备担任主角的资格。我纳闷，为什么不把这个要紧的位置让给梅兰妮呢?

慢慢读，才读出其中的味道来。小说中的梅兰妮看来有着圣女般的高尚品质，她的道德立场始终是坚定的，她的人格也是完善统一的。但这一切实际上使她成为一个一两句话即可道尽的人物，她的所有行为、决定、情感和思想，只是这一两句话的诠释演绎。她在战后亚特兰大的艰难生活中赢得人们的敬重，她在各种危急场合表现出的镇定和勇敢，包括她明知斯佳丽与丈夫阿希礼的暧昧会面，仍毫不动摇地选择站在斯佳丽一边，保护这个曾与她共患难的姐妹，凡此种种，描画出的只是一个人的一张面孔。

斯佳丽则不然。我们看她实在自私，而且工于实利的算计，但她也在内心深处为阿希礼坚守着一份单纯而虚幻的恋情。她也实在虚荣，而且不无浅薄，但当她站在被战争践踏后的父亲的农场上，面对饥饿和贫困的胁迫时，从她的虚荣里生长出了比任何动机都更强烈的活着的信念。我们从她的自私和虚荣里见到人的弱处，同时也见到人的原始而有力的生命搏动，好比花园里的一棵蒿草，野是野，蛮是蛮，从这野蛮里却透出振奋人的力量。在庄园大小姐的外表之下，她的这种人性之“野”被时局和环境极大地激发起来，同时也被它们暗暗改造着。她对于自己曾轻蔑敌视过的梅兰妮的敬重和爱，因为是从她的自私和虚荣中不知不觉生长起来的情感，显得尤其珍贵和着实。但你能说经历过这一切后的斯佳丽变得不再自私和虚荣了吗？如果是这样，这个人物的滋味就大为减损了。准确的说法是，在这个过程中，她的自私和虚荣越来越成为一种健康的人性，它的健康因其缺憾而更为真实，它的缺憾也因其健康而更显可爱。

一句话，梅兰妮虽可敬，却并不具有太多可读的空间，而斯佳丽的身上尽管写满人性的弱点，却也让我们看到人的丰富、可爱和了不起的成长，因而能够引发我们一再地回味。

若干年后，读到英国批评家弗·雷·利维斯对乔治·艾略特的《丹尼尔·狄隆达》一书的评价。小说的第二主角葛温德琳·哈雷斯在性格的某些方面颇像是斯佳丽的欧洲母版。她的唯我的世故，她的自私的骄傲，最终使她卷入了悲剧的命运旋涡中。从小说的设计看，这个形象乃是第一主角丹尼尔·狄隆达的陪衬。然而，利维斯以为，如将作为美德和宗教符号的丹尼尔·狄隆达删去，也就是说将艾略特的这部小说中途截断，止于葛温德琳的故事，取名《葛温德琳·哈雷斯》，才彰显出小说“出色的那一部分”。葛温德琳朦胧地明白自己生活悲剧的缘起，又迷茫地找寻着那看不清的出路，她绝不可能成为像丹尼尔这样的圣人，但她身上的“人性的弱点和平庸之处”，以及她为此蒙受的苦难和经历的救赎，却以其紧张复杂的精神涡流和微妙深入的灵魂搏斗，成为小说中真正攫住和打动我们的地方。

这也印证了我此前阅读这部小说时的感觉。小说中，最牵动我的便是这位骄矜而自负的葛温德琳小姐的命运，反是读到丹尼尔的部分，常觉未免过于寡淡。回想这些年所读的作品，那些令我印象最为深刻的人物，总是葛温德琳、斯佳丽这样生气勃勃的形象，他们的可爱从这生气中来，他们的缺陷也从这生气中来。这两者以一种绝妙的方式融合在一起，并且相互作用、塑造，进而把这些人物推向一种有深度和内涵的生活。

为什么是斯佳丽？答案很简单，因为小说最重要的任务不是勾画或调配完美的人性，而是书写和表现生活对于那从不完美的人性的淬炼，而这也正是俗世生活中我们每个人真实的命运。

（原载2015年1月7日《文汇报·笔会》；《作家文摘》2015年2月转载）

“非个性化”与“超越个人性”
——重论T.S.艾略特的“非个性化”诗学理论及其文化意义

作为T.S.艾略特文论的核心概念之一，多年来，“非个性化”（impersonality）一词似乎成了这位20世纪著名诗人和批评家诗学思想的基本标签。这个与浪漫派“诗是强烈感情的自然流露”针锋相对的诗学命题以及它所确立的“非个性化”诗学姿态，一度成了英语世界艾略特文论研究的公案之一。今天，我们已经可以确定，在艾略特的诗学论说中，“非个性化”并不是指对个性和情感的否定或取消，而是指个性、情感以另一种方式在诗艺中的呈现，艾略特是想要以这样一种激进的表述，来重建浪漫主义之后艺术家与艺术之间的关联方式。

但更进一步的问题是，如果说艾略特从未否认个性在诗艺创作中的价值，那么在他的“非个性化”理论中，人的个性和情感究竟被安放在一个什么样的位置上，这样的定位对于文学艺术本身以及投身这一艺术的人而言——进而，对于我们的文化以及身处其中的个体而言，又意味着什么？有关这一问题的思考在相应的艾略特诗学研究中，尚未得到充分的关注，而在笔者看来，这才是艾略特“非个性化”思想最深刻的诗学意义所在；也正是在这个意义上，“非个性化”理论的价值超越了一般文学技艺层面的考量，而触及了我们今天这个时代文化的深层命运。

“非个性化”：“非”个性，或“新”个性？

艾略特“非个性化”诗学思想的经典表述，是语出《传统与个人才能》（1919）的这段充满宣言意味的引文：“诗不是放纵感情，而是逃避感情；不是表现个性，而是逃避个性。”①它无疑属于艾略特自己所说那类的“适于摘引”并且会“跟随我一辈子”②的句子，但它同时也是一个容易引起误解的句子。正是从这段引语的读解出发，在很长一段时间里，人们普遍认为，“艾略特的诗学理论是非个性化的”③，它否认诗是个性的外化或表达。与此相应，在许多文学批评史著作中，艾略特的名字也往往被贴上了这样一个剔除个人情感的“非个性化”标记。在现代西方文学批评史上，艾略特的这一“非个性化”学说被认为是新批评理论的源头之一，因为它明确将批评的关注点从创作者个体全面移向了艺术和艺术作品自身，从而为20世纪初囿于浪漫主义感性传统的现代批评开辟了另一片可以腾挪的巨大空间。

然而，在艾略特的“非个性化”理论中，果真没有“个性”和“情感”——或者说，没有作家主体的一席之地吗？从20世纪四五十年代起，关于艾略特“非

① 托·斯·艾略特：《传统与个人才能》，卞之琳，李赋宁等译，上海译文出版社，2012，第10-11页。

② 托·斯·艾略特：《批评批评家》，李赋宁，杨自伍等译，上海译文出版社，2012，第6页。

③ Austin, Allen. “T.S.Eliot’s Theory of Personal Expression.” PMLA 3 (1966): 303-307.

个性化”诗学理论中的“个性”维度的探讨，以及这一“个性”与“非个性化”理论之间关系的思考，就开始出现在相关的艾略特批评研究中。包括勒内·韦勒克在内的一些研究者认为，艾略特的“非个性化”学说并非否认个性在艺术创作中的位置，“诗人的非个性化应当被理解为诗歌并非经验的直接誊写，而不是说诗歌不具有个性和风貌方面的特征”①。事实上，只需回到《传统与个人才能》的文本现场，我们就会发现，人们从中最常摘引的那个关于“非个性化”的句子，在它的引文源头处就已埋下了断章取义的嫌疑。原文中，在措辞激烈的“逃避感情”“逃避个性”的断语之后，还有一个十分重要的转折连句：“自然，只有有个性和感情的人才会知道要逃避这种东西是什么意义”②。正是这个在后来的批评摘引中常被有意无意地切除出去的连句，代表了艾略特“非个性化”学说中一个重要的“个性”维度，它指出，在艺术创作中，对于“个性”和“感情”的“逃避”要有所意义，前提恰恰是逃避者本人“有个性和感情”；换句话说，“非个性化”所“非”之物，也正是它所必需之物。

那么，我们如何理解艾略特在“有个性”与“逃避个性”、“有感情”与“逃避感情”之间做出的上述颇为悖论性的陈述呢？像韦勒克和许多后来的批评家所分析的那样，艾略特的意思仅仅是强调艺术对于个性、感情和经验的“间接”表达吗？如此一来，“非个性化”很可能就只是一个批评语用方面的策略，它并不真正冒犯到一般批评语境中的艺术个性，也就是说，“非个性化”所强调的，其实是同一个个性在艺术中的另一种传达方式。用艾略特自己的话来说，艺术家“通过集中精力完成他的任务来间接地表现他的个性”③，在这里，艺术家

① Wellek, René. “The Criticism of T. S. Eliot.” The Sewanee Review 3 (1956): 398-443.
② 托·斯·艾略特：《传统与个人才能》，卞之琳，李赋宁等译，上海译文出版社，2012，第10-11页。
③ 托·斯·艾略特：《传统与个人才能》，卞之琳，李赋宁等译，上海译文出版社，2012，第136页。

的个性服从于艺术本身的技艺要求并完全融入艺术表现的客体世界里，而不是像浪漫派宣称的那样，由艺术家的情感来主宰艺术创作的过程。

这是关于艾略特“非个性化”诗学的最常见的辩解，它试图通过确认“个性”在艺术创作中的合理性，来佐证“非个性化”理论自身的合理性。毕竟，作为现代人，我们很难接受一种将主体从艺术作品中剥离出去的艺术观。然而，将“非个性化”仅仅认为是有关艺术个性表达方式的某种新见[①]，显然低估了这一理论的意义和价值。我们应该看到，艾略特对于浪漫主义传统中的艺术“个性”，的确是持严厉的批评态度的，他将这一“个性”从艺术创作活动中剥离出来的行为也是有意为之。当他提出“非个性化”的路径来思考现代艺术的问题时，他的本意就是要重思我们通常所说的那个“个性”范畴相对于艺术创造的意义，其思考的根本落脚点不在于艺术如何传达个性，而在于艺术所关联着的是什么样的“个性”。换句话说，艾略特的“非个性化”诗学，实际上内含了他对于艺术及艺术家之“个性”的新理解。

站在这样一个视点上来看艾略特有关“非个性化”诗学的阐说，我们会更多地注意到他的诗学思想所内含的另一些与“个性”有关的特殊而重要的讯息。如前所述，艾略特并未否认个性在艺术创作中的价值，他所批评的是将艺术创作等同于个性表达的狭隘观念。因而有研究者指出，“艾略特将个性的摒弃视为诗人心智的一个重要质素，但他所摒弃的是在创作过程中将诗人的个性与诗歌完全同一的观念，而不是否认个性参与构成了诗歌的价值。”[②]此话固然不错。但在

① 从西方文学观的传统来看，它甚至还算不上多么特别的新见。20世纪后期以来，不少艾略特研究文献都试图追溯其“非个性化”理论作为一种有关艺术表现技法的思想，与济慈、福楼拜、庞德等作家及批评家思想之间的承继关系。

② Austin, Allen. “T.S.Eliot’s Theory of Personal Expression.” PMLA 3 (1966): 303-307.

艾略特后来的诗学论说中，“个性”实际上不只是部分地参与了作品艺术价值的生产，它有时还被认为是这一价值的根本决定因素。我们看到，明确主张“非个性化”艺术观的艾略特，在论及具体作家的一些批评文章中，数次提到了个性在艺术创造过程中的“统摄”乃至决定性作用。在《约翰·福特》（1932）一文中，他以自己推崇的莎士比亚为例，强调了“个性”相对于艺术创造的重要性：“假定一个人可能会创作出任意数量的优美片段，或者甚至是令人满意的完整诗篇，他仍然不是一位伟大的诗人，除非我们感到它们都被一种有重要意义、连贯性的、不断发展的个性品质（personality）所统摄。”[①]在这里，“个性”不只被表述为成功的艺术创造的起点和基底，而且是将创作导向伟大艺术的必要条件。在1940年题为《叶芝》的讲演中，作家更是这样说道：“我曾在早先的一些论文中，称颂过我所谓艺术中的非个性化的东西。现在我却认为，叶芝后期作品之所以更成功的原因就是其中个性得到了更大程度的表现。”[②]

从“非个性化”的要求到对“个性”的如此倚重，艾略特在同一个“个性”的问题上所表现出的上述不一致性，可以仅仅视作他诗学思想片段的自相矛盾吗？[③]答案

① 托·斯·艾略特：《传统与个人才能》，卞之琳，李赋宁等译，上海译文出版社，2012，第260页。

② 王恩衷编译《艾略特诗学文集》，国际文化出版公司，1989，第167页。

③ 尽管一些研究者试图指出艾略特“非个性化”理论存在的前后矛盾之处，但艾略特本人从未否定过这一观点。相反，1933年，艾略特提及《传统与个人才能》一文时，虽然承认其中有“一些不够令人满意的措辞和至少一处十分可疑的推论”，但仍这样说道：“时隔这么些年，我并不否定我在这篇文章中所写的内容。”直至1963年，艾略特去世两年前，他仍这样强调：“我不否定《传统与个人才能》。”结合艾略特本人的阐说，他后来关于个性的诸多补充不应被看作他的诗学思想从“非个性化”向“个性化”的转变，而是同一个“非个性化”的基本思想的延伸。参见 Brooker. “Dialectic and Impersonality in T. S. Eliot.” Partial Answers: Journal of Literature and the History of Ideas 2（2005）: 129-151. Allen Austin, et al. “The Consistency of T. S. Eliot in His Theory of Personal Expression.” PMLA 3（1973）: 523-526.

就在艾略特自己的解释里。他说:“有两种非个性化,其中一种只要是熟练的匠人就会具有,另一种则只有不断成熟的艺术家才能逐步取得。……后者应该是这样一些诗人的非个性化:他们能用强烈的个人经验,表达一种普遍真理。”[①]毫无疑问,艾略特要说的是“非个性化”的第二种意义,在这里,诗人尽管是从个人经验出发进行艺术的创造,却能够超越个体性的书写,而抵达一种普遍的精神。显然,艾略特之所以主张一种“非个性化”的诗学,乃是为了强调艺术创造由“个性”向“普遍性”的一种扩容和提升,而这样的变化不是抹杀个性,恰恰是个性的“更大程度的表现”。因此,艾略特笔下的“非个性化”其实是一个辩证的过程,它由一般的艺术个性出发,经过这一个性的自我否定,最终实现了“个性的重生”[②]。

让我们还是回到《传统与个人才能》一文,这里的一段话,或许可以帮助我们更好地理解艾略特“非个性化”思想中上述“矛盾”的根源:“大多数人只在诗里鉴赏真挚的情感的表现,一部分人能鉴赏技巧的卓越。但很少有人知道什么时候有意义重大的感情的表现,这种感情的生命是在诗中,不是在诗人的历史中。艺术的感情是非个人的。”[③]结合前面提到的具体批评文字,艾略特的意思很明白:当他主张诗歌应“逃避感情”的时候,他要我们逃避的乃是一种受限于“个人历史”的感情,而借助这样的逃避,他所主张的则是一种比个人感情更“意义重大”的情感,后者并非像兰色姆分析的那样,仅是指作品形式层面相对

① 王恩衷编译《艾略特诗学文集》,国际文化出版公司,1989,第167页。

② Brooker, Jewel Spears. “Dialectic and Impersonality in T. S. Eliot.” Partial Answers: Journal of Literature and the History of Ideas 2 (2005): 129-151.

③ 托·斯·艾略特:《传统与个人才能》,卞之琳,李赋宁等译,上海译文出版社,2012,第11页。

于细节情感的整体情感[1]，而是指一种更强烈、更有重量的艺术情感。这一“非个人”的“艺术的感情”，是相对于狭隘的“个人的感情”而言的。同样，当他提出艺术的“非个性化”原则时，他所真正批判的也是一种“个人化”的个性；而通过这样的批判，他的目的同样在于把我们的视野导向另一种更宽广和重大的“个性”。

摘自《莎士比亚和赛内加的斯多葛主义》（1927）一文的下面这段话，再清楚不过地揭示了艾略特“非个性化”理论的真正所指：“每一个诗人都是从他自己的感情出发的。……莎士比亚同样也投入一种挣扎（唯有这挣扎才组成诗人的生命），要把他个人的和私下的痛苦变为丰满的、奇异的，变为众生相的、非个人的东西。”[2]显然，“非个性化”不是要求艺术家放弃情感和个性，但也并非简单地强调艺术表现与艺术家个性之间的间接联系；它最核心的精神，是倡导艺术创造者应该从个人化的小情感和小个性中走出来，走向更普遍的情感和更博大的个性。正是对这样一种大“情感”、大“个性”的倡导，构成了艾略特“非个性化”诗学最核心的意义。

Impersonality：从“个性”批评到“个人性”批评

从对于这一“新”个性的认识出发，我们就能更好地理解艾略特笔下的“非个性化”一词与其说是对艺术“个性”的批评，不如说是要表达一种针对艺术的“个人性”的批评。“非个性化”一词的英文原词“impersonality”含有两重意

① 兰色姆：《新批评》，王腊宝，张哲译，江苏教育出版社，2006，第 103 页。

② 托·斯·艾略特：《传统与个人才能》，卞之琳，李赋宁等译，上海译文出版社，2012，第169-170页。

思：一是对个性的批评，二是对个人性的批评。这两重意思之间有许多交叉，但也存在着微妙而重要的区分。该词译成中文“非个性化”后，不幸在一定程度上丢掉了第二重意思，这又多少妨碍了我们对于艾略特的这一“非个性化”思想的完整领会。应该说，在艾略特早期的诗学思想中，我们的确很难区分他所说的“非个性化”，其否定的对象到底是“个性”还是“个人性”，这两者更像是以完全重合的方式交叠在一起。当他说“诗人没有什么个性可以表现，只有一个特殊的工具，只是工具，不是个性，使种种印象和经验在这个工具里用种种特别的意想不到的方式来相互结合”①时，他不惮于通过把诗人仅仅视为处理“印象和经验”的“工具”性媒介，来传达艺术创作过程中艺术的本体地位。这样看来，“个性”一词在他的早期诗学思想中，似乎的确不被安放在一个多么起眼的位置上。然而，如果仔细咀嚼艾略特早期文学批评中遭到批判的“个性”一词，我们也会发现，这其中被否定最多的并非诗人内在的性情，而是那些显然囿于“个人性”的个体情感或事件。就在同一篇文章中，他这样写道：“诗人所以能引人注意，能令人感兴趣，并不是为了他个人的感情，为了他生活中特殊事件所激发的感情。”②这段说明清楚地呼应了其后“艺术的感情是非个人的”这句话所要传达的真正含义。

当然，在写作《传统与个人才能》的时期，艾略特“非个性化”理论中的“个性”与“个人性”的分野是十分模糊的，甚至常常是相互等同的。是在后来的批评文字中，随着艾略特对于艺术“个性”因素的进一步认识，“非个性化”思想中的“个人性”批判维度才越来越凸显出来。作为贯穿艾略特一生诗学思想

① 托·斯·艾略特：《传统与个人才能》，卞之琳，李赋宁等译，上海译文出版社，2012，第8页。
② 托·斯·艾略特：《传统与个人才能》，卞之琳，李赋宁等译，上海译文出版社，2012，第10页。

的一个重要概念，“非个性化”（impersonality）、“非个人的”（impersonal）等表述在他此后的理论文字中曾一再出现，并成为这位诗人批评家“一生的诗学课题”[①]。而相比于早年激进的“非个性化”宣言[②]，在后来的持续阐说中，尤其是在一些具体的批评文章中，我们可以感觉到一种更富情理、更有温度的“非个性化”思想的展开，尽管它往往是以零碎和片段的方式得到呈现的。这些持续的思考在艾略特所说的“不像过去那样简单”，也“不再只是一个单纯的文学问题”[③]的层面上，构成了对他早期提出的这一“非个性化”理论的重要解释和补充。

从这样一个综合性的视角来考察艾略特早期的“非个性化”诗学阐说，我们会把注意力更多地放在他所谈论的艺术问题，而不是他所使用的诗学术语上。1924年，在《伊丽莎白时代四位剧作家》一文中，艾略特以典型的“非个性化”用语来描述芭蕾舞演员的“个性”与艺术之间的关系：在舞台上，演员的任务是表演他被给予表演的东西，“人们不要求他表现他的个性”。这话很容易被误解为对表演者“个性”的简单否定。但艾略特随即补充道：“一位大舞蹈家和一个仅仅够格的舞蹈家之间的区别在于有无生命的火焰。这是一种非个人的，如果你愿意这样说，也是一种非人的力量，这种力量在这位大舞蹈家每个动作与下一个动作之间发散出来。”[④]这里所使用的“非个人的”（impersonal）、“非人的”

① Harmsen, T.. “T.S.Eliot’s Poetic Testament: The Personality of the Impersonality Seeker.” English Studies 6 (1988): 509-517.

② 兰色姆：《新批评》，王腊宝，张哲译，江苏教育出版社，2006，第98-101页。批评界对于艾略特早期的“非个性化”理论颇多微词。例如，兰色姆在其出版于1941年的《新批评》一书中，即以不无嘲讽的口吻评说了艾略特的这一理论，并说道：“我不理解这种理论如何能具体地执行。”

③ Eliot, T. S.. After Strange Gods: A Primer of Modern Heresy. London: Farber & Farber, 1934:15.

④ 托·斯·艾略特：《传统与个人才能》，卞之琳，李赋宁等译，上海译文出版社，2012，第135页。

（inhuman）二词，看似不近情理地否定了艺术中“个体”乃至“人”的维度，却又和“生命的火焰”（vital flame）这样与“人”密切相关的词语结合在一起。值得注意的是，艾略特使用的“vital”一词，其意义已经超越了个体人的生命，而指向一种更广袤的生之力量。因此，在这里，“非个人的”和“非人的”二词不应被理解为对“个人”和“人”的简单否定，而是对于一种比个人乃至仅仅作为一个种群的人类都更高远的艺术精神的指认。

这样的指认显然带有艾略特本人宗教信仰的烙印。如果撇除这一点，我们看到的是“非个性化”理论所指向的两个对艺术而言至为重要的“超越个人性”的特征，这两个特征在艾略特后来的相关论述中得到了进一步的印证。

首先，艾略特认为，在真正的艺术活动中运作着一种比一己之个体性生命更阔大的力量，它引导我们超越狭隘的私己生活，去关心、求取、表现宇宙、世界和生命中那些更有重量和意义的精神，亦即使个人“归附更有价值的东西”[①]。他在为贝塞尔《莎士比亚与通俗戏剧传统》（1944）一书所作的序言中这样写道：“诗所表达的不仅是个人的现实”，它“应该以某种方式揭示比我们所感受到的生活表面更深刻的现实”[②]。这一说法呼应并进一步阐明了他在1924年一篇谈论瓦莱里诗歌的文章中称“非个性化”是“个人的情感、个人的经验延展到了一种非个人化的内容里，并在其中得以完成”[③]的意思。因此，有研究者指出，艾略特非个性化诗学理论的要义在于，“诗的真实不是一件个人性的事情；它像科学

① 托·斯·艾略特：《传统与个人才能》，卞之琳，李赋宁等译，上海译文出版社，2012，第5-6页。

② Eliot, T. S.. “Introduction to Shakespeare and the Popular Dramatic Tradition.” The Shakespeare Reader. Phladelphia & London: Running Press, 1997: 485-487.

③ Eliot,T. S..“A Brief Introduction to the Method of Paul Valé ly.”In Le Serpent. London: R. Cobden-Sanderson, 1924: 7-15.

真理一样，是一种客观存在物，因为它的源头在于人类情感的普遍性，这情感不囿于任何特殊的个体或时空。”[①]艾略特认为，对于这样一种普遍精神的自觉服从和跟随，是艺术家最应认领的职责；反过来，唯有通过将自己交给这样一种超越个人性的普遍精神，艺术家的创造才能实现其最大的价值。这也就是他为什么说“艺术家如果要取得他独一无二的地位，就必须对他本身以外的某些东西表示忠顺，倾其身心地热诚对待它，为它做出牺牲。”[②]这一超越个人性的精神的重要表征之一，是艾略特所说的“传统”；但在他早期的批评思想中，“传统”还被表述为艺术家“本身以外”的东西，而在他后来的批评理论中，传统的意义越来越超越了狭义的艺术惯例，而内化为艺术家的一种视野和人格。

需要强调的是，在艾略特后期的“非个性化”理论中，被摆在突出位置的普遍情感不是一种脱离个人的普遍性，而是同时“保持着个人经验的一切独特性”[③]。也就是说，依照这一“非个性化”的原则，艺术的普遍性和个性在彼此中获得了充分的实现。这使得艾略特的“非个性化”思想到了后来，不再表现为一种向着他早期心仪的古典主义复归的诗学姿态，而是同时超越了浪漫主义狭隘的个性观和古典主义狭隘的传统观，走向了一种融个性和普遍性于一体的更为深刻的现代诗学观念。

其次，通过张扬这样一种“非个性化”的艺术精神，艾略特想要谈论的不只是寻常的艺术概念，更是一种“伟大”的艺术品格。很多时候，在阐说“非个性化”的艺术原则时，艾略特的目光望向的是艺术的金字塔尖，是在艺术的

① Pratt, William. “The Poetics of Impersonality: T.S.Eliot and Ezra Pound by Maud Ellmann.” American Literature4 (1988) : 690-692.

② 托·斯·艾略特：《传统与个人才能》，卞之琳，李赋宁等译，上海译文出版社，2012，第 14 页。

③ Eliot, T. S..On Poetry and Poets. London: Faber and Faber, 1957:204.

层级上位于制高点的那些作品。“伟大的文学是从个人性向个人一生的艺术的转化”[①]，在这里，超越个人性和囿于个人性的艺术之间的区别，也就是他所说的“一位大舞蹈家和一个仅仅够格的舞蹈家之间的区别”。这一点对于我们理解“非个性化”理论的要义非常重要，但它也是被许多批评者忽略的地方。我们看到，在具体的批评中，艾略特毫不否认艺术本身是具有包容性的，那些更多地倾向于表现个人情愫或展示个体才华的作品，同样是可以带给我们艺术欣赏的愉悦的作品。在这个意义上，艾略特是公正的，他虽然批评威廉·布莱克、爱伦·坡等作家的作品在展示个人才华的同时缺乏“非个性的理智”（impersonal reason）[②]，但这并不妨碍他发现和领略这些作品在艺术上的诸多妙处。在《什么是小诗艺》（1944）一文中，他强调了一般诗作的意义以及它们在诗歌整体艺术中不可或缺的位置；但他接着又说，“尽管我们会为了个性上的某种亲近感、主题以及诙谐、伤感等特质方面的原因喜欢上一些小诗作，但当我们谈论大写的诗艺时，我们倾向于只思考更强烈的那种情感，或者更富魔力感的那个语词”[③]。而这种最具强度的艺术情感和最富魔力的艺术品格，离不开伟大作品的诠释。艾略特的“非个性化”诗学所关切的要点之一，正是艺术由小格局通往大精神的门径。“没有任何一位艺术家，想要通过有意识的努力来表现他的个性，能够创作出伟大的艺术作品。”[④]在“非个性化”诗学的总体语境中，这句话应该这样解读：伟大的艺术不可能只是一种“个人性”的表达，它必须表达出比个人性的才华丰富、博大得多，也深刻得多的内涵。在伟大的作品里，我们期待的不只是一般

① Eliot, T. S.. Selected Essays. 2nd ed. London: Faber & Faber, 1934:217.
② 托·斯·艾略特:《现代教育和古典文学》，李赋宁，王恩衷等译，上海译文出版社，2012，第68页。
③ Eliot, T. S..On Poetry and Poets. London: Faber and Faber, 1957:49.
④ 托·斯·艾略特:《传统与个人才能》，卞之琳，李赋宁等译，上海译文出版社，2012，第136页。

的同情，更是那种“撼动了时间之面纱的更为深刻的感情”[①]，后者在艾略特看来，正是艺术之“非个性化”特征的杰出表现。

这样，我们对于艾略特“非个性化”诗学的读解，便从诗歌技艺性的探讨进入到了有关艺术根本精神的思考中。在我看来，这也是在艾略特一生的批评理论中以各种方式得到表述的“非个性化”诗学所指向的那个内核。与其说艾略特的“非个性化”诗学是对艺术创作中的“个性”书写和表现的批判，不如说是对艺术家、艺术创作以及艺术作品中狭隘的“个人性”的批判。它主张艺术应突破艺术家的自我中心，进而突破“人”的自我中心，走向一种“非个人化”的、更为广阔的精神境界。这是艺术家应有的“个性”，也是伟大艺术的“个性”。一个时代的艺术并不必然都遵循这一“非个人化”的精神方向，但一个时代的艺术必须不缺乏这样一种超越个人性的气魄，不缺乏这样一种比个人生活更高远的理想。

“超越个人性”：文学和文化的当代省思

在一个“个性”“个人”“个体性”等词受到空前尊奉的时代，不论“非个性化”还是“非个人化”，都是一种不无危险的表达，因为它对“个性”和“个人”的否定性批判，很可能会被认为触犯到了现代人文社会的某个伦理边界。同时，“非个性化”或“非个人化”的说法，也或隐或显地涉及对个人自由以及私人生活合法性的指责。就此而言，今天重提艾略特的“非个性化”理论并为之作辩，可能是很不应景的一件事情。但也正因为我们今天的文学和文化越来越不由

① Eliot, T. S.. Selected Essays. 2nd ed. London: Faber & Faber, 1934:181.

自主地沉浸在了一种“个性化”“个人化”的小感觉和小氛围之中，重思艾略特“非个性化”诗学的艺术价值和文化意义，更显出其不同寻常的价值。在艺术的层面上，“非个性化”诗学所倡导的艺术家与艺术的“大我”意识，代表了今天我们时代的文学和艺术所格外匮乏的一种精神。在文化的层面上，“非个性化”进一步延伸为对于一种超越个人性的、丰富、开放而成熟的现代文化精神与人格的肯定；比照我们正身处其中的社会和文化现实，它所指出的这个文化精神的维度，无疑是一种正当其时的警醒和启迪。

在“小个性”“伪个性”充斥于各类艺术表现空间的时代，艾略特的“非个性化”诗学以其对于狭隘的艺术“个性”观的批判，提醒我们文学和文化应走出个人性的限制，寻求更为开阔、成熟的精神境界。如前所述，从艾略特的整体诗学思考来看，他对“个性”或“个人”的批判，不是要否定个体相对于艺术创造与文化建构的主体性意义，而是要倡导一种超越个人性，尤其是超越私人性的艺术和文化的“大”个性。他也并不否认仅属于作家个体的“小”个性相对于艺术创作的意义，但在他看来，这样的艺术作品所呈现的还是一种未臻成熟的年少意气，对于艺术来说，这种意气还有待成长为另一种更“成熟”的诗学。这一点生动地体现在他对爱伦·坡的评价中：“爱伦·坡才华出众，这无可否认，但是在我看来，这只是一个天赋极高、尚未进入青春期的少年的才华。他强烈好奇心所表现出来的形式只是那些懵懂孩童的心中乐事：自然、力学和超自然的奇迹，密文和暗号，谜语和迷宫，机械操作棋手以及迸发出的各种奇思妙想。……他所缺乏的正是那种赋予成人庄重感的始终如一的人生观。……他似乎完全听任瞬间的想法，结果他所有的想法看起来不像是要让人相信的，而像是拿来消遣的。他缺少的不是智能，而是心智的成熟，这种成熟只有随着人整体上的成熟、各种情感的发展和协调才能获得。”[①]

在我看来，这是艾略特为他自己的“非个性化”理论所开出的一个绝佳的诗学注脚，它生动地说明了“个性化”的艺术才华与“非个性化”的艺术心智在人类艺术版图上的格局关系。爱伦·坡无疑是才华横溢、引人赞赏的，但他的这些作品以及他在作品中所传达的这种趣味，却无法在我们心中唤起一种比欣赏、喜爱更具分量的庄重的敬意，这敬意必然源自一种超越了文学和艺术的个性化游戏而指向那比我们的一己之身广袤得多的宇宙和生命的审美体验。它使我们意识到，艺术不只是一桩关于“消遣”的事情，也不仅仅是关于某些个人性的趣味的事情；艺术要真正成为伟大的艺术，必定还需要一种庄严的精神。用艾略特的话说，诗不应只包含爱伦·坡式的文学游戏的愉悦，它还“应该给予读者某种严肃的价值”[②]，后者导引我们跨越个人生活和兴趣的狭窄边界，去寻找和体味一种更为丰厚开阔的存在的意义。也正是在这样的自我超越中，我们的个性、我们的个人变得更加丰富和深厚起来，我们成了更有广度和深度的“个体”。在“非个性化”的艺术世界里，我们放下了一个狭小的“个性”，而得到了另一个更阔大、更丰富、更成熟的“个性”。

然而，对于这样一种“非个性化”的诗学理想的实践，在当代的文学和文化生活中越来越难看到了。综观今天的文学、艺术及影视作品，扑面而来的是大量以“个人化”的消遣姿态进行的书写和述说，我们从中的确看到了不少“个性化”的才华，却极少见到艾略特笔下那种具有“非个性化”特质的成熟心智。同时，大量作品显然沉湎于对“个人性”的生活和情感的表现，甚至一切题材都被借来书写这些个人化的情愫，城市的、乡村的、历史的、当下的、现实的、幻想

① 托·斯·艾略特：《批评批评家》，李赋宁，杨自伍等译，上海译文出版社，2012，第34页。
② 王恩衷，编译：《艾略特诗学文集》，国际文化出版公司，1989，第229页。

的，凡此种种的生活，最后往往仅落实在一种小而又小的私人情感中。在频繁的练习下，文学以及各种其他类型的媒介产品变得十分善于捕捉我们私人生活中那些最为细碎、微妙的感受和龃龉，却很少能够越出个人体验的范围，去尝试探寻一种更为博大的生活和精神的境界。与此相应的是，我们的全部生活也越来越倾向于围绕着私人性的主轴运转起来。

这是一个危险的征兆。我不是要否定私人生活或个人体验在文学和文化中的价值——毋庸赘言，在文学和文化的底座上，首先应该安放的正是个人及其体验的位置；而现代文学和文化为了争取这样一种对于个体性的尊重，付出了几个世纪的巨大努力。但如果一种文化在其关照个体的过程中变得仅仅关心个人的生活和感觉，这个文化中的人们也只是关心他们私人的“个性”和“情感”，其结果同样令人沮丧。在诗学意义上的“个人性”与“非个人性”之间，存在着一种特殊的消长关系。从历史上看，私人经验在文学和文化生活中扮演最重大角色的时候，是当这种经验的合法性遭到社会威权及其控制下的公共生活全面压抑的时候，此时对这一经验的张扬即是对“人”的救赎。然而，当我们的文学和文化开始把自己完全变成一件个人化的事务时，我们则更需要一种超越个人性的视野，来召回文学和文化应有的宏大精神和气度。

这正是我们今天所面临的境况。在当下的主流文学和文化生活中，对于私人经验和快感的过分沉溺代表了一种狭隘的个人中心主义，它把文学、文化与个人之间的交往关系降低到了某种简单的映象和宣泄关联。艾略特曾讽刺这种以遵从内心的名义得到张扬的自我中心主义：“我的印象是这种具有内心呼声的人随时随刻都准备听它的吩咐，别的声音根本听不进去”。[①]在他看来，这样的“个

① 托·斯·艾略特：《传统与个人才能》，卞之琳，李赋宁等译，上海译文出版社，2012，第18页。

性”只是一种“喜欢什么就做什么”（doing as one likes）的庸俗个人主义，它排斥个人趣味以外的其他经验，并因其倨傲而变得愈发狭仄。而事实上，这一狭隘的个人中心并不真正有益于私人生活的自由，因为当一种文化只鼓励人们关心自己的“私人生活”而放弃对其他事务的关注时，“在不知不觉中，这个‘私人生活’的范围会日渐缩小，以至最终可能会消失殆尽”[①]。艾略特对于中产阶级自由主义文化的批判广为人知，他的“非个性化”诗学所倡导的，正是要走出这一狭窄的个人中心，走向更丰富的历史和现实的经验，进而从这丰富的经验中体察、掌握关于世界与生活的更普遍的真相。

这样一种诗学意义上的“非个性化”，不但是我们向当代艺术提出的一种要求，也是我们对当代文化怀有的一种期望；它提醒着我们文学和文化中某个被日益遗忘了的价值维度的存在。这一价值意识鲜明地体现在艾略特对以下两个问题的区分上：“我们喜欢什么”和“我们应该喜欢什么”。艾略特是在明确的信仰背景上来谈论这两个问题的，但这并不妨碍我们将它们拓展到一般文化的语境中来。在这里，“喜欢什么”是有关个人趣味的事情，而“应该喜欢什么”的思考则关系到比趣味更重大的一种文化价值的选择和评判。如果说前者不妨是一种轻松愉快的提问，那么后者则充满着自我拷问的重量，因为它反映了一个时代及其文化的精神定位。值得注意的是，在这两个提问的并峙中，艾略特的意思并非要我们放弃“喜欢什么”，转而投向“应该喜欢什么”的怀抱——如果是这样，他就只是一个刻板保守的道学家而已。他的“非个性化”文化诗学的深刻性也恰恰体现在这里：在他看来，人们对于上述两个问题的理解具有同等的必要性，前者代表了我们的自然趣味，后者则揭示了我们的伦理意识，两者共同构成了完整的

① 托·斯·艾略特：《基督教与文化》，杨民生，陈常锦译，四川人民出版社，1989，第13页。

文化。“仅仅了解我们应该是什么，是不够的，除非我们知道我们现在是什么；而我们不会了解我们现在是什么，除非我们知道我们应该是什么。知道我们现在是什么和知道我们应该是什么这两种形式的自觉是必须同时并进的。”[①]这进一步证实了“非个性化”的“超越个人性”不意味着抛弃个人，相反，它接纳个人真实的感受和趣味，却又同时要将它提升到一种更开阔、更具普遍性的价值世界里去。

这是文学和艺术的职责，也是文化的职责，而这职责的实践最终要经由“人”来落实。因此，在最根本的层面上，“非个性化”乃是对个体和自我的扩容，正如艾略特笔下广泛而有价值的阅读行为一样，“它之所以有价值，是因为我们在被强有力的人格逐一影响的过程中，不致再被任何一种或少数几种人格所支配。一些很不相同的人生观，同时住在我们的心里，彼此互相影响着，而我们自己的人格挺身出来，在我们自己的特种安排中各个给以地位。”[②]这意味着，“非个性化”之所以要求个体走出个人化的世界，放下自我，去接纳更宽广的经验，正是要让个体在这些“超越个人性”的经验的滋养下，建立起能够“挺身出来”的“我们自己的人格”。

这样，我们就看到了“非个性化”作为一个文化诗学命题的根本价值：通过纠正文化的偏误，它最终想要纠正的是人的偏误，是试图以一种超越个人性的文化来拓展进而提升个体的生活和精神世界。如果说我们今天的社会生活毫不缺乏各种以“个性化”的名义表现和关照自我的姿态，那么它的确缺乏并且迫切地需要获得艾略特笔下那种“非个性化”的自否意识，后者的宗旨在于使文化和文化

① 王恩衷，编译：《艾略特诗学文集》，国际文化出版公司，1989，第 136 页。
② 王恩衷，编译：《艾略特诗学文集》，国际文化出版公司，1989，第 132-133 页。

之“人”跳出狭隘的当下和自我，成为面向历史、现实和未来时间敞开的连续而充实的存在。在个人快感至上的消费生活时代，这一“非个性化”的选择无疑是充满艰难的，它是艾略特曾以复杂的心情提到过的“现代文明的重负”[①]之一；但也正是在这重负里，蕴含了“文化”一词最伟大的意义。

（本文系作者在2016年华南师范大学举办的“美学的当代转向：从艺术哲学到生活诗学”会议上发表的论文）

① Eliot, T. S.. “From Poe to Valéry.” The Hudson Review 3 (1949) : 327-342.

第六辑

我的批评与创作

批评的体温

我在白马湖畔一个负山抱水的小村子里度过了童年的时光。山野间的孩提生活少有功课的约束，但在嬉游之余，每日晨昏两次，我都要到外祖父的房间受训。清晨在桌前坐定，必得先打一盘算盘，从一到百，数数相加，直打到五千零五十的准数。傍晚开笔研墨，再摹写一幅大字。那曙色未明里的算珠清响和斜阳晚照时的墨砚清香，到现在还生动无比地留在我的记忆里。我自小对笔墨案头怀有的亲切感，或许便从那时而来。

那时除了流行的小人书，还读《儿童时代》和《少年文艺》，也是外祖父所订。里面的各样新奇荒诞的故事和简笔有趣的图画，真使寻常的生活大为增色。当我窝在床边脚榻上翻看它们时，自然没有想到，有一天我的工作和生活也会与这些文字发生如此密切的关联。

然而，我开始从文学的批评中领受真正的乐趣，却完全是后来的事情。初入批评行当的很长一段时间里，我的心里一直存有一个疑惑：与文学作品所能提供的阅读趣味相比，批评的意义究竟何在？彼时我已不再轻易相信批评有指点文学江山的效力。实际上，面对那些令我感到震撼的文学作品，我常发现自己无奈地处在某种默然失语的状态。这失语并非真不能说，而是不满于表达与体验之间的隔阂。与此相伴随的是一种同时夹杂着阅读的激动和批评的沮丧的复杂情绪。有那么一段时间，我放下对文本的执着，而开始不由自主地沉迷于一种理论操演的游戏。我被那样一种主要由理论本身衍生而来的思想和语言游戏的乐趣所迷惑，而这乐趣似乎也证明了批评可能具有的自足价值。

所幸这段迷失并不太久长。2008年秋天，当我完成了美国学者杰克·齐普斯的童话研究著作《作为神话的童话/作为童话的神话》一书的翻译工作，从有关童话的诸种概念和理论的推演中抬起头来，在一瞬间，忽然强烈地怀念起童年时代阅读一则童话故事的单纯欢乐。此前我从未如此深切地感觉到，这份与文学近身相贴的快意，才是真正拨动我灵魂和牵引我关切的所在。如果批评于我而言不只是一种职业的选择，一项思想的娱乐，而是还有它“近身相贴”的意义的话，其意义或许就在于对这样留存人的体温的艺术经验及其内在的缘由、价值等的揭示上。

2010年，我入浙江大学攻读文艺学博士学位，拜在徐岱先生门下。师从徐先生求学的三年，领受教益无数，对于文学研究与批评何所作为也有了更深的体认。先生以身体力行告诫晚辈的是，批评不仅是一件与知识有关的事情，也是一件与我们的人文情感和信仰密切相关的事情，经由它通往的最终是认识、塑造和锤炼我们自己灵魂的道路。我因之而更确定，批评的终点非止于文学的知识，而是借由与文学之间的相互发明和彼此伴携，去探寻、叩问那攸关“我”之日常存在的生活意义与生命内涵。这样的批评从不远离人的体温，它是亲切的、真诚的，因而也有着温暖的底色。

我常回忆起小时候的读书时光，总是捧着一册故事，不拘在哪个角落坐下，便凝然忘身于书中的世界。这刻印在我骨髓深处的早年文学阅读经验，已经成为我生命中一份温暖而珍贵的情感记忆。很高兴我所钟情的批评不是对这样的经验的远离，而是向它的探近。愿我也能从自己的批评中，努力寻回童年对待生活的那份赤诚与单纯。

（原载2015年5月10日《钱江晚报》）

《思想的旅程》后记

我对当代英语儿童文学理论和批评的演进产生朦胧的兴趣，还是十多年前在浙江师范大学的硕士研究生学习阶段。彼时因为专业阅读和写作的需要，加上当时在浙江师范大学儿童文学学科任教的张嘉骅博士热情提供原著复本，我努力啃下了若干本当代英语儿童文学的理论著作，虽有诸多半通不通处，却自觉受益匪浅。毕业留校工作后，又有机会翻译了美国学者杰克·齐普斯的童话研究著作《作为神话的童话/作为童话的神话》。翻译过程中，常要查阅各种专业批评概念及用语的来源，这样渐渐地积累起对于当代英语儿童文学理论发展状况的最初印象。

而真正开始将这一学术兴趣付诸研究的实践，则是在2008年的冬天。那年11月初，我申请到德国慕尼黑国际青少年图书馆的研究奖学金，赴该馆做为期三个月的研修。我递交的研究课题是“儿童文学中的童年研究”。11月上旬，我在馆内做了题为“20世纪后期中英儿童文学中的童年比较研究”的计划报告，便开始

2008 年 11 月 7 日于慕尼黑国际青少年图书馆研究室

了相应的阅读和写作。图书馆有专供研究者日常工作的研究室，这里同时也是馆内儿童文学研究著作的藏书室，居中两排办公桌，四周壁立环绕的尽是高而满的书架，按索引目次整整齐齐地排放着各式儿童文学理论书籍。我是初次见到本专业领域这样丰富的外文理论藏书，一时贪看不已，从事研究计划之余，找到了不少歆羡已久的儿童文学理论书的英文原著，又循着新的线索觅到了另一批有价值的著作。这样边找边看，白天的工作时间远不够用，又开始把书借回住处，晚上挑灯续读。馆内规定研究者有一定的图书外借资格，我每次能借四五本硬皮书，塞得结实一包，闭馆后就背着它骑单车回到在乌拉女士家租住的小房间。简单晚饭之后，便打开电脑继续工作。

随着阅读的积累，我对于英语儿童文学理论现状的认识一方面有了持续的丰富，另一方面，或许是出于专业研究的本能，我也越来越渴望了解英语儿童文学理论批评的整体状貌及其演进历程。馆内收藏的《儿童文学国际指南百科》《牛津儿童文学手册》等理论书籍提供了一定的阅读和索引指南，但还远不足以再现英语儿童文学批评演进的现场感。正是带着这样的渴求，我注意到了排列在研究室侧门入口处的一大架外语儿童文学刊物。我在管理员的帮助下移动起那架长长的金属悬梯，爬上书架的高层，开始逐一取阅那里的几种英语刊物：《儿童文学》《儿童文学学会季刊》《讯号》《狮子与独角兽》《教育中的儿童文学》……

这是一次沉入历史的阅读。我还清楚地记得翻阅《儿童文学》第一卷时的感觉。与此前我所阅读的那些相对成熟的理论著作相比，这些印制在发旧纸页上的今天看来尚显单薄的研究文字，记录的是20世纪70年代初一批研究者试图在英语人文学术界为儿童文学研究争得一席之位的努力。在卷首的“编者按”中，主编弗兰西莉娅强调着儿童文学研究的意义及其进入人文研究者视野的重要性。对我而言，这样的苦心孤诣还伴随着一种遥远的熟悉感——原来在当代英语世界，儿童文学研究也曾经历那样一段为赢取学术身份的尊严而奋起追赶的艰难旅程。阅读《讯号》第一期，进一步印证了我的这一感觉。这样一卷卷、一期期地翻阅下去，仿佛亲历了当代英语儿童文学研究如何从最初不无稚嫩的学术状态中迅速成长和成熟起来的过程。我从这上面看到了一些已经十分熟悉的英语儿童文学研究者的名字，看到了他们如何携带着各自对儿童文学艺术的不同见解投入到推进儿童文学学术研究的共同事业中，也看到了他们自身学术兴趣、研究课题、批评风格等的形成过程。譬如，我在此前已读过加拿大儿童文学学者佩里·诺德曼知名的理论书《儿童文学的乐趣》，而阅读这位研究者发表在《儿童文学》《儿童文学学会季刊》《狮子与独角兽》等刊物上的各类文字，则依稀看到了他此书中的相关理论思考、写作是如何逐渐成形的。了解这类思考的演进过程及其时间坐标，比之阅读成书后的系统论述，又别有一番感慨和领悟。

作为学术研究思考与成果呈现的第一现场，这些刊物既展示也绘就了有关英语儿童文学理论与批评拓展的生动画卷，而将此与理论著作的阅读相互参照，我也在逐渐建构起对于当代英语儿童文学学术研究发展进程的日益完整的理解。这是我过去从中文文献中从未读到过的知识。

实际上，即便从我翻检的各类英语资料中，也很难获得有关这一进程的总体思考。我的印象中，当代英语儿童文学研究长于理论的建构和作品的阐发，也看重理论成果与文献资料的积累，却并不十分关注批评史本身的系统描述与整理。1992至2002年间，《讯号》杂志曾一度开设“童书研究著作”专栏，逐年介绍1991至2001年间出版的童书研究成果，但主要是针对相关资料讯息的搜集呈现。在我个人迄今为止的阅读视野中，还未读到过以当代英语儿童文学批评史为对象的专题研究。事实上，我对这一课题的敏感和关注，在很大程度上还包含了我自己对当代中国儿童文学理论批评的思考。若干年来，当代英语儿童文学领域一批积淀深厚或锐意创新的理论成果，给我和许多国内同行留下了深刻的印象，也常被研究者慕为学习和引用的对象；然而从其发展的历史来看，它的起点其实并不高于我们，也不怎么先于我们。那么，同样是从一个较低的学术起点起步，且经历了一段相近的发展时间，当代英语儿童文学理论批评的迅速进步及其所取得的学术成就，能够为我们的儿童文学理论批评提供什么样的经验和借鉴？

我在离开慕尼黑前完成了原课题计划中的研究论文《被疏远的童年：20世纪后期中英儿童文学中的童年表征比较》。该文以英文写就，后来在意大利《教育史与儿童文学》（History of Education & Children’s Literature）杂志2010年第1期刊发。此文完成后，我即开始另行撰文梳理自己关于英语儿童文学理论批评进程的上述观察和思考，如此一来，时间越发不够用了。愈是临近离开的日期，我的阅读日程愈是紧张，因为想要尽其可能搜集足够的资料。我总是上午赶在开馆时间前到达图书馆坐落的古堡，于开馆时分直奔研究室，中午在古堡内的西餐厅用完简单的中饭，随即又回到办公桌前。那些日子，往往是从沉潜的阅读中忽然抬头，望见窗外的阳光已是夕照。每天的工作因此都有一种紧迫的自我追逐感，同时也伴随着一份充实的愉悦。忘不了刚开始熟悉这里的一切时，严谨的管理员海勒为我介绍馆内图书搜索系统的使用方式，并娴熟地帮我找出那些我无从寻索的文献资料的所在。在编目部工作的可爱的玛丽亚，每周总有一天笑眯眯地走进研究室，把手里托着的一个纸包轻轻放到我的桌前，朝我眨眨眼，又悄然走开。纸包里换着花样，总是她亲手烘烤的一盘小糕点。行政办的佩特拉，永远是那么温暖的笑容，那样周到的体贴。前任老馆长波德博士，身上总仿佛还留有古典德国的优雅气息，那年圣诞节在教堂聆听他的无伴奏合唱，有如天籁。我也有幸在馆内的新年晚会上忝列于他指挥的小合唱队中。那晚欢宴结束，时逢初雪，我和图书馆的朋友们踩着新落的积雪走出古堡，四围一片澄净，此情此景难以忘怀。还有温文尔雅的语言部主任约亨，我们常在午餐时间一起讨论中德童书发展的现状，我也常向他请教有关的专业话题。在我离开慕尼黑前，他约请我和浙江师范大学相关学者承担馆内每年出版的“白乌鸦世界童书选目”中国书目部分的遴选和点评工作。我们曾于2012、2014年春在意大利博洛尼亚书展期间两次匆匆相逢，致意简短，却仍感亲切。

研修期满告别慕尼黑时，我既怀着满载而归的喜悦，又担心因为资料方面的原因，自己感兴趣的这一研究课题无法顺利继续下去。所幸回国后，我所在的浙江师范大学儿童文化研究院已经开始订阅多种英语儿童文学的理论刊物，其中包括《儿童文学》《儿童文学学会季刊》《狮子与独角兽》《教育中的儿童文学》等专业学术研究刊物，也包括《号角》《书鸟》等童书评论类杂志。这些期刊以及越来越便于获得的西文原著所提供的英语儿童文学研究资讯，正好与我眼下的研究进度相衔接，我也因此得以在整理研修成果的同时，继续拓展、深入该课题的研究。

2010年秋，我进入浙江大学人文学院攻读文艺学博士学位，师从徐岱先生。更为开阔的文艺学视野的建立和更为丰富的文艺理论阅读使我在完成学位攻读任务的同时，有机会从一个更高的学术视点继续自己关于英语儿童文学理论批评的研究，并持续发表了若干论文成果。徐先生常以言传身教告诫我们，学术思考与写作虽离不开理论的学习，却万勿囿于理论的架子，而应从这一起点出发，努力去发现、探寻与我们的存在切实相关的真命题、真学问。我得以很快跳脱对西方儿童文学及童年研究理论的某种迷信，转而从真正的批评视角发现个中问题，并提出对于它的反思，正是受益于老师的教导。

本书的内容分为五章，先后从批评史概观、学术刊物个案、批评方法观察、批评家研究及学术前沿动向五个方面展开关于西方英语儿童文学理论发展历史、现状及走向的考察、描述与分析。这些章节的写作依托的主要是我所搜集的一、二手英语文献资料，相关的理论概括也是我个人在上述阅读研究基础上对当代西方英语儿童文学理论批评的认识和思考。因本书涉及大量英文书刊名，为统一格式，重要外文刊名凡首次出现，译名后均附原文；学术著作则以脚注形式注明原文及版本出处，一些已有中文译本的重要著作，并添注中译本版本信息。书中涉及的若干重要概念或专用术语，尚未有公认译名的，亦附以原文。另还有大量外文人名，为保持正文格式清楚简明，文中不附原文，而在书末编有一个中外文人名对照表，除众所周知或已有确定中文译名的外文人名，均编入此表，表单按中文译名的拼音排列，以便于读者检索对照。

本书写作的目的，一方面是抛砖引玉，拓开一个尚未引起人们充分关注的研究话题；另一方面旨在以此他山之石的经验，促进当代中国儿童文学理论建设的思考。目睹当代英语儿童文学研究在短短几十年间所经历的脱胎换骨式的巨大进步，我强烈地感受到西方儿童文学研究界充沛的理论创造力和想象力，也一度单纯地想要致力于推进这一域外经验的本土引荐。然而，随着阅读和思考的推进，我也逐渐懂得以更具批判性的视角来审视这一域外理论资源。例如，当代英语儿童文学研究擅长向一般文学研究领域借取理论工具为己所用，其疾速的演进也在很大程度上得益于此，这一方面拓宽了儿童文学研究的理论格局，另一方面也丰富了儿童文学研究的批评方法。但与此同时，这一理论的借取也带来了一些新的研究问题：一是理论的既有模型与儿童文学的具体现实之间的某种不相容，导致学术研究与文学现象、作品之间的隔阂；二是原理论本身暗含的内在思想缺陷，随着理论的迁移运用也被带到了相应的儿童文学批评实践之中。有关这类问题的深入思考，无疑将使研究本身变得更有意义，也更有价值。它也是我在本书的写作中尝试打开的话题之一。

本书关于当代英语儿童文学理论批评发展状况的梳理和思考，尚属初步的研究。我希望未来自己能将这一研究持续推进下去，并不断有所拓展。在慕尼黑研修期间，我曾尝试学习德语，但因时间原因很快中断，回到工作单位后一直未及重拾。读博期间，由忙碌的工作又回到学生状态，遂重新收拾起德语学习的愿望和热情。这多少也是受到目下这一研究课题的激励——我曾于慕尼黑国际青少年图书馆的研究室书架上望见一长排德语期刊，好奇之下，去向管理员求教刊名，得知这是一份有关儿童文学与儿童媒介的研究刊物，且早在20世纪中叶即已创刊。当时便想，假使通得德语，自己目力所及的西方儿童文学研究地图定又将拓宽不少。这一心愿在博士生学习期间得以落实为行动。那段时间，在专业修习之余，我也自学德语至能够初步读写的程度，并由此积累起一些相关的德文文献。我期待着在未来的研究中，也有机会让这些文献发挥它们的价值。

本书在写作过程中得到了方卫平先生的许多鼓励和帮助，部分章节也融入了他的心血。各章节内容曾以论文形式先后发表于《中国儿童文化》《南方文坛》《文艺争鸣》《学术月刊》和《文艺报》《中国社会科学报》等报刊，其中有的文章曾被《人大复印资料》《中国社会科学文摘》《高等学校文科学术文摘》收录或全文、论点转摘。谨向这些报刊及编辑衷心致谢。

最后，还要特别感谢江苏凤凰少年儿童出版社接纳出版本书，感谢责任编辑李燕博士付出的诸多辛劳。

学术之路无有止境，而我的旅程才刚开始。

2015年3月10日于丽泽湖畔

（原载《思想的旅程——当代英语儿童文学理论观察与研究》，
江苏少年儿童出版社，2015年6月出版）

《幼年的诗学》后记

在儿童文学的大文类下，幼儿文学是一个不论在创作还是研究层面都相对较少受到关注的门类。尤其是在幼儿文学的专业理论建设方面，这些年来，一些有心的研究者做了不少基础和重要的推动工作，但总体上看，有关幼儿文学的系统理论阐说以及相关的一系列艺术和文化话题，十分有待更为广泛、深入地探讨推进。

在我看来，幼儿文学代表的是一种幼年的诗学。它所关注、书写和呈现的那种属于幼年时代的独特生活映像、审美感觉和艺术精神，或许最为典型地体现了儿童文学有别于一般文学的艺术面貌。然而，也因为这种面貌上的距离，因为幼儿接受能力的客观限制，幼儿文学的艺术也是最容易被误解和边缘化的。幼儿文学的“文学”与我们平常所说的“文学”是同一个概念吗？幼儿文学具有真正意义上的文学性吗？这些问题大概盘桓在许多关注幼儿文学的人们心里。在一些时候，幼儿文学甚至被默认为一种没有难度的文学——以幼儿式的语言写幼儿式的生活，这其中会有什么难度呢？

但我想说的是，作为一种幼年的诗学，幼儿文学中包含了对于人类幼年时代独一无二的诗学感觉和审美状态的洞察、感应与发掘、建构。它的“没有难度”的表象，实际上恰是它最大的难度，因为幼儿文学正是要从那看似没有难度的语言和意义的展开中，创造出一种与幼年时代独特的审美感觉和精神内涵紧密关联的高级的艺术。它的“没有难度”使它无从卖弄辞藻，玩转技巧，而只能凭借最简朴、素白、清浅、真切的文字和情感来与读者相对。某种程度上，那也是人类语言和情感上的一种返璞归真。透过这样的文字，我们感受到的是幼年时代那令人神往的审美世界：单纯的心灵，天真的稚气，丰富的同情，以及蓬勃的生机。这也是一切优秀的幼儿文学作品特有的魅力。

本书尝试从综合视角梳理、探讨幼儿文学的基本理论与艺术问题。全书包括上、中、下三编，分别从基础理论、体裁研究和作品鉴赏的角度探讨、阐说幼儿文学的概念内涵、审美属性、文化特征、文体分类、艺术欣赏等问题，力图呈现、建构一个较为立体的幼儿文学的文类状貌。我也希望透过这样的理论探讨和批评赏析，来探寻属于幼年时代的丰富诗学内涵。

我要感谢明天出版社和刘蕾女士对于这本小书的接纳。对我来说，这是珍贵的信任，也是一份温暖的鼓励。

2016年6月27日

于浙江师范大学丽泽湖畔

（原载《幼年的诗学》，明天出版社，2016年10月出版）

《童年精神与文化救赎》后记

本书是在我的博士学位论文基础上修改而成。

2010年秋天，我在工作数年后，重新成为一名学生，从浙江师范大学儿童文化研究院脱产赴浙江大学文艺学专业攻读博士学位。那是久违了的单纯而充实的读书生活，我还来不及消化角色转换间略有些忐忑的心情，便全力投入到了繁忙紧迫的学术阅读和写作中。每天上午，我从西溪校区北园的研究生宿舍出发，穿过文三路车水马龙的单行道，前往校区南园的图书馆阅览室学习。图书馆紧邻教学主楼，后者是我们听课的主要场所。有时课排在玉泉校区，我们一行同门便相约骑上自行车，从北园出门，沿街穿行，奔赴课堂。那份学生时代的蓬勃意气，回想起来，真是令我又振奋又怅惘。

我硕士生阶段的专业是儿童文学，毕业后也从事儿童文学理论批评工作。虽然一直钟情文艺理论的阅读，但博士生阶段进入文艺学专业学习，对我来说仍是一次知识结构拓展与重构的考验。导师徐岱先生给我们的学术志趣以最大的包容和鼓励，同时也教我们从尽可能广博的人文阅读中领受思想的养分。入学伊始，先生开给的长长的学术阅读参考书单，涵盖了哲学、科学、文学、美学、艺术学、政治学、历史学等领域的开阔知识基础与视野。在完成课程修习的任务之外，我的专业阅读也是由此而始。第一学期，我给自己设定了两个基本的理论学习方向：一是重读卢梭的童年理论，二是深研现代性理论。前一个方向与我长期以来的研究兴趣有关，后一个方向则是我想要深入探究的文艺理论话题。我后来发现，这两个方向其实有着意味深长的交叉与重合，但那也是阅读探索后的重要收获。第一学期可见的学习成果，是用心写成了两篇学术练笔文章。寒假里，我将完善修改后的《阿多诺的“审美理性”与审美批判的智性之维》一文投往《文艺理论研究》杂志社。2011年5月初，我收到了编辑部朱国华老师的回复。此文后来在该刊2012年第4期发表，这对我是不小的鼓励。另一篇论文《卢梭：作为一种乌托邦的童年》作为中央高校基本科研业务费自主科研项目的成果，后来在2014年第2期《山东社会科学》刊发。

最初考虑学位论文的论题时，我也曾在这两个方向上有所犹豫。最后，我试图在童年的话题中将这两个方向融合在一起。我的论题设想得到了徐先生的充分鼓励和支持，但他同时也一再提醒和告诫我，要越出儿童文化的一般视野限制，从整个人类文化的开阔视角来处理童年的话题与问题，进而发现、探寻这一话题领域有真意义、真价值的人文命题。先生对于为学中的此一“真”字格外看重。讨论论题的设想时，他便要我们一再琢磨，自己的论题试图解决的核心问题是什么？它是一个真命题吗？我理解先生所说“真”的意思，是指在专业知识、思维逻辑和学术智力的充分施展中，是否还有着指向切实人文价值与关怀的思想和精神的内核。

思考的过程中，我越来越意识到，在童年的概念与现代性的抱负之间有着多么丰富而深刻的联系，这联系不是已逝的历史，而是生动地存在于我们当下和此刻的生活中。2012年4月，我应安徽少年儿童出版社张克文社长之邀，赴意大利参加博洛尼亚国际童书展，陪伴我们的当地华裔向导提到两个与童年有关的文化细节，令我印象深刻。记得我们先是谈着手机充电之类的实用问题，不经意间，这位向导提到，当地的插座孔做得特别细，为的是避免小孩在玩耍间将手指探进去。他顿了顿，又补充道，我们国内的打火机用起来很方便吧，但在这里，打火机的开关摆弄起来特别费劲，要大人的力气才摁得开。那也是为了孩子的安全考虑。这真是小而又小的生活细节，但这细节让我感慨，继而沉默。如果说现代文明的核心乃是一种与顾看、关怀紧密相连的社会与人性的精神，那么从一个文明怎样对待孩子和童年的事情上，或许就可以见出这文明真正的现代程度。某种意义上，童年正是现代文明与文化的试金石。

我想起2011年寒假里的一天，我埋坐在家里的沙发上，偶然搜到一期知名的娱乐节目，正好播放着专为年末档期准备的儿童专场。在节目的才艺展示环节，几个孩子带着精致的成人式妆容一一登场劲歌曼舞，更有一个清秀的小男孩被装扮成小姑娘的模样大跳热舞。这些亮闪闪的孩子站在镜头前，真是无比吸引观者的眼球。透过镜头与屏幕的视角，从表演者、参与者、主持者到观看者，共同构成了一幅其乐融融的画面。但我却难以平复内心的惊愕：我们在用什么样的可怕方式消费着我们的孩子和他们的童年！那个假期，我写成了《作为一种景观的童年：当代视像媒介中的童年影像消费现象批判》一文。此文后来发表在2011年第5期《浙江社会科学》。回想起来，当时的思考尚不完全成熟，但我最终选择当代童年文化消费现象的批判性研究作为论题，这件事情确是一个重要的触点。这些年间，从屏幕上见到越来越多以童年形象为媒介的娱乐游戏或表演。在相应的媒介产品及其消费活动中，这些出现在摄影镜头和聚光灯下的小小身影，大大地点缀和丰富了娱乐的趣味。这些孩子的形象大多是快乐的，相应场景的呈现也是富于观赏性的，但我仍然感到难以言说的不适。那是一种对于童年的天真形象被毫无顾忌地挪作娱乐消费之用的本能抗拒。类似的娱乐化倾向也出现在了面向孩子的各类文化产品中，在这里，欢娱的快感越来越成了童年文化生产的第一要素，那一度压抑着它的许多文化戒律则被推到了隐约的背景上。今天的人们或许越来越体会到欢乐经验之于童年时代的重要性，然而，一种以童年为对象或面向童年的娱乐主义，是否就是我们用来张扬这一经验的合理方式？这里的经验本身又是否值得再审视和再反思？

在反复的清理、推翻、讨论和修正之后，我确定以当代童年文化消费现象的审美批判研究作为最后的论题方向。随着论题设计的深入推进，我感到自己此前所有的阅读和思考都在向这个论题交汇而去。在童年这个看似简单的现代语词中，包含了太过丰厚、重要的文化深意，尤其是与人的审美本质有关的深意。尝试寻索、阐明这深意的内涵，并论证在现代生活中坚持它的价值与意义，是我为自己设定的写作目标。从正式动笔到完成初稿，用了近一年时间。持续和高强度的写作过程充满了自我反诘、对搏以及不得不将原本珍爱的想法和文字推倒重来的痛苦。为了应对身体的疲倦，我每个晚上到宿舍区的小球场跑步半小时。有时写作实在进行不下去了，就倚着宿舍的墙壁倒立解乏。我的丈夫分担了我的写作焦虑。每天晚上，他从金华家里打电话过来，先辗转闲言几句，再小心翼翼地询问我的写作情况，他既替我着急，又怕增加我的压力。但他的陪伴给了我最大的支持。而在写作中最终被握住的思想的灵光以及与此相伴随的深深愉悦，则补偿了此前所有的付出。

或许，以童年为题本身即是一种写作的幸福，因为它对我来说不只是一个重要的概念，也是那样生动的一个词语。每当阅读和书写仿佛陷入理论的迷失时，我便在记忆里一次次地回到自己的童年，回到那段给予我温暖和光亮的清朗时光，在最诚实的生命经验中体味、琢磨童年一词的应有之义。我相信，那深植于灵魂感觉里的童年时光的烙印，就是童年之于我们的价值的最切实证明。

感谢导师徐岱先生。三年读书时光转瞬而过，从先生处领受的教益却受用终身。常想起那些天晴或落雨的日子，我们弟子几人围坐一圈，聆听先生讲学，或与先生一道辩书。讲到酣畅处，他会指着书或稿子的某一部分，不吝时间地字句剖析，于我而言，那往往是灵思最为激活的时刻。有时下午讲课结束，他便带我们到玉泉校区的大操场上跑步锻炼身体。先生教我们为学的方法和智慧，也教我们为人的赤诚与正气。他视弟子如孩子，最期望我们经由人文修习的道路，最终能够实现自己生活的幸福。

也感谢一路相伴的同门与同学，感谢论文开题与答辩委员会的老师们。答辩前夕，我获悉了学位论文匿名评审全优的结果，虽然不知道评审专家们的名字，但这份鼓励铭感于心。

本书的部分章节，曾以论文形式陆续发表于《浙江社会科学》《文艺争鸣》《南方文坛》《探索与争鸣》《学术月刊》《文化与诗学》等期刊，其中有的文章分别被《中国社会科学文摘》《人大复印报刊资料》《高等学校文科学术文摘》《中国儿童文化研究年度报告》等书刊摘编或全文收入。谨向这些书刊的编辑和师友们衷心致谢。

本书是2014年浙江省哲学社会科学规划课题（14NDJC230YB）的成果，同时获得2016年度浙江省省级社会科学学术著作出版资金全额重点资助。特此衷心致谢。

2015年12月28日于浙江师大丽泽花园

（原载《童年精神与文化救赎——当代童年文化消费现象的审美研究》，中国社会科学出版社，2017年4月出版）

《我的湖》后记

我的第一篇正式发表的散文，最初的写作想法是2011年寒假在一次闲聊中产生的。其时我和卫平在老家白马湖休假，触景生忆，顺便说起小时候念书的趣事，他大叹好玩，嘱我一定把这些故事记下来。于是就有了《童年·记忆·身体》的初稿，最初的题名叫《感觉的课堂》。那时刘绪源先生正主持《文汇报·笔会》的编辑工作，我将试作投给他，很快得到他准备用稿的回复，并且费心帮我修改了原稿的结尾。我是后来才日益明白如此修改的深意。这篇文章后来在“笔会”六一版面发表，用的是现在的题名，也是绪源先生帮忙改定的。

次年春天，绪源先生从“笔会”荣退。三月底，我收到《文汇报》编辑谢娟女士的邮件，约我为“笔会”继续写稿。大受鼓励之余，我又勉力写成了《童年的光晕》一文。其后每隔一段时间，便会收到谢娟的约稿短信或邮件，而我总是在她的这些敦促下，努力提起笔来，写下一些文字。收到约稿，有时是在假期里，我便知道她和同事为了编报，并没有休息。然而我的文章每发表后，都会收到她忙中简短温暖的告知，叫我意外而感动。她在邮件里提到我的这些小文“在报社内外颇受好评”，这给我不小的鼓励。其实每次收到稿约，我也心怀歉疚，常常一面写一面在心里发愿，此次定要主动再多投去一两篇。可惜左右他事一顾，文气一涣，此愿便又脱空。不知不觉间，谢娟的短信又来了。有时时隔长了，交稿的期限将至，又会收到一信，是她委婉地询问稿子进程。不夸张地说，我的这本散文集，大多是谢娟“催”出来的，这真叫我不好意思，但也令我满怀温暖和感动。想起最初与她通信时，我称她为“老师”，她回信时却坚持要我直呼其名，并宽慰我说这样显得更加亲切。我与谢娟女士至今不曾谋面，只是简短的通信往来，但我心里早视她为敬重的同道和朋友。

我写的大部分散文都以童年生活为题材。在此之前，我从未在文字里如此细致地回想自己的童年时代，而这回想继而成文的过程也令我体味到了文学阅读、评论和研究之外的另一种深切的愉悦。最初的写作，因为受到长年评论习惯的影响，写着写着，总忍不住要从各样事件里寻出一个显要的观念来。当我慢慢把论说的痕迹从这样的文字中掸落，使之更为纯粹清澈，我发现自己其实也在学着以散文的方式叩开生活的宽广门扉，领略它的朴实而丰淳的滋味。随着感觉的打开，许多素材从记忆中如水流般涌出。从时间深处打捞这些记忆的过程，伴随着一种微醺的醉意，滋味难以尽说，却令我身心欢悦。

我有时想，写出这些记忆来，究竟为的什么呢？我的童年和属于那个时代的童年生活已然远去，如拂过的风，永不能重来。但我仍想写写它的欢乐，它的生趣，它的韵味。对于我自己，那是一种甜蜜的遥想，也是一份珍爱的纪念。又或许，对于今天的孩子来说，看到有一群孩子在不远的过去曾是那样生活的，也还有着那么一点儿意思。写得越多，越是深感今日之我原来“欠”昨日之我许多的受益，当我回头去看它，我对于自己这些年专注探究的童年的意义，其实也有了更为深刻贴己的体味。

我的散文写作得到了许多前辈作家和编辑朋友的鼓励，每想起这些，心里总是充满感激。同时感谢安徽少年儿童出版社美意约稿，感谢刘绪源先生百忙之中热情作序，感谢责编阮征女士的贴心编稿，也感谢青年画家贵图子女士为本书用心绘作的插图，这些洇润着江南旧日水烟气息的绘画，让我再度品尝到了那些逝去时光的生动和恬美。

2016年10月8日于丽泽湖畔

（原载《我的湖》，安徽少年儿童出版社，2017年3月出版）

后 记

这是我个人的第四本论文集。

我的第一本论文集《童年的秘密与书写》于2010年初由安徽少年儿童出版社出版，收录了2009年以前我从本科、硕士生阶段到毕业留校工作后发表的儿童文学研究习作。2015年，第二本论文集《童年的文化影像》由晨光出版社出版，收录了我此前在童年文化领域的一些思考及文字。2019年，第三本论文集《2009—2019：儿童文学观察》由明天出版社出版，收录了十年间我在《文艺报》发表的论文、评论和散文作品。

眼下这本集子，收录的多是近十年间发表的儿童文学、童年文化和文学批评类文章，同时避免与之前集子收录的文字重合。

整理一本集子，颇有点儿像整理房间的感觉——四处散落的旧物，一样一样，想起来都有些忘不掉的故事。回头看去，几乎每篇文章的下笔，时节，空间，某个思考、写作、交谈的瞬间，甚至空气里的一缕气息，都还清晰如昨。

好像就在不久前，细数起来却已是2016年夏初，刘绪源先生发来短信，约写一篇他的研究综评，要用在《文化月刊》介绍他的《当代学人》专栏。他怕我带着孩子辛苦，特地叮嘱，不必太费力气。我就在那个夏天，把书架上那排绪源先生的著作，细细重读了一遍。这就是《得其余情，从乎本心》一文的由来。文章写成后，他十分高兴，收到样刊那天给我发短信，说他蹲下来拆开快递后，忍不住又将此文读了一遍，读完方才察觉，竟还蹲在原地。2018年1月，绪源先生因病驾鹤西去，这篇文章也成了永远的纪念。2016年3月17日，我应邀参加上海中生代儿童文学作家研讨会，专为绪源先生作评。此会筹备时，他还在病中。代他联系安排各项事宜的梁燕女士体贴地跟我讲，就用那篇发表的综评文章即可。但是，我还是在会前另写了《一位学者的视野、风骨与温度》，专谈绪源先生的儿童文学研究。此稿完成已是夜里，坐在窗前，想起与绪源先生有关的许多往事，泪流满面。

《自然知识的生命温度——读〈万物简史〉》一文，也是在夏天里写成。那是我博士刚毕业的暑假里，难得的闲暇，又因为比尔·布莱森的这本书实在写得好，忍不住下笔。写完后，正好一个朋友来约书评比赛的稿子。结果在秋天里，意外收到去上海领奖的通知。在浦东接待我的是《中国文化报》的编辑刘伟哲女士。记得代表领奖的四人中，有一位八十多岁、健朗矍铄的老人家，一个十来岁的小男孩。和他们一起站在小小的领奖台上，是很难忘的体验。领回来的一本重重的玻璃大书，现在还压在家里的小茶几上。

收在《外国文学论略》里的《阿多诺的“审美理性”与审美批判的智性之维》一文，最初是2010年冬天，我博士生学习期间，在导师徐岱先生的专业课上提交的作业。那时学期将尽，我将众人的作业一齐带去交给徐先生。记得后来坐在徐先生家四壁挤得满满是书的书房里，听他逐一点评我们的作业，细授读书为文的道理。如今年龄越长，越是感到那样单纯投入的求学时光，是生命里多么珍贵的机缘和收藏。后来，这篇文章投给了《文艺理论研究》并得以发表，对我是不小的鼓励，对朱国华先生和编辑王嘉军先生，一直心怀感念。

也有些稿约来得意外。2015年1月，还在月子里的我收到山东《大众日报》理论评论部《论丛周刊》王超敏编辑的短信约稿。她读到我在《学术月刊》上发表的《童年的消逝与现代文化的危机》一文，很感兴趣，问我能否就这个话题为报纸写一篇短稿。收在本书的《“消逝”的童年》一文，就是应这次约稿而写。邮件往来间，这位编辑的温文有礼，给我留下很深的印象。2017年5月，我收到她的邮件，得知她已辞去原职，在另一座城市当了一名小学教师。听到她对新工作充满憧憬和热情，我也十分为她高兴。

此书也收录了若干年来我的一些儿童文学作品评论文章。每一部（篇）作品，因为曾那样仔细地字句摩挲过，都成了难以复制和忘却的个人阅读体验。只是看到它们的名字，便会激起生动的回忆和亲切的情感。这或许也是批评的另一种体温。

这些年，我不断向往和追寻的是一种真诚的批评写作，即对作品真诚，对文学真诚，对自我真诚。要把一部作品在阅读中激起的复杂感觉，用文字准确、清晰地复写出来，实在是难。但当言与意最终在琢磨中彼此相称，又是那样充满了难言的快乐。

感谢辽宁少年儿童出版社社长张国际先生的约稿并出版拙著。感谢责任编辑纪兵兵女士十分专业和辛勤的工作，我们在红楼相逢匆匆，谈得多么开心。

生活这样渺小，有时不堪一击，但只要想起那些温暖的火花，须臾里也有了充实的意义。

2020年4月15日于剑桥